**교육의 힘으로
세상의 차이를 좁혀 갑니다**

차이가 차별로 이어지지 않는 미래를 위해
EBS가 가장 든든한 친구가 되겠습니다.

모든 교재 정보와 다양한 이벤트가 가득!
EBS 교재사이트 book.ebs.co.kr

본 교재의 강의 프로그램은
TV와 **모바일**, 인터넷 홈페이지 primary.ebs.co.kr를
통해 무료로 시청하실 수 있습니다.

스토리
한국사
❷

기획 및 개발

박영민, 이은희

집필 및 검토

왕홍식(보성중), 우지민(대청중), 오정현(휘경여고), 송치중(불암고)

감수

김정인(춘천교대), 김창석(강원대), 이상일(전 국사편찬위원회), 이익주(서울시립대),
최병택(공주교대), 황병주(국사편찬위원회)

검토

강대구, 고수정, 권나리, 김영호, 김인기, 남경민, 박지숙, 박효숙, 박효순, 백다은,
신윤경, 윤대중, 이광희, 이승실, 이은실, 이은영, 이지은, 장수민, 정흥태,
최효성, 한준희, 한지영

표지 디자인 및 편집   **표지**

다우   ㈜무닉

인쇄   **제조국**

팩컴코리아㈜   대한민국

초등 고학년을 위한

스토리 한국사 ②

(조선 후기~현대)

BOOK ❶ 스토리 북

구성과 특징

· 스토리 북

이 단원에서 공부하게 될 주제를 4컷 만화로 재미있게 풀어냈습니다. 만화를 통해 흥미로운 한국사 공부를 시작해 보세요.

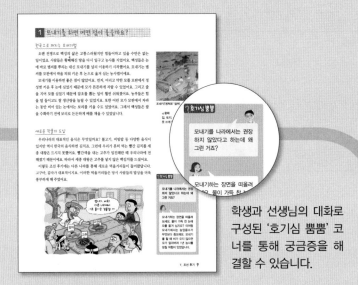

한국사의 중요한 주제를 이야기 형식으로 서술하였습니다. 다양한 삽화와 함께 단순 암기 공부에서 벗어나 한국사의 흐름을 이해해 보세요.

학생과 선생님의 대화로 구성된 '호기심 뿜뿜' 코너를 통해 궁금증을 해결할 수 있습니다.

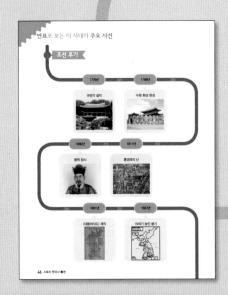

연표로 보는 이 시대의 주요 사건

해당 시대의 주요 사건을 연표로 정리하였습니다. 사건을 시간 순서대로 기억하는데 도움이 될 것입니다.

이 시대의 인물 이야기

해당 시대의 주요 인물의 이야기를 담았습니다. 인물의 에피소드와 시대상을 연결지어 학습한다면 인물이 더욱 친근하게 느껴질 것입니다.

대단원 컬러링

시대의 특징을 한 장의 그림에 담았습니다. 직접 색칠하면서 채워 간다면 시대상을 더욱 생생하게 느낄 수 있습니다.

핵심 정리

한국사의 핵심적인 내용만을 간략하게 정리한 페이지입니다. 어려운 용어나 보충이 필요한 내용은 보조단을 통해 확인할 수 있습니다.

학습 활동

지금까지 공부한 내용을 간단한 퀴즈를 통해 확인할 수 있도록 구성하였습니다. 다양한 유형의 문제를 통해 자연스럽게 한국사를 학습할 수 있습니다.

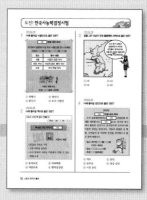

도전! 한국사능력검정시험

한국사능력검정시험 기출 문제 중 자주 출제되는 내용만을 엄선하여 구성하였습니다. 기출 문제를 통해 공부한 것을 점검하고 시험 적응력을 기를 수 있습니다.

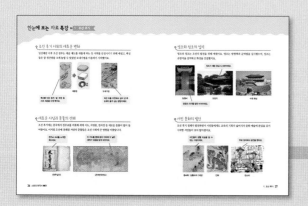

한눈에 보는 자료 특강

시대의 특징을 이해하는 데 도움이 되는 다양한 역사 자료를 하나로 모아 구성하였습니다. 한국사의 핵심을 종합적으로 이해하는데 도움이 될 것입니다.

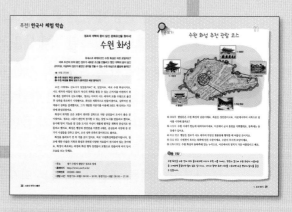

추천! 한국사 체험 학습

시대와 관련된 역사 체험 장소를 소개하였습니다. 주말이나 방학을 이용한 체험 학습을 통해 역사적 지식과 상상력을 키워 보세요. 체험 장소에서 느낀 점까지 정리한다면 체험 보고서로 활용하기에도 좋습니다.

스토리 한국사 활용법

1단계 **스토리 북으로 한국사의 흐름 익히기**

외우기만 하는 한국사 공부는 이제 그만!
선생님이 들려주는 이야기처럼
친절한 스토리텔링을 따라 한국사의 흐름을 익혀 보세요.
만화와 삽화는 한국사를 더욱 쉽게
이해할 수 있게 할 것입니다.

2단계 **강의로 생생한 한국사 공부하기**

더욱 입체적인 한국사 학습을 하고 싶다면
'스토리 한국사' 강의를 활용해 보세요.
스토리 한국사는 EBS 초등 사이트에 강의로
탑재되어 있습니다.
선생님과 함께하는 생생한 강의를 통해
한국사를 더욱 쉽고 재미있게 공부할 수 있습니다.
EBS 초등 사이트 : http://primary.ebs.co.kr

3단계 **활동 북으로 한국사 자신감 키우기**

다양한 학습 활동이 담긴 활동 북으로 한국사 공부를 완성해 보세요.
한 장의 그림으로 압축된 시대상을 직접 색칠한다면
그 시대를 떠올리고 상상력을 키울 수 있을 것입니다.
한국사의 핵심까지 익혔다면 간단한 퀴즈부터
한국사능력검정시험 문제까지 풀면서 한국사의
자신감을 키워 보세요.
더불어 시대를 체험할 수 있는 역사 체험 학습도
수록했으니 주말이나 방학을 이용해 역사 탐방의
시간을 가져 보세요.

스토리 북
차례

V

조선 후기

1 조선 사회의 새로운 움직임

임진왜란과 병자호란은 조선에 큰 상처를 남겼어요. 많은 사람들이 죽거나 다쳤고,

살아남은 사람들도 힘들기는 마찬가지였어요. 백성들은 다시 땅을 일구어 농사를 짓고,

새로운 농사법을 통해 생산량을 늘리고자 했지요. 나라에서도 가난한 백성의 세금을 줄이고자

노력했어요. 한편, 효종은 병자호란 때의 치욕을 갚기 위해 청을 정벌하자는 북벌 운동을

추진하기도 했어요.

다시 활기를 찾아가는 조선 후기 사회는 어떤 모습이었을까요? EBS

1 모내기를 하면 어떤 점이 좋을까요?

전국으로 퍼지는 모내기법

오랜 전쟁으로 백성의 삶은 고통스러웠지만 힘들어하고 있을 수만은 없는 일이었죠. 사람들은 황폐해진 땅을 다시 일구고 농사를 지었어요. 백성들은 논에 바로 볍씨를 뿌리는 대신 모내기를 널리 이용하기 시작했어요. 모내기는 볍씨를 모판에서 싹을 틔워 키운 후 논으로 옮겨 심는 농사법이에요.

모내기를 이용하면 좋은 점이 많았어요. 먼저, 어리고 약한 모를 모판에서 정성껏 키운 후 논에 심었기 때문에 모가 튼튼하게 자랄 수 있었어요. 그리고 줄을 지어 모를 심었기 때문에 잡초를 뽑는 일이 훨씬 쉬워졌어요. 농부들은 힘을 덜 들이고도 쌀 생산량을 늘릴 수 있었지요. 또한 어린 모가 모판에서 자라는 동안 비어 있는 논에서는 보리를 키울 수도 있었어요. 그래서 백성들은 쌀을 수확하기 전에 보리로 든든하게 배를 채울 수 있었답니다.

모내기('경직도' 일부)

◀ 황폐
집, 토지, 삼림 따위가 거칠어서 못 쓰게 됨

새로운 작물의 도입

우리나라의 대표적인 음식은 무엇일까요? 불고기, 비빔밥 등 다양한 음식이 있지만 역시 한국의 음식하면 김치죠. 그런데 우리가 흔히 먹는 빨간 김치를 세종 대왕은 드시지 못했어요. 빨간색을 내는 고추가 임진왜란 때 우리나라에 전해졌기 때문이에요. 따라서 세종 대왕은 고추를 넣지 않은 백김치를 드셨어요.

이렇듯 조선 후기에는 다른 나라를 통해 새로운 먹을거리들이 들어왔답니다. 고구마, 감자가 대표적이지요. 이러한 먹을거리들은 당시 사람들의 밥상을 더욱 풍부하게 해 주었어요.

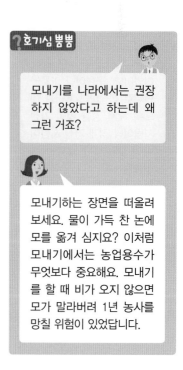

? 호기심 뿜뿜

모내기를 나라에서는 권장하지 않았다고 하는데 왜 그런 거죠?

모내기하는 장면을 떠올려 보세요. 물이 가득 찬 논에 모를 옮겨 심지요? 이처럼 모내기에서는 농업용수가 무엇보다 중요해요. 모내기를 할 때 비가 오지 않으면 모가 말라버려 1년 농사를 망칠 위험이 있었답니다.

우리 마을에는 바다가 없는데 생선을 세금으로 내라니……, 너무합니다.

특산물
어떤 지역에서 특별히 생산되어 나오는 물건

특산물로 내는 세금

전쟁으로 인해 지친 백성들에게는 세금을 내는 일이 너무 버거웠어요. 당시 백성들을 힘들게 했던 세금은 지역의 특산물을 공물로 바치는 것이었어요. 왜 그랬을까요? 특산물은 아무리 가난해도 집집마다 내야 했어요. 세금으로 내야 할 특산물의 정해진 양을 채우지 않으면 관리들은 다시 구해 오라고 요구했지요.

심지어 그 지역에서 생산되지 않는 물건을 특산물로 내라고 하기도 했어요. 산으로 둘러싸인 마을에 물고기를 내라고 하는가 하면, 제주도에서만 나는 귤을 황해도 주민에게 내라고 하기도 했지요. 그래서 백성들은 세금으로 낼 특산물을 전문적으로 구해 주는 사람에게 웃돈을 얹어 주고 세금 내는 일을 맡겼어요. 그러다 보니 세금보다 더 많은 비용을 내는 것이 큰 문제가 되었답니다.

호기심 뿜뿜

세금을 특산물로 내면서 어떤 문제점이 있었나요?

당시 백성에게 가장 큰 부담은 특산물을 내던 공납이었어요. 군현이나 마을을 단위로 집집마다 세금을 내도록 해서 땅을 많이 가진 사람이나 적게 가진 사람이나 똑같이 내야 했지요. 특산물을 상인이나 관리들이 대신 내주고 비싼 값을 부르거나 이자를 붙이니 그 부담은 더욱 컸어요. 대동법은 특산물로 내던 세금을 쌀이나 돈 등으로 내게 한 제도예요. 땅을 기준으로 세금을 내도록 해 땅을 많이 가진 지주들의 부담은 늘어났답니다.

대동법의 실시

나라에서는 특산물로 내는 세금 제도의 문제점을 해결하기 위해 대동법을 실시했어요. 대동법은 특산물을 내는 대신 쌀, 무명, 동전 등으로 내게 하는 제도예요. 세금의 양은 자기가 가진 토지를 기준으로 정해졌구요.

대동법이 실시되기 이전에는 특산물을 집집마다 내야 했는데, 이제는 토지가 있는 사람만 세금을 내면 되었어요. 토지가 없는 가난한 농민들은 세금을 낼 필요가 없었지요. 또 어느 지역이든 쉽게 구할 수 있는 쌀, 무명, 동전 등을 내면 되니 농민들은 대동법을 환영했어요.

잠깐! 그러면 나라에서는 특산물을 어떻게 구했을까요? 공인이라고 불리는 상인들을 통해 특산물을 샀어요. 공인이 여러 지역의 특산물을 구입하자 시장 거래가 활발해지는 등 상업이 발달하게 되었어요.

전국적으로 실시되는 데 100년이나 걸린 대동법

대동법은 광해군이 왕으로 있던 1608년에 경기도 지역에서 처음 시작되었어요. 그런데 전국적으로 확대되는 데 100년이나 걸렸어요. 왜 그랬을까요?

"지주도 백성입니다. 대동법이 실시되면 지주들이 힘들어집니다."

이처럼 지주들이 대동법을 결사반대했기 때문이에요. 원래 특산물은 집집마다 내야 했기 때문에 부자나 가난한 사람이나 똑같이 내야 했어요. 그런데 대동법 실시로 토지를 기준으로 세금을 매기니 토지를 가진 지주들이 세금을 더 내야 했지요. 특히 넓은 땅을 가진 지주들은 훨씬 더 많은 세금을 내야 했어요. 따라서 지주들의 반대로 대동법이 전국적으로 실시되는 데 오랜 시간이 걸렸어요.

대동법의 확산

지주
땅 주인이라는 뜻으로 조선 후기에는 대체적으로 양반들이 지주였고, 농민들은 지주의 땅을 빌려 농사짓는 소작농이었다.

잉류 지역
세금으로 거둔 곡식을 한성으로 운반하지 않고 현지에서 쓰도록 한 지역

스토리 플러스 **허준은 왜 《동의보감》을 썼을까요?**

"전쟁으로 백성들이 고통을 받고 있구나. 백성들이 병을 쉽게 고칠 수 있는 책을 만들도록 하라."

"명 받들겠습니다. 전하."

선조의 명을 받은 허준은 10년 넘게 마음을 다해 책을 만들었어요. 자신이 환자를 치료한 경험을 모으고, 중국과 우리나라의 책도 두루 살펴보았어요. 이렇게 하여 탄생한 책이 《동의보감》이에요. 허준은 《동의보감》에 비싼 중국 약초 대신 우리 주변에서 쉽게 구할 수 있는 약초로 병을 치료할 수 있는 방법을 적어 놓았어요. 또한 백성들이 흔히 사용하는 약초의 이름을 적어 쉽게 구할 수 있도록 했죠.

중국과 일본 사람들도 《동의보감》을 읽었어요. 《동의보감》은 당시 아시아의 베스트셀러였죠. 유네스코에서도 《동의보감》의 가치를 인정하여 2009년 세계 기록 유산으로 등재했어요.

3 통신사가 간 길을 따라 걷다

일본에 파견된 외교 사절단, 통신사

400여 년 전 통신사가 간 길

☞ 파견
일정한 업무를 주어 사람을 보냄

☞ 쇼군
일본에서 절대 권력을 가졌던 우두머리를 가리키는 칭호

임진왜란 이후 조선은 일본과 교류를 끊었어요. 그러나 일본은 계속 교류를 요청하였고 조선은 통신사를 보내게 되죠. 1607년 이후 약 200여 년 동안 12차례에 걸쳐 통신사가 파견되었어요. 통신사는 어떤 과정을 거쳐 일본에 다녀왔을까요?

먼저 일본에 새로운 쇼군이 취임할 때마다 조선에 통신사의 파견을 요청했어요. 그러면 통신사 일행이 꾸려져요. 통신사 일행에는 외교를 담당할 관리뿐 아니라 통역을 맡은 역관, 기록을 맡은 서기관, 시와 글씨에 능한 인물도 포함되었어요. 그리고 악기를 다루는 악공, 춤꾼, 재주를 잘 부리는 사람도 통신사를 따라갔죠.

통신사 파견은 조선의 훌륭한 문화를 일본에 보여 주는 기회가 되기도 했어요. 한성을 출발한 통신사는 부산으로 가 배를 타고 바다를 건너 쓰시마섬(대마도)을 지나 일본에 도착했어요.

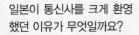

일본이 통신사를 크게 환영했던 이유가 무엇일까요?

통신사는 주로 일본에 새로운 쇼군이 취임할 때 갔어요. 새로운 정부가 시작할 때, 조선의 사절단이 오면 자신들의 권위를 세울 수 있었지요. 통신사는 주로 일본의 요청에 의해 갔다고 해요. 조선 입장에서는 임진왜란 이후 일본의 사정을 파악할 수 있는 좋은 기회였기 때문에 통신사를 보낸 것이랍니다.

조선의 발달된 문물을 전해 준 통신사

"조선에서 통신사가 왔어."
"통신사에게 글씨나 그림을 꼭 받고 싶어."

통신사가 가는 지역마다 일본의 예술가나 학자들은 통신사 일행에게서 글씨와 그림을 받기 위해 줄을 섰어요. 이 과정에서 조선의 문화가 일본에 전해졌지요.

일본에 간 조선 통신사

통신사의 최종 목적지는 당시 일본의 수도였던 에도(지금의 도쿄)였어요. 에도에 도착한 통신사는 일본 정부의 새로운 쇼군이 취임할 것을 축하하고, 두 나라 사이의 외교적 문제를 논의했어요.

안용복, 울릉도와 독도

울릉도와 독도는 옛날부터 우리의 영토였고, 우리 어부들은 이곳에서 물고기를 잡고 생활했어요. 그런데 일본 어부들이 자주 침범해서 물고기를 잡고 심지어 울릉도의 나무를 베어 가는 일까지 일어났어요. 이러한 문제를 적극적으로 해결한 인물이 있었으니, 그가 바로 안용복이에요.

조선 후기에 안용복은 다른 어부들과 울릉도 근처에서 물고기를 잡다 일본 어부들과 다툼이 생겨 일본으로 끌려가게 되었어요. 일본으로 끌려간 안용복은 당당하게 따졌어요.

"조선 사람이 조선의 땅인 울릉도에서 물고기를 잡는 게 무엇이 문제인가?"

그러자 일본 정부는 '울릉도는 일본의 영토가 아니다.'라는 문서를 써 주고, 안용복을 돌려 보냈어요. 이후에도 그는 한 번 더 일본에 가서 울릉도와 독도가 조선의 영토라고 주장하고 조선에 돌아왔어요.

스토리 플러스 **울릉도와 독도는 언제부터 우리나라 영토였을까?**

《삼국사기》라는 역사책에는 신라 지증왕 때 이사부라는 장군이 울릉도를 신라의 영토로 만들었다고 나와 있어요. 당시에 울릉도 사람들이 사납고 거칠어서 굴복시키기 어려웠다고 해요. 그래서 이사부는 꾀를 내었어요. 이사부는 나무로 사자를 만들어 배에 싣고 울릉도로 향했어요. 울릉도에 이르러 이사부는 이렇게 이야기했어요.

"만약 항복하지 않으면 사자를 풀어 혼내 주겠다."

그러자 울릉도 사람들이 무서워하며 항복했다고 해요. 이때부터 울릉도와 그 주변 지역은 우리의 영토에 포함되었어요.

◢ **굴복** 머리를 숙이고 꿇어 엎드림

이사부의 업적을 기리는 사자상(강원 삼척)

4 효종은 왜 북벌을 추진했을까요?

소현 세자, 오랑캐라도 배울 것은 배우자

소현 세자가 잠들어 있는 소경원

◀ **오랑캐**
다른 민족을 낮잡아 이르는 말

병자호란에서 패배한 인조는 청 황제에게 무릎을 꿇었어요. 이후 인조의 두 아들인 소현 세자와 봉림 대군은 청에 인질로 가게 되었지요. 청에 간 소현 세자는 발달된 청의 문물을 보고 깜짝 놀랐어요.

'오랑캐에게서도 배울 것은 배워야 해. 새로운 책과 물건을 조선에 가져가야겠다.'

청에서의 오랜 생활을 마치고 소현 세자가 조선으로 돌아왔어요. 소현 세자는 아버지 인조에게 청에서 가져온 책과 물건을 소개했어요. 그러나 인조는 소현 세자가 못마땅했어요.

"내가 청나라 놈들에게 어떤 굴욕을 당했는데, 내 아들이 완전히 청나라 놈이 다되었구나."

인조와 소현 세자의 사이는 점점 나빠졌죠. 그런데 얼마 지나지 않아 소현 세자가 갑자기 병으로 죽었어요. 그런데 소현 세자가 온 몸이 전부 검은 빛이었고 피를 토하며 죽은 것이 약물에 중독되어 죽은 사람과 같았다는 실록의 기록이 남아 있어 아직도 소현 세자의 죽음을 많은 사람들이 궁금해하고 있어요.

호기심 뿜뿜

북학론은 청을 배우자는 주장이라고 하셨잖아요? 그런데 조선을 침략했던 청을 대체 왜 배우자고 하는 거예요?

조선이 오랑캐라고 여긴 청은 중국을 지배하면서 중국 역사상 최대의 영토를 갖는 강대국으로 성장했어요. 현실적으로 조선의 군대로 청을 공격해 정벌한다는 것은 꿈같은 이야기였지요. 그러면서 청을 정벌할 것이 아니라 청의 발달한 문물을 배워 조선을 개혁해야 한다는 북학론이 등장한 거예요. 박지원, 박제가 등 상공업을 발달시켜야 한다고 이야기하는 사람들이 북학론자들이었어요.

청에 복수를 다짐하는 봉림 대군

소현 세자가 갑자기 죽자 봉림 대군이 세자가 되었어요. 그 후 소현 세자의 부인은 사형을 당하고, 세 아들은 귀양길에 올랐지요. 이 때문에 소현 세자의 죽음에 인조가 연관되어 있다는 말이 떠돌기도 했어요.

봉림 대군은 누구일까요? 봉

림 대군은 인조의 둘째 아들이에요. 인조가 청에 항복한 이후 형과 함께 인질로 끌려갔죠. 청으로 가는 길에 3살 난 딸이 목숨을 잃기도 했어요. 청에서 봉림 대군은 형과는 달리 청의 관리와 교류하지 않았고, 청에 대한 복수를 다짐했어요. 조선으로 돌아온 봉림 대군은 갑자기 죽은 형을 대신해 세자가 되고, 곧 왕이 되었어요. 그가 바로 조선의 제17대 왕 효종이에요.

북벌을 주장하는 효종

'병자호란 때 아바마마께서 당한 굴욕을 갚겠어.'

왕이 된 효종은 굳은 결심을 했어요. 이에 효종은 명에 대한 의리를 지키고 청을 공격하고자 했지요. 이를 북벌 정책이라고 해요.

"오랑캐의 나라 청은 반드시 망하게 될 것이다. 대포 쏘는 군대 10만 명을 길러 철저히 전쟁을 준비하도록 하라. 청이 방심하고 있을 때 우리 조선이 쳐들어갈 것이다."

효종의 명에 따라 조선은 성곽을 수리하고, 군대를 훈련시켰어요. 그러나 실제로 청을 정벌하기란 쉬운 일이 아니었어요.

"청이 이미 명을 무너뜨리고 천하를 손에 넣었는데, 과연 우리가 청을 이길 수 있을까?"

"맞아. 몇 년째 전쟁 준비를 하느라 우리 같은 백성들만 힘들 뿐이지."

이처럼 북벌 정책에 대한 불만도 점차 커졌어요. 게다가 효종이 갑자기 죽자 북벌 정책은 중단되었어요.

⤵ **방심**
마음을 다잡지 아니하고 풀어 놓아 버림

청을 배우자

북벌을 추진하던 효종이 갑자기 죽은 후 시간은 흘러갔어요. 청에게 복수해야겠다는 사람들의 생각도 점점 옅어졌지요.

청은 더 강해지고, 문물이 발달한 나라가 되었어요. 서양, 서아시아 지역에서도 많은 사람들이 청에 다녀갔고, 새로운 문물이 전해졌지요. 청의 수도 베이징은 세계 여러 나라에서 온 사람들과 물건들로 활기가 넘쳤어요.

청에 다녀온 조선 사람들은 청의 발달된 문물을 보고 깜짝 놀랐어요. 이에 청의 발달된 문물을 받아들여 조선을 발전시키자는 논의가 나타났지요. 이 논의를 '북학론'이라고 해요.

2 새로운 문물의 도래

조선 후기에는 중국을 통해 서양의 문물이 전해졌어요. 한 번도 보지 못했던 물건들을 보고 조선 사람들은 눈이 휘둥그레졌어요. 서양에서 온 물건들 중에는 멀리 있는 물건도 가까이 있는 것처럼 보이게 해 주는 천리경, 자동으로 시간을 알려 주는 자명종, 눈이 안 좋은 사람도 잘 볼 수 있게 해 주는 안경, 아메리카 지역까지 표시된 세계 지도 등과 같이 신기한 물건들이 많았지요.

물건뿐 아니라 서양의 종교인 천주교도 조선에 전래되었어요.

조선에 전래된 서양의 문물은 조선 사회에 어떤 영향을 미쳤을까요? EBS

1 서학이란?

서학의 전래

　조선 후기에는 중국과 교류가 활발해졌어요. 사신, 상인, 학자들이 중국에 다녀왔지요. 당시 중국의 수도인 베이징은 세계 각지에서 온 사람들과 물건들로 넘쳐났어요. 그중에는 서양에서 온 물건들도 많았어요. 청에 다녀온 조선 사람들은 서양의 물건, 서적들을 조선으로 가져왔어요. 이때 가져온 책 중에서는 천주교에 대한 것도 있었어요. 당시 사람들은 천주교를 서양의 학문으로 받아들여 '서학'으로 연구했지요.

　18세기 말 이승훈이 청에서 세례를 받고 오면서 천주교가 하나의 종교로 받아들여지기 시작했어요. '베드로'라는 세례명을 받은 이승훈은 최초의 천주교 신자가 되었답니다.

《천주실의》: 마테오 리치가 중국인에게 천주교를 알리기 위해 쓴 책

박해받는 천주교

절두산 순교 성지: 조선 정부의 천주교 박해로 많은 천주교 신자들이 처형된 곳이다. 절두산이라는 말은 당시 이곳에서 수많은 천주교인들이 처형당한 것에서 유래했다.

　천주교는 하느님 앞에 모두가 평등하다고 주장했어요. 그리고 하느님을 믿으면 죽은 이후 천국에 갈 수 있다고도 했죠. 천주교는 이러한 가르침 덕에 사람들의 마음을 움직였어요. 천주교는 실학자, 중인, 상민, 부녀자들 사이에 빠르게 퍼져 나갔지요.

　천주교가 급속히 퍼지는 가운데 일부 사람들은 조상에 대한 제사를 거부했어요. 당시에는 천주교는 하느님만 믿어야 하는데 조상신을 믿으며 제사를 지내는 것이 받아들여지지 않았기 때문이에요. 거기에다가 하느님 앞에 모두가 평등하다는 가르침은 당시 양반들에게는 받아들여지지 않았어요.

　"뭐야, 내가 저 상민이랑 똑같은 존재라고? 절대로 인정할 수 없어."

　"그리고 제사도 지내지 않는다지 뭐야. 인간의 도리도 모르는 나쁜 놈들이야."

　그러자 조선 정부에서도 사회 질서를 어지럽힌다는 이유로 천주교를 금지했어요. 수많은 천주교 신자들이 처형당하거나 귀양을 가게 되었죠.

▶ 실학자
조선 후기 현실 사회 문제 해결에 관심을 가진 학자

▶ 도리
사람이 어떤 입장에서 마땅히 행하여 할 바른 마음가짐이나 몸가짐

❓ 호기심 뿜뿜

천주교를 왜 서학이라고 부른 거예요?

우리나라에 천주교가 처음 전해질 때, 천주교는 종교가 아닌 서양의 여러 학문 중 하나로 들어왔어요. 그래서 서양 학문, 즉 서학이라는 이름이 붙은 거예요. 천주교가 선교사들에 의해 종교로 전파된 다른 나라와 달리, 우리나라에서는 일부 학자들에 의해 자발적으로 소개된 거예요. 그러다 차츰 종교로서 받아들여지게 되었답니다.

2 세계 지도가 사람들의 생각을 바꾸다

새로운 물건의 전래

　중국을 통해 서양의 물건들도 조선으로 전래되었어요. 어떤 물건들인지 알아볼까요?

천리경
멀리 있는 물건도 가까이 있는 것처럼 보이게 해주는 물건

안경
눈이 잘 안 보이는 사람도 잘 볼 수 있도록 도와주는 물건

자명종
자동으로 시간을 알려주는 물건

중국에서 이제 막 가져온 서양의 물건들입니다. 구경하고 가세요.

보… 보인다.

영감, 내 예쁜 얼굴이 잘 보이시오?

조선에 온 푸른 눈의 이방인

◀ 이방인
다른 나라에서 온 사람

　네덜란드 사람이었던 벨테브레이는 무역을 위해 일본으로 가던 중 큰 바람을 만나게 되었어요. 이 때문에 배는 제주도에 도착하게 되었지요. 그는 먹을 물을 구하러 가던 중 조선 사람들과 마주치게 되었어요.

　"뭐야? 머리카락이 노랗고, 눈이 파랗네."

　제주도 사람들은 벨테브레이를 보고 깜짝 놀랐어요. 제주 관리들은 벨테브레이를 체포하고 한성으로 보냈어요. 서양의 군사 기술을 잘 알고 있던 그는 조선의 군사 기구에 들어가 대포와 총을 만드는 방법을 가르쳤어요. 그는 조선 여성과 결혼하고 이름도 박연으로 바꾸었지요. 이후 그는 조선인으로 생을 마감했어요.

네덜란드에 세워진 벨테브레이 동상

중국에서 전래된 〈곤여만국전도〉

오른쪽 지도는 〈곤여만국전도〉예요. 〈곤여만국전도〉는 1602년에 중국에 와 있던 이탈리아 출신의 예수회 선교사 마테오 리치가 만든 세계 지도예요.

이 지도는 중국을 통해 조선에도 전래되었어요. 여기에는 아시아, 유럽, 아프리카뿐 아니라 아메리카도 나와 있네요. 이 지도로 중국과 그 주변 지역만 알고 있던 조선 사람들은 더 넓은 세상이 있다는 것을 알게 되었어요. 세상의 중심이 중국이라고 여겼던 조선 사람들은 이 지도를 보고 깜짝 놀랐을 거예요.

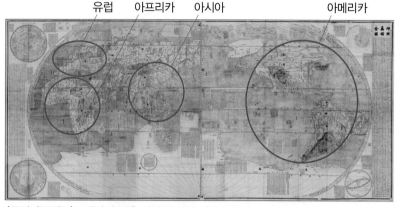

유럽　아프리카　아시아　　아메리카

〈곤여만국전도〉: 세상의 많은 나라를 그린 지도

홍대용의 혼천의

홍대용이 만든 천문 관측 기구인 혼천의

홍대용은 호기심이 무척 많은 사람이었어요. 특히 하늘의 별을 관측하고, 우주에 대해 탐구하고 싶어 했죠. 자기 집 앞에 작은 천문대를 둘 정도로 열정적이었어요. 그래도 성에 차지 않던 홍대용은 청에서 공부하기로 마음먹고 청으로 떠났어요.

홍대용은 청에서 서양 선교사를 만나고 서양의 천문학 책을 읽으면서 지구가 회전한다는 지전설을 알게 되었어요. 당시 조선 사람들은 지구가 평평하고 중심에는 중국이 있다고 생각했는데 지구가 둥글고 회전을 한다니 정말 충격적인 이야기였어요. 지전설을 바탕으로 그는 당시 사람들이 가지고 있던 중국 중심의 생각을 비판했어요.

"지구는 하루에 한 번 돈다. 중국만이 지구의 중심이라고 볼 수 없다. 조선 또한 중심이 될 수 있다."

◀ 천문대
천문 현상을 관측하고 연구하기 위하여 설치한 시설

호기심 뿜뿜

세계 지도인 〈곤여만국전도〉가 당시 사람들에게 어떤 영향을 미쳤을까요?

조선 전기 사람들은 세계의 중심이 중국이고, 중국이 전 세계의 절반 이상을 차지한다고 생각했어요. 당시 조선에서 발행된 세계 지도를 통해 이러한 생각을 엿볼 수 있지요. 그런데 〈곤여만국전도〉라는 세계 지도가 전해지면서 중국은 세계 속의 한 국가일 뿐이고, 세상의 중심도 아님을 깨닫게 되었답니다.

3 실학자들이 꿈꾼 사회는?

현실 사회 문제를 탐구하는 실용적인 학문

◀ 비판
현상이나 사물의 옳고 그름을 판단하여 밝히거나 잘못된 점을 지적함

농업과 상업의 발달, 서양 문물의 전래……. 조선 후기 사회는 그 어느 때보다 빠르게 변화하고 있었어요. 이에 따라 부자와 가난한 사람들 사이의 차이가 커지고, 양반에 대한 비판이 증가하는 등 여러 사회 문제가 나타났지요. 그러나 성리학은 현실 사회 문제를 해결하기보다는 철학적인 이론에만 관심을 두고 있었어요.

'자고로 학문은 현실에 쓸모가 있어야지.'

이러한 상황에서 이와 같은 생각을 하는 사람들이 생겨났어요. 이들은 현실 사회 문제를 해결하기 위해 노력했는데, 이들이 연구한 학문을 실학이라고 해요.

실사구시: 사실에 근거하여 학문을 탐구하는 태도

농업 중심의 개혁

실학자들 중에는 유형원을 비롯해 농업에 관심을 가진 사람들이 있었어요. 당시 농촌은 새로운 농사법이 퍼지면서 생산량이 증가했어요. 하지만 일부 농민들만 부자가 되었을 뿐 많은 농민들은 남의 땅을 빌려 농사짓는 가난한 신세를 벗어나지 못했죠. 실학자들은 실제로 농사를 짓는 농민들에게 땅을 지급하는 것이 가장 중요하다고 생각했어요.

호기심 뿜뿜

실학이 발달하게 된 이유는 무엇일까요?

조선의 성리학은 우주의 질서, 인간의 도리 등을 중요시 한 학문이었어요. 그런데 이러한 학문은 조선 후기에 나타나는 여러 가지 현실 사회 문제를 해결하는 데 도움을 주지 못했지요. 그러자 일부 학자들이 현실에 쓸모 있는 학문을 연구하기 시작했어요. 이것이 실학이 등장하게 되는 이유랍니다.

정약용과 거중기

정약용은 정조가 다스리던 시기의 대표적인 학자였어요. 성리학뿐 아니라 건축, 수학, 지리, 과학 등 전 분야에 관심을 두었죠. 그는 정조의 개혁 정치를 도왔어요. 수원 화성을 설계하고, 무거운 돌을 들어올리기 위해 거중기를 만들어 수원 화성 건설에 이용하기도 했어요.

정약용의 정치적 활약은 정조의 죽음과 함께 막을 내렸어요. 정조가 죽자 정약용을 질투한 사람들은 그를 모함하였고, 결국 전라도로 유배를 가야 했어요. 그곳에서 정약용은 백성들의 어려운 삶을 보게 되었지요. 정약용은 유배지에서도 끊임없이 학문을 연구하여 500권이 넘는 책을 썼어요. 현실 사회에 대한 개혁안을 담은 《경세유표》, 지방 관리의 마음가짐을 담은 《목민심서》는 오늘날까지도 많은 교훈을 주고 있어요.

◀ 모함
나쁜 꾀로 남을 어려운 처지에 빠지게 함

◀ 유배
죄인을 귀양 보내던 일

다산초당: 정약용이 전라도 강진에 유배갔을 때 머물렀던 곳

거중기: 도르래의 원리를 이용하여 작은 힘으로 무거운 물건을 들어올리는 도구

상공업 중심의 개혁

실학자들 중에는 상공업에 관심을 가진 사람들도 많았어요. 조선은 농업을 중요시 여겼고, 상업과 수공업은 천하게 생각했어요. 일부 실학자들은 조선이 발전하기 위해서는 상업과 수공업의 발달이 무엇보다도 중요하다고 생각했죠. 또한 이들은 청의 발달된 문물을 받아들여야 한다는 북학론을 주장했어요.

청을 오랑캐라고 무시만 할 것이 아니라 좋은 점은 배워야 한다. 수레를 이용하여 물건을 유통시키자.

박지원

청과 무역을 해 조선을 부강하게 만들자. 화폐(돈)를 많이 만들어 물건을 사고파는 데 사용하게 해 상업을 발전시키자.

박제가

4 정조는 왜 수원 화성을 세웠을까요?

탕평비를 세운 영조

영조는 정조의 할아버지예요. 영조가 왕위에 올랐을 무렵 관리들은 세력을 나누어 대립하고 있었어요. '신하들 간의 싸움을 멈춰야 해. 싸움이 심해지면 국왕의 권위도 약해지고, 피해는 백성에게 돌아가게 되어 있어.'

이 문제를 고민하던 영조는 신하들을 모아 놓고 탕평책을 제안했어요. '탕평'은 어느 쪽에도 치우치지 않는다는 의미예요. 이에 따라 영조는 특정 세력에 치우치지 않고 골고루 인재를 뽑아서 나라의 관리로 삼았어요. 그리고 영조는 탕평의 의지를 알리기 위해 성균관에 탕평비를 세웠어요. 탕평비에는 이렇게 적혀 있었어요.

성균관에 세운 탕평비

'두루 사귀고 치우치지 않는 것은 군자의 마음이요, 한쪽으로 치우쳐 두루 사귀지 못하는 것은 소인의 마음이다.'

이는 곧 나라의 관리가 될 성균관 학생들에게 서로 화합하는 마음을 배우라는 영조의 가르침이 아니었을까요?

정조와 규장각

영조가 탕평책을 추진하던 시기에도 신하들은 여전히 세력을 나누어 대립하고 있었어요. 정조를 싫어하는 세력은 정조가 왕이 되는 것을 막기 위해 세손인 정조를 암살하려고 했을 정도였어요. 정조가 살해당하지 않기 위해 잠자리에 칼을 두기도 하고, 밤을 새워 책을 읽었다는 이야기는 유명하죠.

영조의 뒤를 이어 왕위에 오른 정조는 할아버지의 탕평책을 이어나갔어요. 세력을 가리지 않고 똑똑한 사람들을 골라 썼고, 더 나아가 정조는 자신의 개혁을 뒷받침해 줄 인재를 기르고자 했어요. 그래서 왕실 도서관인 규장각을 통해 젊은 인재를 길러 냈죠. 규장각에서는 학문도 연구하고, 나라를 위한 여러 정책을 만들었어요. 이때 유득공, 박제가와 같이 그동안 차별받던 서얼들도 규장각 관리로 뽑았어요.

규장각

 군자
행실이 점잖고 어질며 덕과 학식이 높은 사람

세손
왕의 손자로서 다음 왕위를 이어받을 사람

서얼
양반 첩의 아들로 과거 시험의 문과에 응시하지 못하는 등 여러 차별을 받았음

 호기심 뿜뿜

정조는 왜 수원 화성을 건설했을까요?

정조는 사도 세자의 아들이에요. 반대파의 위협 때문에 왕위에 오른 뒤에도 늘 불안에 떨어야 했어요. 그런 그가 아버지인 사도 세자의 무덤을 수원으로 옮기고 수원에 화성을 건설했어요. 자신의 개혁 정치를 위한 근거지가 필요했던 것이지요. 그리고 교통이 편리한 이곳에 성을 쌓아 상인들이 와서 자유롭게 장사할 수 있도록 했어요. 한마디로 방어 기능을 갖춘 도시인 동시에 상업이 발달한 도시로 키우려고 했답니다.

정조의 꿈이 담긴 신도시, 수원 화성

정조는 아버지 사도 세자의 묘를 수원으로 옮기고, 수원에 자신의 정치적 꿈을 담은 화성을 세웠어요. 정조의 신임을 받던 정약용이 화성을 설계하였고, 화성 건설에는 동양과 서양의 과학 기술이 이용되었어요. 화성의 성벽은 적을 막기 위해 단단히 세워졌고, 정조가 머물기 위한 행궁도 세웠어요. 그리고 상인과 수공업자들을 이주시켰지요. 정치적, 군사적, 상업적 기능을 갖춘 신도시 화성이 드디어 탄생한 거예요.

정조는 여러 차례 화성으로 행차했어요. 정조가 한강을 건널 때는 배를 연결한 배다리가 만들어져 장관을 이루기도 했지요. 수원 화성은 1997년 유네스코 세계유산으로 지정되었답니다.

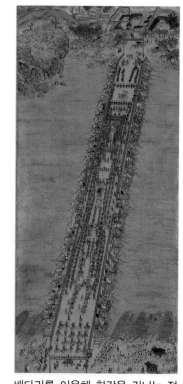

배다리를 이용해 한강을 건너는 정조의 화성 행차 모습

서북 공심돈

장안문

화홍문

서장대

팔달문

행궁

창룡문

화성의 구조

3 피어나는 조선의 서민 문화

조선 후기에는 모내기법이 널리 퍼지면서 농업과 상업이 발달했어요.

그러자 서민들 중에서도 생활에 여유가 생긴 사람들이 나타났어요.

먹고사는 문제가 어느 정도 해결되자 서민들은 문화에도 눈을 뜨기 시작했어요.

한글 소설을 읽기도 하고, 미술 작품을 감상하기도 했죠. 그리고 사람들이 많이 모이는 곳에서는

서민을 위한 공연이 펼쳐지기도 했어요.

조선 후기 서민들은 어떤 문화를 즐겼을까요? **EBS**

1 서민들은 왜 민화를 즐겼을까요?

민화에 담긴 서민들의 소망

민화는 말 그대로 백성의 그림이에요. 조선 시대 서민들은 민화로 집을 장식하며 좋은 일이 생기기를 기원했어요. 이름이 알려지지 않은 화가들은 다양한 주제의 민화들을 남겼어요. 부부 사이가 좋아지기를 바라는 그림, 오래 살기를 바라는 그림, 자식을 많이 낳기를 바라는 그림, 복을 기원하는 그림도 있었어요.

나쁜 것들을 쫓는다고 여긴 호랑이가 무섭지 않고 고양이처럼 친근하지요?

효도할 '효'자를 표현한 거예요. 우리 조상들이 효도를 중시했음을 알 수 있어요.

〈까치와 호랑이〉

〈문자도〉

글자를 무늬처럼 만들었어요. 오래 살고, 복 많이 받게 해 달라는 의미가 있답니다.

책을 많이 그려 놓았어요. 조선 시대에도 교육이 무척 중요했음을 느낄 수 있어요.

〈백수백복도〉

〈책거리〉

? 호기심 뿜뿜

서민들이 민화를 집에 걸기 시작한 까닭은 무엇일까요?

조선 후기에 농업과 상업이 발달하면서 경제적 여유가 생긴 사람들이 그림을 사서 집에 걸기 시작했어요. 꽃과 새 그림, '효'자가 쓰여 있는 그림, 긴 수명과 복을 기원한 그림, 까치와 호랑이 그림 등 말이에요. 한마디로 건강하고 행복하게 오래오래 살고 싶은 서민들의 바람이 담긴 그림들이었지요. 주로 해와 달, 꽃, 나무, 까치, 호랑이, 물고기 등을 그렸답니다.

2 김홍도와 신윤복

 도화서
조선 시대에 그림과 관련된 일을
하던 관청

조선 시대 최고의 화가 김홍도

김홍도의 스승이자 뛰어난 화가였던 강세황은 김홍도를 이렇게 평가했어요.

"단원은 어릴 적부터 그림으로 못하는 것이 없었다. 인물, 산과 나무, 꽃, 동물에 이르기까지 옛 사람과 비교하여도 그와 겨룰 사람이 거의 없다."

뛰어난 재능을 가진 김홍도는 스승 강세황의 추천으로 궁중의 도화서에서 일하게 되었어요. 도화서에서도 김홍도는 그림 실력으로 유명해졌어요. 20대에 영조의 초상화를 그릴 정도로 인정받았죠.

영조의 뒤를 이은 정조도 김홍도의 실력을 아꼈어요. 정조는 김홍도에게 백성들이 살아가는 모습을 그리도록 했지요. 농사짓는 모습, 나들이 가는 모습 등 김홍도가 그린 그림에는 백성들의 활기찬 모습이 담겨 있답니다.

 호기심 뿜뿜

조선 시대에는 왜 나라에서 도화서라는 곳을 운영했나요?

오늘날에는 정부의 중요한 행사는 사진이나 동영상을 찍어 기록으로 남기고 있어요. 하지만 조선 시대에는 사진을 찍을 수 없으니 기록으로 남길 수 있는 다른 방법을 찾아야 했죠. 바로 그림이에요. 조선 정부의 중요한 행사나 임금님의 초상화 등을 그림으로 남겼어요. 그래서 나라에서는 도화서를 설치하고 화가를 뽑았던 거예요. 대표적인 도화서 출신 화가는 풍속화를 주로 그린 김홍도와 신윤복이랍니다.

백성들의 생활을 그린 김홍도

김홍도가 그린 풍속화의 주인공은 일반 백성들이었어요. 서당에서 훈장님께 혼나는 아이의 표정, 씨름하는 사람들의 역동적인 움직임, 벼타작을 하는 모습 등 김홍도의 그림 속 서민들은 마치 살아 움직이는 듯해요. 정말 사진을 보는 것처럼 생생하지요?

〈서당〉　　　　　　　〈씨름〉　　　　　　〈벼타작〉

신윤복, 양반과 여성의 모습을 화폭에 담다

조선 시대 미인은 어떤 모습이었을까요?

오른쪽 그림의 제목은 〈미인도〉예요. 달걀형의 얼굴에, 눈·코·입은 작은 편이군요. 목은 가늘고 길고, 어깨는 좁고요. 오늘날의 전형적인 미인과 다른 부분도 있지만, 그림 속의 여인은 매우 고와 보여요. 흰색의 저고리와 풍성한 옥색 치마는 여인의 모습을 더 아름답게 보이게 하네요. 차갑고 도도한 표정까지 무척 매력적이에요. 조선 시대 많은 남자들이 이 여인에게 마음을 빼앗겼을 것 같아요.

이렇게 섬세하게 조선 시대 미인을 표현한 화가는 누구일까요? 바로 김홍도와 함께 조선 시대 풍속화의 쌍벽을 이루는 신윤복이에요.

〈미인도〉

▶ **섬세하다**
곱고 가늘며 매우 찬찬하고 세밀하다.

▶ **쌍벽**
여럿 가운데 특별히 뛰어난, 우열을 가리기 어려운 둘을 비유적으로 이르는 말

신윤복이 언제 죽었는지는 알 수 없지만 오늘날까지도 조선 후기의 대표적인 화가로 손꼽히고 있어요. 신윤복은 여인이나 양반들의 모습을 많이 남겼어요. 섬세한 표현은 지금 봐도 놀랍기만 하네요.

〈단오풍정〉

〈쌍검대무〉

3 서민들을 위한 공연이 펼쳐지다

한글 소설이 유행하다

이후 길동은 우리나라를 떠나 새로운 땅을 찾다가 율도국을 발견하고 율도국의 왕이 되었다.

첩의 아들이라고 차별하는 것은 문제가 있어.

백성들을 괴롭히는 나쁜 관리들을 홍길동이 혼내니까 통쾌해.

홍길동이 다스리는 율도국은 어떤 나라일까?

◢ 초월
어떠한 한계나 표준을 뛰어넘음

조선 후기에는 《홍길동전》, 《춘향전》, 《별주부전》, 《심청전》, 《장화홍련전》 등의 한글 소설이 엄청난 인기를 얻었죠. 한글 소설은 서민들과 여성들도 쉽게 읽을 수 있었어요. 양반집 여인들도 한글 소설을 읽으며 웃기도 하고 울기도 했어요.

글을 모르면 어떻게 하냐구요? 소설을 읽어 주는 전문 이야기꾼도 있었어요. 이야기꾼은 생동감 있는 표정과 몸짓을 섞어가며 이야기를 풀어나갔죠. 구경꾼들의 반응을 보면서 소설 속 이야기를 슬쩍 바꾸기도 했어요. 사람들은 《춘향전》을 들으며 현실에서는 어려운 신분을 초월한 사랑에 열광했어요. 또 《홍길동전》은 사람들이 사회 문제에 대해 관심을 가지게 했어요.

양반들도 좋아한 판소리

조선 후기 사람들이 많이 모인 장소에서는 판소리가 공연되었어요. 판소리는 소리꾼이 북 장단에 맞추어 부르는 이야기를 담은 노래예요. 구경하는 사람들은 '얼씨구' 등의 추임새를 넣기도 하고, 박수를 치기도 하면서 판소리에 참여했어요.

판소리가 재미있다는 소문이 퍼지면서 양반들도 판소리를 즐기게 되었어요. 그런데 지체 높은 양반이 길바닥에 앉아서 껄껄 웃으며 판소리를 보기는 쉽지 않았어요. 그래서 양반들은 소리꾼을 집으로 불러서 판소리를 즐겼지요. 고종의 아버지인 흥선 대원군도 판소리를 무척 좋아했어요. 오늘날에는 〈춘향가〉, 〈심청가〉, 〈흥부가〉, 〈적벽가〉, 〈수궁가〉 등의 판소리가 전해지고 있어요.

 호기심 뿜뿜

조선 시대에는 판소리나 탈춤이 공연되는 극장 같은 곳이 있었나요?

판소리나 탈춤을 공연하기 위한 극장이 따로 있었던 것은 아니에요. 이런 공연은 사람들이 많이 모이는 장소 한켠에서 열리곤 했어요. 주로 장터에서 공연이 열렸지요. 조선 후기에는 상업이 발달하면서 전국적으로 장시가 많이 생겨 이런 공연도 자주 열렸답니다.

이리 오너라~ 업고 놀자. 사랑 사랑 사랑 내 사랑이야. 사랑이로구나~ 내 사랑이야.

신분을 넘어선 사랑, 너무 멋져.

춘향이와 이몽룡의 사랑 이야기이구나.

장터에서 탈춤이 공연되다

조선 후기 경상북도 안동의 장터에서 탈을 쓴 사람들이 춤을 추면서 공연을 하고 있어요. 탈춤을 구경하기 위해 많은 사람들이 모여 있네요. 앞에 자리 잡은 사람은 이른 아침에 도착해서 기다리고 있었어요. 어떤 공연이 펼쳐지고 있는지 한번 구경해 볼까요?

◀ 사대부
양반을 일반 평민층에 비해 높여
이르는 말

◀ 새경
머슴이 주인에게서 한 해 동안
일한 대가로 받는 돈이나 물건

양반: 나는 사대부의 자손인데.
선비: 아니, 나는 팔대부의 자손인데.
양반: 팔대부는 또 뭐야?
선비: 아니, 양반이라는 게 팔대부도 몰라? 팔대부는 사대부의
　　　두 배이지 뭐.
⋮
양반: 첫째, 지식이 있어야지. 나는 사서삼경을 모두 읽었네.
선비: 뭐? 사서삼경? 나는 팔서육경도 읽었네.
양반: 팔서육경이 뭔가?
초랭이: 나도 아는 육경을 모른다는 말씀입니까? 팔만대장경,
　　　　장님의 안경, 머슴의 새경(일 년 급여) ……

－ 안동 하회 별신굿 탈놀이 －

"하하하. 사대부의 '사'자를 숫자 4로 표현하면서 양반을 비꼬고 있어."
"양반들은 겉만 번지르르하지 뭐. 아이고 통쾌해."
조선 후기에는 신나는 춤사위와 양반을 비꼬는 내용, 서민들의 마음을 풀어 주는 내용으로 탈춤이 인기를 끌었어요. 황해도의 봉산 탈춤, 고성 오광대놀이, 서울 산대놀이 등의 탈춤이 있었어요.

조선 시대의 도자기

분청사기

백자

분청사기와 백자

조선 초기에는 회색빛 나는 흙에 하얀 흙으로 겉을 덮어 구워 낸 분청사기가 만들어졌어요.

시간이 흘러 조선 중기가 되면 하얀 백자가 유행하지요. 하얀 백자는 검소함, 깨끗함을 상징해요. 검소하고 깨끗한 삶을 살고자 했던 양반들은 백자를 무척 좋아했어요.

청화 백자

백자에 푸른색으로 무늬를 그린 도자기를 청화 백자라고 해요. 조선 후기에는 하얀 백자에 산, 나무, 꽃, 새 등의 다양한 무늬를 그린 청화 백자가 널리 유행했어요.

? 호기심 뿜뿜

고려에 청자가 있다면, 조선에는 무엇이 있나요?

조선 시대를 대표하는 것은 백자예요. 하얀 바탕에 아무런 장식이나 무늬도 없는 그릇이지요. 마치 선비들의 모습과 닮은 느낌이에요. 하지만 조선 초에는 회색 흙으로 빚은 뒤 흰 흙을 입히고, 회청색의 유약을 발라 구운 분청사기라는 도자기가 유행했어요. 그러다 조선 후기에는 백자에 푸른색 물감으로 그림을 그린 청화 백자가 유행했답니다.

옹기

일상생활에서는 옹기를 사용했어요. 옹기는 자연에서 쉽게 구할 수 있는 흙으로 만들었지요. 옹기를 만들 때 쓰이는 흙에는 작은 돌이 섞여 있어요. 작은 돌은 옹기가 구워지면서 공기가 통할 수 있는 공간을 만들어 옹기가 숨을 쉬게 해 주었어요. 사람들은 옹기에 곡식이나 장 등을 보관했답니다.

생활용품이자 훌륭한 예술품

조선 시대 사람들은 다양한 생활 도구를 만들어 사용했어요. 이들 도구는 실용적이면서도 훌륭한 예술품이었어요. 대표적인 생활 도구를 만나볼까요?

나전 칠기

옻칠한 그릇이나 가구의 표면 위에 조개껍질을 얇게 잘라 붙여 넣어 만든 물건을 나전 칠기라고 해요. 자개라고도 하지요. 우리 조상들은 문서를 담는 함에서 장롱까지 다양한 도구를 나전 칠기로 만들었어요.

떡살

떡살은 떡을 눌러 모양을 내는 도구예요. 떡살로 떡을 누르면 예쁜 모양의 떡이 완성되지요. 단옷날이 되면 수레 모양의 떡을 찍어내고, 좋은 일이 있을 때는 떡에 꽃 모양을 새겼어요.

조각보

조선 시대 사람들은 남는 조각 천을 연결하여 보자기를 만들었어요. 이를 조각보라고 해요. 조각 천도 버리지 않고 잘 활용하는 조상들의 지혜를 느낄 수 있죠.

화로

화로는 숯불을 담아 두던 도구였어요. 화로는 추운 겨울에 방 안을 따뜻하게 해 주기도 하고, 음식물을 따뜻하게 데워 주기도 했어요.

4 조선 시대 여성의 삶

조선을 지배했던 성리학은 남자와 여자의 다름을 강조했어요.

남자와 여자가 지내는 공간까지 구별할 정도였죠.

조선 후기 여성에게는 세 가지 중요한 도리가 강조되었어요. 세 가지 도리란 태어나서는 아버지를

따르고, 결혼해서는 남편을 따르고, 남편이 죽고 나서는 아들을 따르며 살아가는 것이었어요.

여성에게는 그저 결혼해서 남편을 잘 돕고, 아이를 낳아 잘 기르는 삶이 제일 중요하다는 것이었죠.

이런 사회 분위기에서 여성들은 행복했을까요? EBS

1 너도 양반, 나도 양반

이름 쓰는 난이 비어 있는 양반 임명장

오른쪽 사진 속 문서는 '공명첩'이에요. 공명첩은 이름 쓰는 공간이 비어 있는 관직 임명장이에요. 임진왜란 이후 나라의 살림살이가 어려워지자 나라에서는 관청에 많은 곡식을 내는 사람들에게 공명첩을 발급해 주었어요.

공명첩을 받는다고 해서 실제로 관직에 나가지는 않았어요. 하지만 이름뿐이긴 해도 도포 자락 휘날리는 폼 나는 양반이 되는 거예요. 거기다 양반이 되면 일부 세금을 면제받는 혜택까지 있었으니 많은 사람들이 공명첩을 통해 양반이 되고자 했죠.

공명첩

이름 쓰는 난이 비워져 있음

⤹ 도포
예전에 예절을 차릴 때 입던 남자의 겉옷. 소매가 넓고 등 뒤에는 다른 폭을 대어 만들어 입었다.

양반의 증가

김득신, 〈노상알현도〉

"양반께서 지나가신다. 길을 비켜라."

왼쪽 그림을 보면 양반이 지나가는 길에 그림 속 오른쪽 백성들이 고개를 숙이고 있어요. 남자는 머리가 땅에 닿을 것 같아요. 이처럼 조선은 신분 제도가 있는 나라였어요. 그리고 조선 전기까지는 신분의 구별이 엄격했지요.

조선 후기에는 농업과 상공업이 발전하면서 부유한 상민들이 많아졌어요. 이들 중 상당수는 양반이 되고자 했어요. 상민이 양반이 되려면 어떤 방법이 있었을까요?

> 1. 군사적 공을 세우거나 나라에 곡식을 낸다.
> 2. 부유한 농민이 양반의 족보를 사거나 위조한다.
> 3. 조상의 직업을 위조한다.

위와 같은 일이 일어나면서 양반의 숫자도 크게 늘어났죠. 그러자 양반의 권위도 예전 같지 않았어요.

 호기심 뿜뿜

공명첩을 주면 양반은 늘고 세금 낼 사람은 줄어들어 국가가 손해인데 왜 나라에서는 공명첩을 발급했나요?

 공명첩을 받은 사람은 관리가 되어 양반이 될 수 있었어요. 양반은 세금을 일부 면제받으니, 공명첩을 많이 발급할수록 세금 낼 사람은 점점 줄어들게 되겠지요? 하지만 그것을 알면서도 당장 어려운 나라 살림 때문에 어쩔 수 없이 공명첩을 발행한 거랍니다.

2 조선 시대 여성들은 행복했을까요?

조선 전기 여성들의 삶

오죽헌: 신사임당의 외가댁으로 알려져 있으며, 이곳에서 율곡 이이가 태어났다.

조선 전기까지는 여성의 지위가 비교적 높았어요. 조선 전기에 여자는 남자처럼 직업을 가지고 사회생활을 자유롭게 할 수 있는 건 아니었지만, 집안에서만큼은 비교적 남녀가 동등했어요. 족보에도 태어난 순서대로 오르고, 재산도 남녀 차별 없이 물려받을 수 있었지요. 남편이 먼저 죽은 여성은 재혼을 할 수도 있었어요.

신사임당도 결혼 후 오랫동안 친정에서 살며 율곡 이이를 낳아 길렀다는 사실도 유명한 이야기죠. 그런데 이러한 분위기는 조선 후기가 되면서 바뀌었어요.

성리학의 강화와 여성의 삶

조선 후기 성리학이 널리 퍼지면서 여성의 삶에 변화가 왔어요. 남성과 여성을 엄격하게 구분하기 시작한 거예요. 어려서부터 여성은 글공부보다는 바느질과 같은 집안일을 배우며 자랐어요.

◀ 출가외인
시집간 딸은 친정 사람이 아니라 남과 같다는 의미의 말

결혼한 이후에는 남편의 가족을 중심으로 생활하는 시집살이가 시작되었고, 친정과는 멀어지는 '출가외인'이 되었죠. 결혼한 여성의 의무는 아들을 낳는 거예요. 아들을 못 낳은 여자는 쫓겨나는 경우도 있었어요. 재산도 아들에게만 물려주었죠. 특히 큰아들에게 많이 주었어요. 제사도 큰아들이 주로 지내게 되었고요.

외출할 때에는 옷으로 얼굴을 가렸어요.

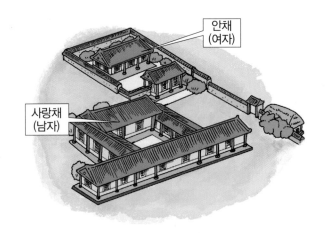

안채 (여자)
사랑채 (남자)

남자와 여자는 생활하는 공간이 달랐어요.

바느질, 집안일 등은 여자가 할 일이었어요.

3 오만 원권의 주인공은 누구일까요?

신사임당의 일생

오만 원권에 등장하는 인물은 누구일까요? 조선 시대 여성 화가이자, 율곡 이이의 어머니인 신사임당이에요. 신사임당은 강릉에서 양반의 딸로 태어났어요. 신사임당은 7살 때부터 그림을 그렸다고 해요. 그녀는 외가 친척들과 교류하면서 시·그림·글씨를 배웠어요.

오만 원권의 신사임당

19세가 되자 신사임당은 이원수와 결혼했고, 아들 넷과 딸 셋을 낳았지요. 그중 셋째 아들이 조선의 대학자가 되는 율곡 이이예요. 신사임당은 결혼을 하고도 20년간 시집인 서울에 가지 않고 친정이 있는 강릉에서 주로 살았다고 해요.

신사임당이 살던 조선 중기까지도 성리학이 뿌리 깊게 영향을 미치지 않아 결혼한 여성이 친정에서 사는 경우가 많았어요. 신사임당은 38세 때 서울로 이사와 지내다가, 48세 때 병으로 생을 마감했어요.

▶교류
문화나 사상 따위가 서로 통함

멋진 그림을 남긴 여성

신사임당은 시, 그림 등에도 뛰어난 재주를 지닌 여성이었어요. 신사임당이 풀벌레를 그린 그림을 내놓았는데 닭이 진짜 벌레인줄 알고 그림을 쪼았다는 이야기가 전해질 정도로 그녀의 그림 솜씨는 뛰어났죠. 신사임당은 꽃, 풀, 벌레, 과일 등 일상에서 쉽게 만날 수 있는 모습을 그림으로 남겼어요.

신사임당, 〈초충도〉(풀과 벌레를 주제로 그린 그림)

? 호기심 뿜뿜

조선 전기와 후기의 여성들의 삶이 달랐던 이유는 무엇인가요?

조선 전기에는 고려 시대와 마찬가지로 여성들의 지위가 높았어요. 남성과 비교적 동등하게 제사도 지내고 재산도 물려받았지요. 그때까지는 성리학이 널리 퍼지지 않았기 때문에 그랬던 거예요. 하지만 조선 중기 이후 성리학이 널리 퍼지면서 남성 중심의 사회가 되었고, 조선 전기와 달리 여성에 대한 차별이 심해졌지요.

조선 중기에 살았던 천재 시인

허난설헌 생가

◀ **허균**
조선 시대의 문신이자 소설가로 서자를 차별 대우하는 사회 제도를 비판하는 《홍길동전》을 씀

> 맑은 가을 넓찍한 호수에 맑고 푸른 물 넘실대는데
> 연꽃 우거진 곳에 아름다운 배 매어두고
> 임을 만나 물 사이로 연밥을 던지다가
> 행여 남들 눈에 띄었을까 반나절이나 부끄러웠네

이 시는 사랑에 빠진 여인의 모습을 잘 나타내고 있어요. 좋아하는 사람을 만난 여성의 설렘, 부끄러움이 잘 드러나 있네요. 이 시를 지은 인물은 조선 시대 여성 시인인 허난설헌이에요.

허난설헌의 동생인 허균은 허난설헌이 죽은 이후 누나의 시를 모아 《난설헌집》이라는 책을 내어 그녀의 시를 세상에 알렸어요. 이 시집은 중국과 일본에까지 전래되어 큰 인기를 누렸어요.

불행했던 삶을 살았던 허난설헌

허난설헌은 양반 집안에서 태어났어요. 아버지는 어린 허난설헌에게도 다른 남자들처럼 교육의 기회를 주었어요. 허난설헌은 당시의 유명한 시인에게 교육을 받기도 했죠. 15살이 되던 해에 그녀는 명문 가문의 아들인 김성립과 결혼했어요. 남편의 집안은 남성 중심적인 문화가 강했어요. 자유로운 분위기에서 자란 허난설헌은 잘 적응하지 못했죠.

"조용히 남편이나 보필하고 살면 되지, 시는 무슨 시야! 며느리가 마음에 들지 않아."

"천재 소리를 듣는 잘난 부인, 부담스러워."

허난설헌의 시어머니는 며느리가 탐탁지 않았고, 남편은 부인이 부담스럽기만 했어요. 자연히 사이도 좋지 않았죠.

허난설헌은 시를 쓰면서 이 상황을 잊으려고 했어요. 하지만 허난설헌의 아버지와 오빠가 죽고 사랑하던 두 명의 자식도 병에 걸려 죽자, 그녀는 점점 쇠약해져 갔지요. 결국 허난설헌은 27세의 꽃다운 나이에 생을 마감했어요.

5 제주 백성을 도운 김만덕은 어떤 사람일까요?

기생의 신분에서 벗어나 상인이 된 김만덕

돌아오니 찬양하는 소리가 따옥새 떠나갈 듯하고
높은 기풍은 오래 머물러 세상을 맑게 하겠지

김만덕

이는 조선 시대 높은 관직을 지낸 이가환이 어떤 여성에게 바치는 시예요. 영의정을 지낸 채제공은 그녀의 일생을 담은 책까지 썼지요. 정조는 그녀에게 여성이 오를 수 있는 최고의 벼슬을 내렸다고 해요. 도대체 어떤 여성이기에 왕이 관직을 내렸을까요? 그녀는 김만덕이에요.

만덕은 가난한 평민의 딸로 태어났어요. 12살 때 부모님이 돌아가시자, 친척집에서 살다가 기생이 되었어요. 어른이 된 만덕은 관청에 찾아가 자신은 원래 기생이 아니었으니 기생 신분에서 벗어나게 해달라고 요구했어요. 기생 신분에서 벗어난 만덕은 장사꾼이 되었어요. 제주의 물건과 육지의 물건을 교류하는 상인으로 활약하면서 많은 돈을 벌었지요.

◀쌀 1섬
오늘날 약 144kg

백성을 위한 삶을 선택한 대상인

조선 후기 정조 때 제주에 큰 가뭄에 태풍까지 겹치자 백성의 삶이 무척 어려워졌어요. 곧 추수를 앞둔 곡식이 다 떠내려갈 정도였거든요. 제주의 백성들이 곡식이 부족해 큰 고통을 겪게 되자 나라에서는 급하게 전라도의 쌀을 제주로 보냈어요. 그런데 그 배마저 큰 바람을 만나 침몰하고 말았어요.

"사람들이 너무 오랫동안 고통받고 있어. 내가 나서야겠다."

제주를 기반으로 상업에 종사하며 크게 성공한 만덕은 자신의 전 재산을 털어 육지에서 곡식, 약재 등의 생필품을 산 후 제주 사람들에게 나누어 주었어요. 당시 만덕이 기부한 쌀은 500섬이나 되었다고 해요.

김만덕 나눔 쌀 만 섬 쌓기 운동: 김만덕의 정신을 이어받아 쌀을 모아 가난한 사람들을 돕는 운동이다.

호기심 뿜뿜

신사임당과 허난설헌처럼 조선 시대 여인들은 네 글자의 이름을 썼나요?

그렇지는 않아요. 본래의 이름이 따로 있었어요. 신사임당의 '사임당'은 신사임당이 살던 건물의 이름이라고 해요. '난설헌'은 이름 대신에 부르던 '호'이고요. 신사임당은 신인선, 허난설헌은 허초희가 본래 이름이랍니다.

5 농민의 함성이 조선을 뒤덮다

정조가 죽은 이후 연이어 나이 어린 왕이 등장하게 되었어요. 그러자 왕의 외척 가문이

모든 권력을 독차지하게 되었죠. 안동 김씨, 풍양 조씨가 대표적이에요.

이들의 권세는 하늘을 나는 새를 떨어뜨릴 정도였다고 해요. 이들은 높은 자리를 독차지하고

나랏일을 마음대로 했어요. 심지어 돈을 받고 관직을 팔기도 했지요.

돈을 주고 관직을 산 관리는 갖은 방법을 다 동원해 백성들을 괴롭혔어요.

고통받는 백성들은 더 이상 참을 수 없었죠. 백성들은 어떠한 방식으로 저항했을까요? **EBS**

1 세도 정치란 무엇일까요?

국왕의 친척들, 세도 가문이 되다

정조가 죽은 이후 순조가 왕이 되었어요. 그러나 그 때 순조의 나이는 고작 11세였어요. 처음에는 왕실의 어른인 정순 왕후가 순조를 대신해 나랏일을 맡았어요. 정순 왕후는 정조가 추진하던 개혁을 중지하고 예전으로 되돌렸지요.

몇 년 후 정순 왕후가 죽자, 권력은 순조 왕비의 아버지인 김조순에게 돌아갔어요. 김조순은 자기 집안 사람들인 안동 김씨들에게 높은 자리를 주었지요. 이때부터 왕과 친척 관계를 맺은 안동 김씨와 같은 가문이 권력을 독차지했어요. 이러한 정치를 세도 정치라고 해요. 순조의 뒤를 이은 헌종은 8세에 왕이 되었어요. 이후 헌종 어머니 가문인 풍양 조씨 세력이 강해졌답니다.

말풍선: 전하, 저만 믿으세요!

▶ 가문
가족 또는 가까운 일가로 이루어진 공동체

강화 도령 철종

헌종이 아들 없이 죽자 안동 김씨들은 재빠르게 철종을 왕으로 만들었어요. 철종은 자신이 왕족인지도 모른 채 강화도에서 농사를 지으며 살고 있었어요. 안동 김씨들은 공부를 제대로 하지 않은 철종이 왕이 되면 자신들이 원하는 대로 나랏일을 할 수 있다고 생각한 거죠. 안동 김씨들은 철종을 무시했고, 나랏일을 마음대로 했어요. 철종도 정치는 멀리한 채 술을 마시면서 궁궐에서의 외로움을 달랬어요.

철종

철종이 왕이 되기 전까지 살았던 강화도의 용흥궁

 호기심 뿜뿜

왕이 다스리는 조선에서 어떻게 왕이 아닌 특정 가문이 권력을 휘둘렀을까요?

세도 정치가 이루어질 때의 왕들은 너무 어린 나이에 왕이 되거나, 아무 것도 모른 채 왕이 되었어요. 이런 왕이 즉위하면 왕의 어머니(대비)나 할머니(대왕대비)가 권력을 대신 행사했는데, 이 여성들은 정치를 하면서 친정 아버지, 오빠, 남동생 등에게 의견을 구하기도 했어요. 이 과정에서 왕비 가문이 권력을 독차지하였고, 이들 가문이 몇몇 집안에 집중되다 보니 왕이 아닌 특정 가문이 권력을 휘두를 수 있었던 거예요.

2 세금 제도가 문란해지다

관직을 사고팔다

나 이런 거 받는 사람 아닌데…… 허허허!

관직 하나만…… 잘 부탁드립니다요.

◀ 관찰사
도를 다스리던 지방 관리

◀ 수탈
강제로 빼앗는 일

안동 김씨 등의 권력 있는 가문은 나라를 잘 다스리는 것보다는 자신들의 권력을 유지하는 데에 더 관심이 많았어요. 그들은 높은 자리를 독차지하고 나랏일을 마음대로 결정했어요. 자신들이 원하는 사람들을 관리로 앉히기도 했죠. 이들은 뇌물을 받고 관직을 팔기도 했어요. 관찰사 자리는 2~5만 냥, 수령 자리는 3만 냥에 팔리기도 했다니 대단하죠?

3만 냥을 주고 수령이 된 사람이 있다고 생각해 봅시다. 이들은 과연 백성들을 위한 정치를 할까요?

"내가 뇌물로 3만 냥을 썼는데, 적어도 10만 냥은 뽑아야지."

이렇게 본전이 생각났을 거예요. 이들은 세금 제도를 이용해서 백성들을 수탈했어요.

군포로 인해 고통받는 백성

군포는 16세에서 60세 미만의 남성이 군대에 가는 대신 내는 세금이에요. 그런데 관리들은 온갖 부정한 방법을 동원하여 세금을 더 거두었죠. 이 때문에 백성들의 삶은 더욱 어려워졌어요.

군포가 뭐야? 육포처럼 먹는 거야?

16세가 안 된 어린아이에게 세금 부과하기

뭘 내라고? 안 들려~

60세가 넘은 노인의 나이를 낮춰 세금 부과하기

기가 막히는군.

죽은 사람에게 세금 부과하기

옆집 세금을 나보고 내라구요?

빈집

이웃이나 친척에게 세금 부과하기

백성을 괴롭혔던 환곡

조선 시대에는 '환곡'이라는 제도가 있었어요. 관청에서 봄에 가난한 백성들에게 곡식을 나누어 주고 가을에 약간의 이자를 더해 갚도록 하는 제도였죠. 즉, 환곡은 원래 가난한 사람들을 도와주기 위한 제도였어요.

그런데 지방의 관리들이 백성들에게 곡식을 나누어 줄 때에는 곡식에 모래를 섞어서 빌려주고, 백성들이 갚을 때는 온전히 곡식으로만 갚도록 했어요. 그럼 곡식을 빌리지 않으면 된다고요? 관리들은 곡식을 빌리고 싶지 않은 사람들에게도 강제로 빌려주고 높은 이자를 쳐서 갚게 했어요. 심지어 빌려주지도 않고 장부에만 기록한 후 가을에 곡식을 요구한 일도 있었지요. 이 환곡 제도는 백성들에게 큰 고통을 주었어요.

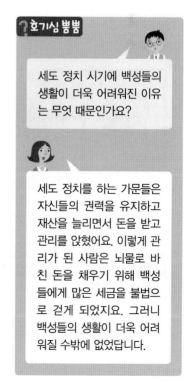

◀ 군정
군포로 거두어들이는 세금

◀ 전정
토지에 매기는 세금

◀ 소작료
다른 사람의 농지를 빌려 농사를 지은 대가로 지주에게 치르는 사용료

떠도는 백성들

세금을 걷는 과정에서 관리들의 부정부패가 심해지자 백성들의 고통은 심해졌어요. 게다가 홍수, 가뭄 등 자연재해가 일어나고, 전염병까지 돌아 백성들의 삶은 더욱 어려워졌죠. 이에 백성들은 살던 곳을 버리고 여기저기 떠돌아다니기도 했어요. 스스로 노비가 되는 사람들도 있었고, 심지어 도둑이 되는 사람들도 있었어요.

농민들은 점차 불만을 드러내기 시작했어요. 수령이나 지방 관리의 나쁜 점을 소문내거나, 벽보를 만들어 붙이기도 했어요. 일부 농민들은 세금을 내는 것을 거부하기도 하고, 심지어 나쁜 관리를 폭행하기도 했죠.

열심히 농사지어봤자 관리들이 다 가져가고 나는 먹을 것도 없네. 고향을 버리고 떠나자.

호기심 뿜뿜

세도 정치 시기에 백성들의 생활이 더욱 어려워진 이유는 무엇 때문인가요?

세도 정치를 하는 가문들은 자신들의 권력을 유지하고 재산을 늘리면서 돈을 받고 관리를 앉혔어요. 이렇게 관리가 된 사람은 뇌물로 바친 돈을 채우기 위해 백성들에게 많은 세금을 불법으로 걷게 되었지요. 그러니 백성들의 생활이 더욱 어려워질 수밖에 없었답니다.

3 동학은 어떤 종교였을까요?

새로운 세상이 열릴 것이라는 예언 사상

▸ **예언 사상**
미래에 일어날 일을 미리 알려 주는 예언을 믿는 사상

세도 정치 시기에는 관리들의 부정부패가 수도 없이 일어나 백성의 생활이 매우 어려워졌어요. 백성들 사이에서는 새로운 세상이 오기를 바라는 마음이 커졌지요. 그래서 예언 사상이 널리 유행하게 되었어요. 현실에서 고통스러운 삶을 살았던 백성들은 예언 사상에 기대어 마음의 위안을 얻고자 했던 거예요.

《정감록》

"이씨가 세운 조선이 망하고, 계룡산에서 정씨가 새로운 나라를 세울 것이다."

미륵 신앙

"미래의 부처인 미륵불이 지상에 내려와 백성들을 구원할 것이다."

화순 운주사 와불

"누워 있는 부처님이 일어나는 날, 새로운 세상이 열릴 것이다."

고창 선운사 마애불

"부처님의 가슴에 비밀스러운 책이 있다. 이 책을 꺼내는 사람이 새로운 세상을 열 것이다."

동학을 창시한 최제우

최제우

1824년 경주의 양반 가문에서 태어난 최제우는 어렸을 적부터 똑똑하여 공부를 잘했다고 해요. 그런데 최제우가 17세가 되었을 때 아버지가 돌아가시면서 집안이 어려워졌어요. 이후 최제우는 여기저기 떠돌아다니며 조선의 상황을 접하게 되지요.

이때 조선은 나라 안으로는 세도 정치로 백성들의 고통이 심했고, 나라 밖으로는 서양 세력이 접근해 와서 조선에 나라의 문을 열라고 강요하던 시기였어요.

오랜 기간 수양을 거친 최제우는 1860년에 깨달음을 얻어 유교, 불교, 도교와 민간 신앙을 융합하여 동학을 창시했어요. 서학에 대항한다는 의미를 담아 새로운 종교를 동학이라고 이름 지었답니다.

◀ 융합
다른 종류의 것을 하나로 합침

모든 사람은 하늘과 같은 존재라는 동학

동학의 가르침을 담은 《동경대전》(왼쪽)과 《용담유사》(오른쪽)

동학에서 모시는 신은 '한울님'이에요. 최제우는 모든 사람들이 마음속에 한울님을 모시고 있다고 주장했어요. 신분이나 나이, 남녀를 가리지 않고 모든 사람은 한울님을 모신 똑같은 존재인거죠. 이러한 주장은 모든 사람이 하늘과 같은 존재라는 사상(인내천 사상: 사람이 곧 하늘이다.)으로 발전했어요. 그리고 동학에서는 곧 새로운 세상이 열릴 것(후천개벽 사상)이라고 주장했어요.

모두가 평등하다는 사상, 새로운 세상이 열릴 것이라는 사상은 세도 정치 아래에서 차별받고 고통받던 백성들의 마음을 사로잡았죠. 이에 동학은 널리 퍼지게 되었어요. 그러자 나라에서는 동학이 백성들을 혼란스럽게 만든다는 이유로 최제우를 처형했고, 동학을 금지했어요. 그러나 동학은 계속해서 농민들 사이로 퍼져 나갔어요.

 호기심 뿜뿜

 조선 정부는 왜 최제우를 처형했나요?

최제우가 만든 동학의 핵심적인 내용은 인내천, 즉 사람이 하늘이라는 생각이었어요. 이러한 동학의 평등사상을 조선 정부에서는 위험하게 여겼어요. 조선은 양반과 중인, 상민과 천민으로 엄격히 나뉜 신분제 사회인데, 모든 사람이 평등하다고 주장하니 안 될 일이었던 거예요. 특히 동학이 농민들 사이에서 빠르게 퍼져나가자, 정부에서는 동학을 더욱 위험하게 생각했답니다.

4 농민들이 바라는 세상은 어떤 세상이었을까요?

차별받는 평안도 지역 사람들

왜 우리를 차별해.

다 뺏어가면 뭘 먹고 살란거야!

세도 가문 때문에 못 살겠어!

푸헤헷! 평안도 놈들

한양

실학자인 이중환은 《택리지》라는 책에서 평안도에 대해서 이렇게 썼어요.

"평안도는 300년 동안 높은 벼슬에 오른 사람이 없었다."

이처럼 조선 시대에 평안도 지역 사람들은 차별 대우를 받았어요. 높은 관리가 되기도 어려웠고, 한양 사람들은 평안도 지역 사람과 결혼도 하지 않으려고 했어요. 심지어 한양의 노비들도 평안도 지역 사람들을 무시하여 '평안도 놈'이라고 한다는 말이 돌 정도였죠.

◀ 노비
사내종과 계집종을 아울러 이르는 말

◀ 봉기
벌 떼처럼 세차게 일어남

그렇기 때문에 평안도 지역 사람들은 늘 불만이 있었죠. 세도 정치 시기가 되자 평안도 지역 사람들의 불만은 더 커졌어요. 당시 평안도 지역은 청과의 무역, 광산 개발로 부유한 곳이었는데, 세도 가문들은 이 지역 백성들에게 세금을 더 가혹하게 거두었어요. 평안도 지역 사람들의 불만은 홍경래의 난으로 폭발하게 되었답니다.

 호기심 뿜뿜

세도 정치 시기에 농민 봉기가 많이 일어난 이유는 무엇일까요?

조선 후기 특정 가문이 권력을 휘두르는 세도 정치가 이루어지면서 탐관오리들은 자기 배만 채우려고 했지요. 온갖 이름의 세금을 내야 했던 농민들은 더 이상 참을 수 없었어요. 열심히 농사지어 세금을 내고 나면 입에 풀칠할 곡식이 남아있지 않았으니 말이에요. 그래서 농민 봉기가 세도 정치 시기에 많이 일어난 거랍니다.

홍경래, 난을 일으키다

1811년 겨울, 홍경래와 뜻을 같이한 사람들이 봉기를 일으켰어요. 여기에는 가난한 농민, 상인, 광산 노동자들도 참여했어요. 봉기군의 위세는 대단했어요. 순식간에 청천강 북쪽의 여러 마을을 차지했죠. 이에 정부에서는 군대를 보내어 난을 진압하고자 했어요. 홍경래의 군대는 정주에서 관군에게 패배하였고, 이때 홍경래는 총에 맞아서 죽었어요.

그런데 사람들 사이에서 이상한 소문이 돌기 시작했어요.

"그때 총에 맞은 사람은 진짜 홍경래가 아니라 가짜다. 진짜 홍경래는 살아 있다."

홍경래는 죽었고 그의 봉기는 실패로 돌아갔지만, 홍경래는 백성들의 마음속에 살아 있었던 것은 아닐까요?

홍경래가 이끄는 봉기군과 대치하고 있는 관군

진주에서 농민들이 일어나다

1862년 경상도 진주의 작은 마을에서 봉기가 일어났어요. 안동 김씨 가문에게 뇌물을 바치고 경상도 관리가 된 백낙신은 환곡 등을 이용하여 불법으로 세금을 거두었어요. 그가 1년도 안 되는 기간 동안 불법으로 거둔 세금만 쌀 1만 5천 섬이 되었다고 해요. 이에 유계춘 등의 마을 사람들이 항의하였지만 소용 없었어요.

결국 참다 못한 진주 지역 사람들은 농민 봉기를 일으켰어요. 농민들은 관청으로 몰려가 백낙신을 잡고, 관청의 곡식을 백성들에게 나누어 주었지요. 이후 6일 동안 봉기는 주변의 23개 마을로 퍼져 나갔어요. 정부에서는 급하게 조사단을 보내 백낙신의 재산을 빼앗고, 귀양 보냈어요. 하지만 정부는 농민 봉기가 잠잠해지자 봉기를 주도한 유계춘을 처형했어요.

▶ 마패
나라에서 허락한 말을 바꾸어 탈 수 있는 증서이다. 관리들의 표식으로 이용되기도 하였다.

전국으로 확산되는 농민 봉기

진주에서 시작된 농민 봉기는 점차 확대되어 갔어요. 3월에는 경상도 지역으로, 4월에는 전라도 지역으로 퍼져 나갔고 5월에는 충청도에서도 농민들이 들고 일어났어요. 남부 지방의 70여 곳에서 농민 봉기가 일어났지요.

일이 커지자 나라에서는 관리를 보내 사건을 조사하게 했어요. 그러나 농민들에게 죄를 묻는 경우가 많아 농민들을 더욱 분노하게 만들었죠. 암행어사를 보내기도 했어요. 마패를 짜잔 하고 보여 주고 나쁜 관리를 벌주라고요. 그런데 암행어사들은 관리와 손잡고 오히려 백성들을 괴롭히기도 했어요.

세금 문제가 원인이라고 생각한 정부는 '삼정이정청'이라는 관청을 설치하기도 했어요. 전정(토지세인 전세), 군정(군포), 환정(환곡)의 문제를 해결하고자 한 것이었지요. 그런데 이 관청도 얼마가지 않아 없어지고 농민들의 생활은 여전히 고통스럽기만 했어요.

▶ 군포
조선 시대에 군사 훈련을 받지 않는 대신에 내던 옷감(베)

연표로 보는 이 시대의 주요 사건

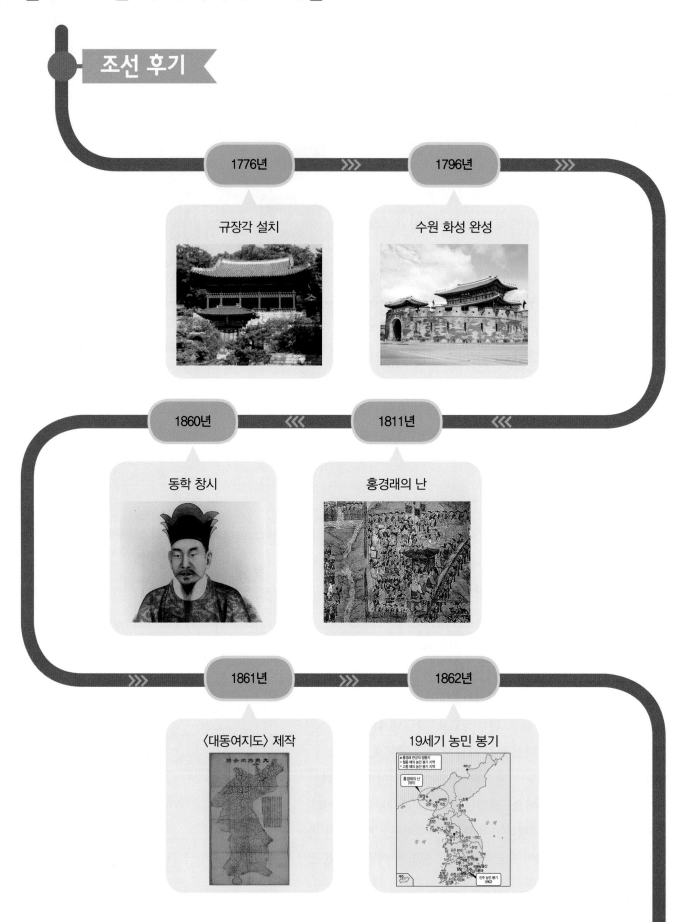

조선 후기

1776년 〉〉〉 **1796년** 〉〉〉

규장각 설치

수원 화성 완성

〈〈〈 **1860년** 〈〈〈 **1811년** 〈〈〈

동학 창시

홍경래의 난

〉〉〉 **1861년** 〈〈〈 **1862년**

〈대동여지도〉 제작

19세기 농민 봉기

안용복

숙종 때 살았던 동래 출신의 어부예요. 고기잡이를 하러 독도에 갔다가 일본에 끌려가게 되었지요. 하지만 당당하게 울릉도와 독도가 우리 땅이라 주장하고, 일본 정부의 책임자로부터 확인을 받은 후 돌아왔어요. 이후에도 일본 어부들이 계속 독도 근처에서 고기잡이를 하자, 다시 한 번 일본에 건너가 울릉도와 독도가 조선의 땅임을 확실히 했어요.

정조

조선 제22대 왕으로 영조의 손자이자, 사도 세자의 아들이에요. 여러 번 죽을 고비를 넘겨가며 어렵게 왕이 되었지요. 왕위에 올라서는 탕평책을 더욱 강력히 실시했어요. 왕실 도서관인 규장각을 설치해 서얼 출신

인 유득공, 박제가 등의 인재를 관리로 뽑았지요. 당시의 기술을 총동원해서 만든 수원 화성은 유네스코 세계유산으로 지정되었어요.

김정호

조선 후기 실학자예요. 어려서부터 지도를 만드는 일에 관심이 많아 여러 지도와 지리책을 읽었어요. 김정호는 이전에 만들어진 다양한 지도를 참고해 우리나라 전도인 〈대동여지도〉를 목판에 새겨 한꺼번에 많이 찍어 낼 수 있었어요. 또 22첩으로 접어서 간편하게 가지고 다닐 수 있게 만들었지요. 〈대동여지도〉는 현대 지도와 비슷하게 기호를 사용하였고, 강줄기와 산맥이 비교적 자세히 표시되어 있어요.

홍경래

홍경래는 평안도 지역 출신이었어요. 조선 시대에 평안도 지역 사람들은 다른 지역에 비해 차별 대우를 받았어요. 그들은 실력이 좋아도 관직에 나가지 못하는 경우가 많았지요.

홍경래는 세도 정치로 인한 문제와 지역 차별 대우에 불만을 품고 농민, 상인, 광산 노동자 등과 함께 봉기를 일으켰어요. 하지만 홍경래의 군대는 정주성 전투에서 관군에게 패하였고 홍경래는 결국 총에 맞아 죽었어요.

VI

개항기

1 조선의 개항

이양선이다!

문 열어줘~

조선에 이양선이 자주 나타나 무역을 요구하였다.

병인양요 때 프랑스군이 외규장각 의궤 등 여러 문화재를 빼앗아 갔다.

조선은 문을 열고 우리와의 무역 요구에 응해라!

제너럴 셔먼호 사건을 구실로 미군이 강화도에 침입해왔다.

어서 조약을 맺는 데 동의하시오!

운요호가 우리의 경고를 무시하고 침입해서 포격한 것이오.

조약 동의서

운요호 사건을 일으킨 일본은 조선에 강화도 조약 체결을 강요하였다.

조선은 프랑스와 미국 등 서양의 개항 요구를 거절했지만, 강화도 조약으로 일본에 개항했어요. 항구를 열고 무역을 허락한 거죠. 그리고 강하고 발전된 나라가 되기 위해 조금씩 변해가기 시작했어요. 중국과 일본을 모델로 말이에요. 이 과정 속에서 조선은 점점 더 심해지는 중국과 일본의 간섭을 피하기 어려웠어요. 안으로는 제도를 바꾸며 발전하려 했고, 밖으로는 중국과 일본, 그리고 서양의 침략을 막아야 했죠. 이렇게 어려운 시기의 왕이 바로 고종이에요. 고종은 이 어려운 상황을 어떻게 해결하려 했을까요? EBS

1 그때 조선은 어떤 상황이었나요?

흥선 대원군이 권력을 잡다

12살의 어린 나이로 고종이 왕이 되자, 나라의 정치는 모두 아버지였던 흥선 대원군이 맡아 했어요. 그때 조선은 안동 김씨 등이 권력을 잡고 자기 이익을 채우기에 바빴어요. 결국 무거운 세금과 관리들의 부정부패를 견디다 못한 백성들은 여기저기에서 봉기를 일으켰지요.

흥선 대원군은 이러한 문제를 해결하기 위해 먼저 왕권을 강하게 만들어야겠다고 생각했어요. 그래서 왕의 위엄을 높이기 위해 조선의 정식 궁궐인 경복궁을 다시 지었지요. 조선 초기에 지어졌던 경복궁은 임진왜란 때 불에 탔었거든요.

그리고 백성의 부담을 덜기 위해 양반에게도 군포를 내게 했어요. 양반들에게는 그동안 걷지 않았던 세금을 내도록 한 거예요. 군포는 군사 훈련을 받지 않는 대신에 내는 세금이었어요. 새로운 세금을 내게 된 양반들은 반대했지만, 세금 부담이 줄어든 백성들은 좋아했답니다.

흥선 대원군 이하응(1820~1898)은 고종의 아버지이다. 왕의 아버지는 대원군이라고 불렸다.

계속해서 찾아오는 이양선

이양선[다를 이(異), 모양 양(樣), 배 선(船)]. 조선의 배와는 모양이 달랐던 서양의 배는 대개 대포를 싣고 있었어요.

조선에 나타난 이양선은 때로는 무기로 위협하면서, 때로는 식량이나 물을 달라고 하면서 다가왔어요. 조선 정부는 처음에 그들이 원하는대로 식량을 주거나 물을 주었어요. 하지만 언제나 마지막 요구 사항은 조선의 문을 열고 무역을 하자는 것이었지요.

조선의 바다에 나타났던 이양선

처음에는 이양선을 신기하게 쳐다보던 조선 사람들은, 이양선에 탄 파란 눈동자의 서양인들이 대포와 총을 들고 무역을 요구하자 거부하거나 도망갔어요. 더 이상 조선 사람들에게 서양인은 호기심의 대상이 아니었어요.

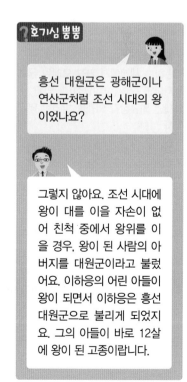

호기심 뿜뿜

흥선 대원군은 광해군이나 연산군처럼 조선 시대의 왕이었나요?

그렇지 않아요. 조선 시대에 왕이 대를 이을 자손이 없어 친척 중에서 왕위를 이을 경우, 왕이 된 사람의 아버지를 대원군이라고 불렀어요. 이하응의 어린 아들이 왕이 되면서 이하응은 흥선 대원군으로 불리게 되었지요. 그의 아들이 바로 12살에 왕이 된 고종이랍니다.

2 프랑스와 미국은 왜 쳐들어왔을까요?

프랑스군의 침입(병인양요)

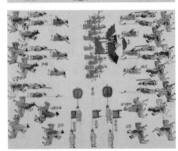

《영조 정순 왕후 가례도감 의궤》: 영조가 정순 왕후와 결혼하는 것을 기록한 책

◀ 박병선
현존하는 세계에서 가장 오래된 금속 활자본인 《직지심체요절》과 약탈 문화재인 외규장각 의궤를 발견한 역사학자

 선생님! 의궤가 뭐예요?

 의궤는 조선 왕실의 중요한 행사가 있을 때 그 모습을 글로 쓰고 그림으로 그린 책이에요. 그런데 이 책이 프랑스에서 발견되었어요.

 왜 의궤가 프랑스에 있었을까요?

 프랑스 군대가 조선을 침략했을 때 의궤를 빼앗아갔어요. 조선이 천주교를 믿는 사람들과 프랑스 신부를 죽인 것을 구실로 프랑스군이 강화도에 쳐들어왔거든요. 조선에게 문을 열어 무역을 하자고 요구하면서 말이에요.

 이 책이 조선에서는 어디에 보관되어 있었는데요?

 강화도에 있었어요. 병인년에 쳐들어온 프랑스군이 의궤를 빼앗아 가져간 후 어디에 있는지 몰랐어요. 그런데 프랑스 국립 도서관에서 근무하던 박병선 선생님이 도서관 지하에서 먼지가 쌓여 있던 의궤를 처음 발견했어요.

 프랑스는 자기 물건이 아니니까 바로 돌려주었겠네요?

 그렇게 쉽지 않았어요. 그 책을 발견하고 나서도 한참 동안 우리 정부와 국민들이 돌려받기 위해 여러 가지로 노력한 끝에, 프랑스에 빼앗긴 지 145년 만인 2011년에 의궤가 돌아올 수 있었어요.

 그런데 흥선 대원군은 왜 서양의 문물을 받아들이지 않으려고 했어요?

 음. 예를 들면, 흥선 대원군은 천주교가 사람들을 나쁘게 만드는 종교라고 생각했어요. 그래서 천주교를 믿지 못하게 했어요.

 왜요?

 천주교에서는 양반, 노비 등 이러한 신분을 인정하지 않았거든요. 누구나 똑같이 평등하다고 했으니 많은 양반들은 천주교를 나쁘게 생각했어요. 그래서 천주교를 믿지 못하게 했는데, 계속 믿는 사람들이 늘어나니 천주교를 널리 퍼뜨렸던 외국인 선교사들도 그들과 같이 처형한 거예요.

 그럼 서양 물건은요?

 그것도 받아들이지 않으려고 했어요. 흥선 대원군은 서양 물건이 우리나라에 필요하다고 생각하지 않는데, 자꾸만 문을 열고 무역하자는 서양의 요구가 결국 우리나라를 빼앗기 위한 침략이라고 생각한 거죠.

미군의 침입(신미양요)

프랑스군이 쳐들어오기 얼마 전에는 미국 배 제너럴 셔먼호가 평양의 대동강에 나타났어요. 처음에 평양 주민들이 식량과 물을 주며 친절하게 대해 주었는데, 미국인들은 오히려 물건을 빼앗고 사람들을 죽였어요. 화가 난 평양 주민들은 힘을 모아 미국 배를 불태워버렸죠. 그런데 5년이 지난 후 이 사건을 핑계로 미군이 강화도에 쳐들어왔어요. 프랑스처럼 우리의 문을 열게 하고 무역을 하려는 것이 목적이었죠.

대동강
평안남도에서 황해로 흐르는 강으로 평양을 가로질러 흐른다.

신미양요 때 어재연 장군이 썼던 장수(帥)의 깃발이 미국 배에 걸려 있던 모습이다. 이 깃발은 당시에 미국에게 빼앗겼다가, 2007년에 돌려받았다.

미군과 용감하게 싸우던 어재연 장군이 숨을 거두었지만, 강화도 곳곳에서 조선의 백성과 군인들은 모두 목숨을 걸고 열심히 싸웠어요. 조선이 미국의 요구에 따르지 않고 끝까지 버티자 결국 미군은 포기하고 돌아갔어요.

호기심 뿜뿜

프랑스군과 미국군은 왜 하필 강화도에 쳐들어 왔을까요?

강화도는 황해에서 한강을 통해 한성으로 들어가는 길목에 있는 곳이에요. 그래서 나라에서는 이곳에 방어 시설을 두었지요. 조선이 나라의 문을 열지 않자, 미국군은 서울로 가는 물길을 조사하겠다며 마음대로 강화도 바다로 들어왔어요. 그러자 강화도를 지키던 조선 군인들이 미국군에 대포를 쏘았고, 프랑스에 이어 미국과도 전투를 벌이게 되었지요.

스토리 플러스 **척화비를 세우다**

척화비는 미군의 침입을 물리치고 난 후 흥선 대원군이 세운 비석이에요. 전국 곳곳에 세워서 많은 사람들이 서양 세력의 침입을 잊지 않고 기억하게 하기 위해서예요. 척화비에는 이렇게 써 있어요.

"서양 오랑캐가 쳐들어오는데도 싸우지 않으면 친하게 지내자는 것이다. 친하게 지내자고 주장하는 것은 나라를 팔아먹는 일이다."

흥선 대원군은 절대로 서양에게 문을 열고 무역하지 않겠다는 강한 의지를 나타냈어요. 흥선 대원군의 이러한 정책은 잠깐 동안은 서양의 침략을 막아낼 수 있었어요. 하지만 조선은 변화하는 세계에 발맞추어 발전하는 시기를 놓치게 되었어요.

흥선 대원군이 세운 척화비

운요호의 침입

일본의 군함 운요호는 조선의 바닷가에서 마음대로 바닷물의 깊이를 재고 대포를 쏘며 위협하였다.

조선에서는 서양의 끊임없는 무역 요구에도 절대로 문을 열면 안 된다고 주장하던 흥선 대원군이 정치에서 물러났어요. 그리고 우리도 중국이나 일본처럼 서양과 무역해야 한다고 주장하는 목소리가 점점 커졌어요.

당시에 중국은 이미 영국과의 전쟁에서 패한 후 문을 열었어요. 그리고 일본도 미국의 요구에 따라 문을 열어 무역을 하고 있었고요.

조선에서 조금씩 변화가 나타나기 시작하던 바로 그때, 일본은 운요호를 보내 조선의 바닷가에서 대포를 쏘며 공포 분위기를 만들었어요. 미국이 일본에게 문을 열도록 요구했던 방법을 똑같이 흉내내어 조선을 위협한 거죠.

 조약
나라와 나라 사이에 문서로 맺은 약속

호기심 뿜뿜

외국과는 절대 교역을 하지 않겠다는 조선이 갑자기 일본과 강화도 조약을 맺은 이유는 무엇인가요?

사회에는 여러 의견이 있게 마련이에요. 조선 후기에도 그랬지요. 외국과의 교역에 반대하는 의견이 있는가 하면 외국과 교류해야 한다는 의견도 있었던 거예요. 이때 지도자가 어떤 의견을 가지고 있는가가 국가의 의견이 되기도 해요. 흥선 대원군은 외국과의 교역을 강하게 반대했던 인물이었으나, 고종이 외국과의 교역을 찬성함에 따라, 즉 국가 지도자가 바뀌면서 정책도 바뀌게 된 거예요.

개항에 반대하다

일본은 운요호를 보내 강화도와 영종도에 대포를 쏘았던 일을 조선의 탓으로 돌렸어요. 결국 조선이 일본에 대포를 쐈다는 구실로 조선이 일본과 조약을 맺도록 강요했어요. 회의 장소 안에서는 조선과 일본 양국 대표가 회의를 하고 있었지만, 밖에서는 일본 군인들이 대포로 위협했어요.

일본과 절대로 조약을 맺어서는 안 됩니다!

최익현은 도끼로 자기 목을 쳐서 죽이더라도 절대 강화도 조약을 맺는 것은 안 된다고 주장하였다.

이 사실이 알려지자 여기저기서 반대의 목소리가 커졌어요. 특히, 최익현은 궁궐 앞에서 도끼를 놓고 엎드려서는 절대로 일본과 조약을 맺어서는 안 된다는 글을 왕에게 올렸어요. 서양과 일본은 똑같기 때문에 일본의 요구를 들어줘서는 안 된다는 것이었죠. 만약 자신의 주장을 들어주지 않을 때에는 도끼로 자기의 목을 치라면서 강하게 반대했어요.

불평등한 강화도 조약

결국 조선은 일본과 강화도에서 조약을 맺고 문을 열었어요. 조선이 처음으로 외국과 맺었던 이 조약이 '강화도 조약'이에요.

강화도 조약의 주요 내용을 살펴볼까요?

당시 강화도에서 조약을 맺기 위해 회의하는 모습이다. 이때 밖에서는 일본 군인들이 대포로 위협하였다.

◀ 측량
기기를 써서 물건의 높이, 깊이, 넓이, 방향 따위를 잼

• 조선은 일본에게 부산과 그 밖의 항구 두 개를 열기로 약속한다.
• 일본은 조선의 해안을 측량할 수 있다.
• 조선에서 일본 사람이 잘못을 저지르면 일본 법에 의해 재판받는다.

그때 조선은 일본의 의도를 정확히 파악하지 못했어요. 세 개의 항구를 열도록 요구한 것은 일본이 필요한 쌀과 콩 등을 헐값에 사서 실어 나르기 위한 것이었어요. 또한, 일본이 조선의 해안을 측량하려는 것은 조선 침략을 위해 필요한 정보를 수집하기 위해서였고요. 그리고 조선에서 잘못을 저지른 일본인을 보호하기 위해 조선 법이 아닌 일본 법에 따라 재판하도록 한 거예요.

문제는 이것으로 끝이 아니었어요. 이후 조선은 미국, 영국, 독일, 러시아, 프랑스 등과 조약을 맺었는데, 이 나라들에게도 이렇게 불평등한 내용을 약속해 줘야만 했어요.

스토리 플러스 ➕ 일본에 수신사를 보내다

수신사는 조선에서 일본과의 외교를 위해 보냈던 대표단이에요. 강화도 조약을 맺고 처음 일본에 갔던 수신사 김기수와 그 일행은 깜짝 놀랐어요. 일본이 몰라보게 발전했기 때문이죠. 기차가 천둥번개처럼 빠르다고 생각했으니, 얼마나 놀랐을지 상상이 가시죠?

수신사는 일본의 모습을 살펴보고 돌아와 보고 들은 것을 책으로 써서 올렸어요. 이후 조선은 필요에 따라 몇 차례 더 일본에 수신사를 보냈어요.

첫 번째 수신사로 일본에 갔던 김기수와 그 일행

4 3일 천하란 무엇인가요?

개화를 둘러싼 대립

신식 총을 들고 일본인 선생에게 훈련받던 신식 군대인 별기군이다.

왼쪽 군인들은 누구일까요? 서양 군인들을 모델로 만들어진 신식 군대인 별기군이에요. 별기군은 '특별한 기술 교육을 받은 군대'라는 뜻이지요. 그런데 이렇게 신식 군대를 만드는 것에 반대하는 사람들도 있었어요.

양반들은 새로운 무기나 기술도 필요없다고 생각했어요. 최익현 같은 사람들이죠. 그러나 또 어떤 사람들은 서양의 종교나 정신 같은 것만 배우지 않으면 된다고 생각했어요. 서양의 무기나 기술은 정말 신기한 것들이 많았거든요. 그래서 당장 외국 세력에 맞서 싸울 군대부터 서양식으로 만들기로 했어요. 그런데 신식 군대를 훈련시키려면 돈이 많이 들었겠죠? 이에 대해 조선 정부는 새로운 무기 공장, 신문을 찍어내던 인쇄소 등을 운영하기 위해 세금을 많이 걷었어요. 결국 백성들의 생활은 더 어려워졌답니다.

김옥균이 꿈꾼 세상, 갑신정변

갑신정변을 일으켰던 김옥균(○ 표시)과 젊은 관리들(오른쪽)

하루 빨리 개혁을 해야 한다고 주장한 대표적인 사람이 김옥균이었어요. 그는 일본처럼 개혁한다면 우리나라도 짧은 시간 안에 서양과 같이 발전한 나라가 될 수 있다고 생각했죠.

그러던 중 김옥균은 서양의 학문을 공부한 젊은이들과 함께 우정총국(우체국)이 처음 문을 여는 날, 반대 세력을 제거하고 권력을 잡았어요. 일본이 도와줄 것이라고 믿은 이들은 자기들이 중요한 관직을 차지하고 새로운 조선을 만들겠다고 발표했죠.

그러나 청의 공격으로 이들의 개혁은 3일 만에 막을 내렸어요. 그래서 이 사건을 '3일 천하'라고 한답니다. 김옥균이 꿈꾸었던 개혁은 실패로 끝났어요. 이해가 갑신년이었기 때문에 이 사건을 갑신정변이라 불러요.

◀ 정변
혁명이나 쿠데타 따위의 비합법적인 수단으로 생긴 정치상의 큰 변동

5 녹두 장군은 누구인가요?

점점 더 어려워지는 농민들의 생활

"사람이 곧 하늘이다.", "모든 사람은 평등하다."라고 내세운 동학을 믿는 사람들이 점점 늘어났어요. 최제우가 '세상을 어지럽힌 죄'로 처형당한 이후에도 동학은 이 고을 저 고을로 퍼져나갔죠.

농민들은 일본인에게 헐값에 쌀을 팔아야 했고 내야 할 세금이 늘어나자 생활이 점점 어려워졌어요. 어디엔가 의지할 곳이 필요했던 사람들은 동학을 믿기 시작했어요. 그 수가 늘어난 동학교도들은 조선 정부에 동학을 믿는 것을 허락해 줄 것을 요구했죠. 그리고 부패한 관리들을 내쫓고 서양 오랑캐와 일본을 물리칠 것을 주장했어요.

〈개항 이후 조선의 상황〉

각종 배상금 지불

일본으로 실어 가는 쌀

탐관오리의 수탈

◀ 배상금
남에게 입힌 손해에 대해 물어 주는 돈

녹두 장군, 전봉준

전라도에서는 동학의 지도자였던 전봉준이 백성들을 괴롭혀 제 주머니만 채우는 부패한 관리들을 벌주려 했어요. 그리고 일본 오랑캐를 내쫓고 새로운 세상을 만들자고 주장했지요. 동학교도가 아닌 농민들까지 전봉준 등을 따르기 시작했고, 이들 동학 농민군은 결국 정부에서 보낸 군대와도 싸워 이겼어요.

그때 청과 일본 군대가 농민군을 막으려 들어오자 동학 농민군은 정부군과 화해했어요. 그러나 청과 일본이 조선에서 전쟁을 시작하자, 그들을 몰아내기 위해 농민군은 다시 힘을 모았어요. 결국 동학 농민군은 한성을 향해 가던 중 크게 패하며 힘을 잃게 되었죠. 전봉준은 다리가 다친 채 붙잡혀 서울로 끌려갔고요.

녹두처럼 몸이 작아 '녹두 장군'이라고 불렸던 전봉준. 그가 붙잡혔다는 소식을 듣고 백성들은 슬퍼하며 노래를 부르기 시작했어요. "새야 새야 파랑새야, 녹두밭에 앉지 마라, 녹두꽃이 떨어지면, 청포장수 울고 간다."

❓호기심 뿜뿜

전봉준은 왜 봉기한 것인가요?

전봉준이 살던 전라도 고부에 온 군수 조병갑은 온갖 나쁜 짓을 다하며 백성들을 괴롭혔어요. '물세를 내라.', '불효세를 내라.', 심지어 자기 아버지를 위한 비석을 세울 때에도 농민들로부터 세금을 거두었어요. 전봉준은 더 이상 두고 볼 수만은 없었지요. 동학을 믿는 사람들은 물론 농민군까지 합세해 들불처럼 일어났어요. 이를 동학 농민 운동이라 해요.

2 자주독립 국가의 선포

동학 농민군의 요구를 받아들인 조선은 양반과 노비가 없는 평등한 나라가 되었어요.

조선이 이러한 개혁을 하는 동안에도 일본의 간섭은 점점 심해졌어요. 특히 일본은 청과의 전쟁에서

승리한 후 조선을 침략하는 데 걸림돌이 된다며 명성 황후를 무자비하게 살해했지요. 슬픔과

어려움을 겪은 고종은 잠시 러시아 공사관에 머무르기도 했어요. 그러나 일본이 러시아와

세력 다툼을 하는 동안 고종은 새롭게 대한 제국을 세웠어요.

황제가 된 고종은 어떤 개혁으로 나라를 지키려 했을까요? EBS

갑오개혁-평등한 사회로 나아가다

위 사진은 개혁을 하기 위해 관리들이 모여서 회의하는 장면이다. 갑오년에 이루어진 개혁이라서 '갑오개혁'이라고 부른다.

스토리 플러스 을미사변-작전명, 여우 사냥!

  청과의 전쟁에서 승리한 후 일본은 끔찍한 일을 저질렀어요. 당시 조선의 왕비였던 명성 황후를 궁궐에서 살해한 거예요. 명성 황후는 정치에 많이 참여하며 러시아 세력을 끌어들였는데, 일본은 이러한 명성 황후를 없애야 일본이 조선을 침략할 수 있다고 생각한 거죠.

  작전명, 여우 사냥! 조선의 왕비를 '여우'라 부르며 '사냥'한다는 말도 안 되는 짓을 저지른 일본에게 우리는 제대로 항의도 못했어요.

  이 사건으로 중단되었던 조선의 개혁에 일본의 간섭이 심해졌어요. 그래서 먼저 고종과 세자의 머리를 깎게 하고, 백성들의 머리를 깎도록 명령했어요. 이것을 '단발령'이라고 해요. 하지만 '머리카락은 부모님이 주신 것이라, 함부로 할 수 없다.'라며 백성들은 강하게 반대했어요.

◟ 황후 황제의 정식 부인

명성 황후의 모습을 최근에 그린 그림. 명성 황후의 사진은 아직까지 찾지 못했다.

호기심 뿜뿜

머리카락을 짧게 자르라는 명령이 왜 문제가 되었을까요?

단발령은 단순히 머리카락을 짧게 자르라는 것이 아니라 조선 시대의 전통 머리 모양인 상투를 자르라는 것이었어요. 당시에는 효를 실천하려면 부모님이 물려주신 신체를 함부로 해서는 안 된다고 생각했어요. 머리카락을 함부로 자르지 않던 사람들에게 단발령은 국가가 나서서 불효를 행하라는 것으로 여겨졌지요. 그래서 백성들이 단발령을 반대한 거예요.

2 독립문을 세운 이유는 무엇일까요?

〈독립신문〉을 만들다

〈독립신문〉: 우리나라에서 처음으로 백성들이 만든 신문으로, 한글로도 찍어냈고 영문으로도 찍어냈다.

조선은 청과 일본으로부터 간섭받지 않고, 스스로 발전하기 위해서는 서양 문물을 받아들여야 한다고 생각했어요. 그래서 서양처럼 바꾸는 개혁이 계속 진행되었어요.

이러한 가운데 서재필은 정부의 지원을 받아 〈독립신문〉을 처음으로 찍어냈어요. 무엇보다 급한 것은 백성들을 깨우치는 일이라고 생각한 거예요. 〈독립신문〉은 조선이 자주독립국임을 널리 알리고, 개혁이 필요하다는 것을 백성들이 알도록 했어요.

그 후 개혁적인 정부 관리들과 지식인들을 중심으로 일반 백성들이 참여한 독립 협회라는 단체가 만들어졌어요.

서재필

자주독립국
다른 나라의 간섭 없이 스스로 모든 문제를 결정하고 처리하는 나라

독립문을 세우다

호기심 뿜뿜

왜 독립문은 종로처럼 사람들이 많이 모이는 곳이 아닌, 한적한 곳에 세워졌을까요?

독립문을 세운 곳은 청의 사신들을 맞이하던 영은문이 있던 곳이에요. 영은문은 한마디로 중국을 섬기는 상징적인 것이었지요. 그래서 조선의 주권을 지키는 일이 중요하다는 뜻을 보여주기 위해 영은문을 헐어버리고, 그 자리에 독립문을 세운 거예요. 청의 사신이 머물던 모화관도 독립관으로 이름을 바꾸었답니다.

독립 협회는 조선이 독립국이라는 것을 널리 알리기 위해 독립문을 세웠어요. 그 전에 청의 사신을 맞이하던 영은문을 헐어버린 자리 근처예요. 아래 사진에서 왼쪽 두 개의 기둥이 바로 영은문을 헐어버린 자리예요. 독립문을 세우는 데 필요한 돈은 백성들의 성금을 모아 마련했어요. 고종부터 일반 백성들까지 모두 스스로 성금을 모으는 데 참여했어요.

아래 사진에서 오른쪽에 독립문이 보이죠? 참, 그 옆의 기와집은 독립관이에요. 거기서 여러 가지를 주제로 강연회를 열었죠. 프랑스의 개선문을 본떠 만든 독립문의 앞뒤에는 각각 한글과 한자로 '독립문'이라고 새겼어요. '독립문' 글씨 양옆에 새겨진 무늬는 태극기랍니다.

백성들의 권리를 찾다

독립 협회가 여는 토론회와 강연회는 열 때마다 수백 명의 사람들이 몰려들 정도로 인기가 많았어요. 주제는 그때그때마다 달랐죠. '새로운 교육이 필요하다.', '미신을 없애야 한다.', '백성들의 대표를 뽑아 의회를 만들어야 한다.', '백성들의 권리를 높여야 한다.' 등 매우 다양한 주제를 다루었어요.

그때까지 대부분의 사람들은 왕의 명령을 하늘의 뜻이라고 생각할 정도로 우물 안 개구리였어요. 그렇지만 한글로 된 신문을 읽으면서 세상이 달라졌다는 것을 알기 시작했어요. 그러다보니 스스로의 권리를 찾아야 한다는 생각도 하게 되었죠.

힘을 모아 나라의 권리를 지키다

독립 협회는 만민 공동회를 열어 다른 나라의 간섭과 침입으로부터 우리나라를 지키기 위해서 노력했어요. 종로에서 열린 만민 공동회에 많은 백성들이 모여 한 목소리를 내자 정부에서도 귀 기울여 듣기 시작했어요.

러시아가 부산 앞바다의 섬을 빌려달라고 했을 때 독립 협회는 만민 공동회를 열어 반대했어요. 그러자 고종은 러시아의 요구를 거절했고, 러시아는 군사 훈련을 위해 파견했던 장교도 철수시켰어요. 모두 힘을 모아 러시아의 간섭을 막아내고 경제적 권리를 지킬 수 있었던 거예요.

만민 공동회에서는 시장에서 장사하던 상인이 사회를 보기도 하고, 소나 돼지를 잡던 백정 출신이 연설을 하기도 했어요. 아래 그림에서 보이는 것처럼 정부 관리들이 앉아 있는 자리에서 말이에요. 양반, 상민과 같은 신분이 없어지더니 정말 세상이 바뀌었나 봐요.

> 나는 대한의 가장 천한 사람이고 아는 것도 없습니다. 그렇지만 임금께 충성하고 나라를 사랑하는 길은 알고 있습니다.

정부 관리들이 앉아 있는 자리에서 백정 출신의 박성춘이 연설하는 모습을 그린 것이다.
[자료제공: 독립기념관]

철수
거두어들이거나 걷어치움

고종, 러시아 공사관으로 옮기다

▼ **공사관**
공사(외교관)가 외국에 진출한 나라에서 사무를 보는 곳. 국제법상 대사관에 준한다.

고종은 왕비가 죽임을 당한 후 하루도 경복궁에서 편하게 잠을 잘 수 없었어요. 음식을 먹을 때에도 독이 있을지 모른다는 두려움에 떨었지요. 고종은 궁궐에 갇힌 채 불안하게 지내다가 러시아 공사관으로 옮겨갔어요. 고종은 러시아 공사관에서 생활하면서 친일적인 관리들을 쫓아냈어요. 그리고 일본의 간섭에서 벗어나려고 애를 썼어요.

조선의 왕이 러시아 공사관에 있다는 이유로 일본과 러시아 세력은 팽팽히 맞서게 되었어요. 그리고 러시아는 이 틈을 타 조선에서 필요한 것들을 빼앗아갔어요. 여기저기에서 나무를 마구 베어가고, 석탄과 금, 은 등을 캐 갔어요.

위 사진은 러시아 공사관의 옛날 모습이다. □ 표시한 부분이 현재 남아 있는 모습(오른쪽 사진)이다.

고종, 황제가 되다

호기심 뿜뿜

조선과 대한 제국은 다른 나라인가요?

고종은 황제의 자리에 오르고, 나라 이름을 '대한 제국'으로 바꾸었어요. 조선은 이제 왕이 다스리는 나라에서 중국과 대등한 황제가 다스리는 나라가 된 거예요. 황제는 왕보다 더 높은 존재이지요. 고종은 나라 이름을 대한 제국으로 바꾸고 황제가 다스리는 자주독립국가임을 전 세계에 알리려고 했어요.

고종이 러시아 공사관으로 옮긴 후 1년 동안 러시아를 비롯한 미국, 독일, 프랑스, 일본 등은 조선에서 필요한 경제적 권리들을 빼앗아갔어요. 그래서 독립 협회를 비롯한 백성들은 고종이 궁으로 돌아올 것을 요구했어요. 결국 고종은 지금의 덕수궁(경운궁)으로 돌아오게 되었지요. 그리고 고종은 환구단에서 황제가 되는 기념식을 하고 왕이 아닌 황제가 되었어요. 또한 고종은 나라 이름을 '대한 제국'으로 바꾸었어요. '제국'은 황제가 다스리는 나라를 말해요. 백성들은 집집마다 태극기를 걸고 대한 제국의 탄생을 환영했어요. 새로운 변화를 기대한 거겠죠?

사진에 보이는 ○ 표시의 제단(환구단)에서 고종이 황제가 되는 기념식을 하였다. 이후 일본이 헐어버려서 지금은 남아 있지 않다.

새로운 개혁을 하다

대한 제국은 옛 제도를 바탕으로 새로운 개혁을 하려 했어요. 개혁을 급하게 하려고 하지는 않았죠. 이전에 했던 개혁이 성공하지 못한 것을 거울삼아 서두르지 않았던 거예요.

먼저 대한 제국은 황제가 다스리는 나라임을 강조했어요. 그래서 법을 만들고, 군대를 지휘하고, 나라를 다스리는 것은 모두 황제의 권한임을 널리 알렸어요.

그리고 토지의 면적을 재고, 누구의 땅인지를 증명서로 만들어 주었어요. 그래야 세금을 정확하게 걷을 수 있었거든요. 그리고 산업과 교육을 발전시키기 위해 힘썼어요. 또 광업, 철도, 금융 등의 분야에서 근대적 회사를 세우고, 학교와 교육 기관도 세웠어요.

하지만 일본을 비롯한 여러 나라들의 간섭은 계속되었어요. 대부분의 개혁이 황제를 중심으로 이루어졌다는 문제도 있었고요.

서양 군복을 입은 고종의 모습

◢ 광업
광물의 채굴 등의 작업을 하는 산업

스토리 플러스 ✚ 대한 제국과 대한민국의 차이는?

대한 제국과 대한민국의 차이점은 무엇일까요? 한 글자만 다른 것은 아시겠죠? '제(帝)'는 황제, '민(民)'은 백성을 뜻하는 거예요. 이제 차이점을 알겠지요? 대한 제국이 황제의 나라라면, 대한민국은 백성이 주인인 나라예요. 대한 제국은 조선을 이어받아 황제가 많은 힘을 갖고 다스리는 나라예요. 이에 반해 대한민국은 백성의 뜻을 받들어 다스리는 나라겠죠?

지금 대한민국이라는 이름 중 '대한'은 '대한 제국'에서 처음 사용했어요. 대한 제국이 들어서자 독립 협회는 백성의 대표가 모여 정치에 참여하는 기구를 만들려고 했어요. 한 사람의 힘으로만 나라를 다스려서는 안 된다고 생각한 거예요.

하지만 대한 제국에서 여러 대신들의 반대로 결국 독립 협회가 없어지면서 뜻을 이룰 수 없었어요. 그렇지만 그때의 노력이 지금의 대한민국으로 발전하는 바탕이 되었답니다.

개항기 전화 교환수예요.

전기는 많은 것을 할 수 있었어요. 전기가 들어오면서 서울에는 처음으로 서대문에서 청량리까지 전차가 다녔어요. 이전까지는 걸어다녔을 먼 거리를 많은 사람들이 빨리 이동할 수 있었으니 신기했겠죠?

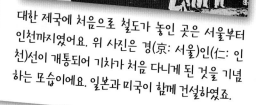

대한 제국에 처음으로 철도가 놓인 곳은 서울부터 인천까지였어요. 위 사진은 경(京: 서울)인(仁: 인천)선이 개통되어 기차가 처음 다니게 된 것을 기념하는 모습이에요. 일본과 미국이 함께 건설하였죠.

명동 성당이 처음 지어졌을 때의 모습
이에요. 뾰족한 지붕이 인상적이죠?

위 건물은 무엇일까요? 우리나라에서 처음으로 문을 연 신식 병원
이에요. 이름은 '광혜원(제중원)'이죠. 갑신정변이 일어난 날 다친
왕비의 조카를 낫게 해 준 선교사 알렌의 요청으로 문을 열었어요.

당시 신문에 실렸던 독일인 가게의 광고예요. 이때
서양의 많은 물건들이 사용되고 있었던 걸 알 수 있
어요. 참, 양산, 양복의 '양(洋)'자는 서양을 뜻하는
것이에요.

서양 문물이 들어오면서 우리의 생활 모습도 바뀌기 시작했는
데, 먼저 나타난 것은 의생활의 변화였어요. 양복이나 양장을
입는 사람들이 늘어났지요.

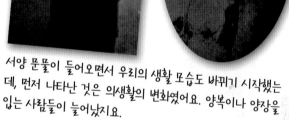

스토리 플러스 근대 문물이 주었던 빛과 그림자

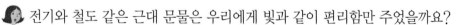

👩 전기와 철도 같은 근대 문물은 우리에게 빛과 같이 편리함만 주었을까요?

👦 전차나 기차는 우리 생활을 편리하게 해 준 게 사실이잖아요?

👧 선생님! 그런데 일본이나 미국은 왜 우리나라에 철도를 건설하고 전기 시설을 설치해 주었어요?

👩 일본은 우리나라를 침략하기 위해서 철도를 건설했어요. 조선인의 땅을 빼앗아 조선인들을 이용해서 만
든 것이었어요. 일본은 철도를 이용해 조선의 쌀과 잡곡을 일본으로 실어 갔죠. 전쟁을 할 때에는 철도로
많은 군인과 무기를 실어 날랐고요.

👦 그럼 미국은요?

👩 미국도 편리한 시설을 설치해 준 대가로 조선에서 경제적 이득을 얻으려 했던 거예요.

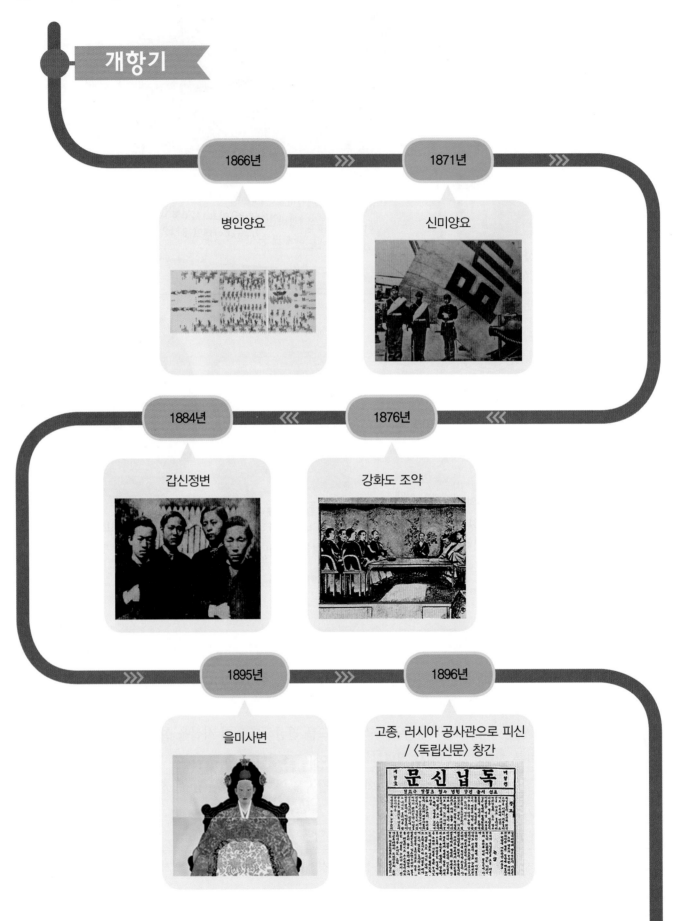

개항기

1866년
병인양요

1871년
신미양요

1884년
갑신정변

1876년
강화도 조약

1895년
을미사변

1896년
고종, 러시아 공사관으로 피신
/ 〈독립신문〉 창간

이 시대의 인물 이야기

흥선 대원군

어린 아들인 고종이 왕이 되자 아버지인 흥선 대원군은 권력을 잡고 나랏일을 좌지우지했어요. 그는 무엇보다 땅에 떨어진 왕실의 위엄을 세우기 위해 불에 탄 경복궁을 다시 지으라고 명령했어요. 또한 흥선 대원군은 지방 양반들의 세력을 모으는 데 중심 역할을 했던 서원을 일부만 남기고 없애버렸고요. 그리고 절대 서양과는 무역하지 않겠다는 강한 의지를 보여 주려고 전국 곳곳에 척화비를 세우기도 했어요.

김옥균

김옥균은 개화파의 대표적인 인물이었어요. 김옥균은 뜻을 같이하는 사람들과 함께 개혁을 서두르기 위해 갑신정변을 일으켜 반대파를 제거하고 권력을 잡았지요. 하지만 청을 등에 업은 반대파의 공격으로 갑신정변은 3일 만에 실패하였고, 김옥균은 일본으로 건너갔어요.

전봉준

전봉준은 동학 농민 운동을 이끈 사람이에요. 키가 자그맣고 다부져 녹두 장군으로 불렸지요. 전라도 고부 지역의 동학 지도자였던 전봉준은 탐관오리에 맞서 백성들을 구하고, 외국 세력을 몰아내자며 봉기했어요. 동학 농민 운동은 정부군과 일본군에 의해 진압되었고, 전봉준은 잡혀 처형되었어요. 이후 백성들은 '새야 새야, 파랑새야'라는 노래를 부르며 그를 기렸어요.

VII

일제 강점기

1 나라를 지키기 위한 노력

일본이 대한 제국을 식민지로 만들기 위해 싸워야 할 마지막 상대는 러시아였어요. 러시아와의 전쟁에서 이긴 일본은 고종 황제와 대신들을 위협해 강제로 을사늑약을 맺었지요. 이 사실에 분노한 사람들은 스스로 목숨을 끊기도 했어요. 또 의병을 일으켜 스스로 나라를 지키겠다며 총, 칼을 들고 일본에 맞서 싸우기도 했고요. 한편 나라의 빚이 점점 늘어나자 이를 걱정했던 사람들은 담배나 술을 끊거나 반지, 비단 치마를 성금으로 내놓기도 했어요. 그러나 1910년 8월 29일, 대한 제국은 일본의 식민지가 되었어요. 고종과 우리 백성들은 나라를 지키기 위해 또 어떤 노력을 기울였을까요? **EBS**

1 을사오적, 그리고 을사늑약

러·일 전쟁이 일어나다

일본은 한반도와 만주를 둘러싸고 대립하고 있던 러시아를 상대로 전쟁을 벌였어요. 10년 전에 청을 먼저 공격했던 것처럼 러시아를 기습 공격한 거예요.

대한 제국은 전쟁 전에 어느 쪽 편도 들지 않겠다고 중립을 선언했지만 인정받지 못했어요. 그리고 전쟁을 시작한 일본의 강요에 따라 전쟁에 필요한 것들을 제공한다는 조약을 맺을 수밖에 없었죠. 일본은 전쟁에 필요한 철도를 건설한다며 대한 제국의 땅을 마음대로 사용하기도 했어요.

오른쪽 그림 보이죠? 그림에서 왼쪽의 덩치 큰 남자는 러시아를, 오른쪽의 작고 마른 남자는 일본을 나타내요. 오른쪽 남자가 밟고 있는 것이 한반도예요. 링 밖에서는 영국, 미국 등 세계 각국이 구경하고 있고, 중국은 경기장 안에도 들어오지 못하고 담 뒤에서 이들의 경기를 넘겨다보고 있는 모습이 그려져 있어요.

러·일 전쟁을 풍자한 그림

을사늑약을 강제로 맺다

당시 신문에 실렸던 을사늑약 풍자도. 을사늑약은 일제의 강요와 위협으로 다섯 명의 대신이 서명을 해서 맺어졌다. 고종의 도장이 없는 이 조약은 국제법상 무효이다.

러·일 전쟁은 예상을 뒤집고 일본이 승리했어요. 일본은 이미 전쟁 중에 미국과 영국으로부터 대한 제국에 대한 지배권을 인정받았어요. 그리고 전쟁에서 이긴 후에는 러시아로부터도 인정받게 된 거죠.

일본은 고종과 정부 대신들을 위협하며 을사늑약을 강요하여 대한 제국의 외교권을 빼앗아갔어요. 고종은 끝까지 조약에 도장 찍는 것을 거부했지만, 다섯 명의 대신들이 조약에 서명을 했어요. 이들을 을사오적이라고 불러요. 이제 대한 제국은 다른 나라와 조약을 맺을 때 일본의 동의를 얻어야만 했어요. 또 일본은 통감부라는 관청을 설치하여 외교는 물론 각 분야에서 대한 제국을 간섭했어요.

◢ 을사늑약
을사조약이 강제로 맺어졌기 때문에 '을사늑약'이라고 부른다.

호기심 뿜뿜

러·일 전쟁 직후 을사늑약이 맺어진 배경이 뭐예요?

우리나라를 둘러싸고 청, 일본, 러시아는 치열하게 대립했어요. 청은 청·일 전쟁으로 우리나라에서 물러났고 미국과 영국은 일본 편을 들었어요. 러시아는 러·일 전쟁 패배로 우리나라에서 쫓겨났죠. 러·일 전쟁 이후에는 일본이 대한 제국을 지배하는 데 방해가 되는 나라가 거의 없었답니다. 이때 을사늑약이 맺어진 거예요.

을사늑약에 저항하다

강제로 맺어진 을사늑약에 사람들은 여러 가지 방법으로 저항했어요. 민영환은 스스로 목숨을 끊었지요. 그는 "살려고 하는 자는 죽을 것이오, 죽으려고 하는 자는 살 것이다."라며 일본에게 저항할 것을 유서로 남겼어요.

장지연은 신문에 '시일야방성대곡(이 날에 목 놓아 크게 우노라.)'이라는 글을 썼어요. 나철과 오기호 등은 우리 민족의 원수라고 생각한 을사오적을 암살하기 위한 단체를 조직했고요.

외교 사절로 여러 나라에 파견되었던 민영환. 을사늑약에 반대하여 스스로 목숨을 끊었다.

한성에서 장사하던 상인들은 가게 문을 닫아 반대하는 뜻을 표시했어요. 학생들은 학교에 가지 않는 것으로 저항의 뜻을 전하기도 했어요.

◀ 의병
외적의 침입을 물리치기 위해 백성들이 자발적으로 조직한 군대

의병들이 일어나다

을사늑약에 저항하고자 의병을 일으킨 사람들도 있었어요.

먼저 최익현은 전라도에서 사람들을 모아 의병을 일으켰어요. 그러나 최익현은 정부의 군대를 맞아 스스로 무기를 버리고 잡혀갔어요. 황제께서 보낸 군대와는 싸울 수 없다고 생각한 거죠. 결국 최익현은 쓰시마섬에 끌려가 그곳에서 죽음을 맞이했어요.

태백산 근처에서는 신돌석이 의병을 일으켰어요. 신돌석은 강원도와 경상도를 넘나들며 활약했어요. 산을 넘을 때 날아다니는 호랑이처럼 용맹스러워 별명이 '태백산 호랑이'였다고 해요.

그때 대부분 의병 대장은 양반들이 맡아 했어요. 물론 의병에는 평민들이 대다수였죠. 그래서 평민 출신 의병 대장 신돌석의 활약은 더 눈부셨어요. 귀신같이 나타났다가 사라지는 그의 전투 기술은 일본군도 벌벌 떨게 만들었어요. 한때 3,000여 명에 이를 정도였던 신돌석 부대는 일반 백성뿐 아니라 양반들로부터도 큰 호응을 얻었어요.

'태백산 호랑이'라는 별명을 가졌던 신돌석. 평민이면서 의병 대장이 되었던 대표적 인물이다.

헤이그에 간 특사

고종의 명령으로 헤이그에 간 특사. 왼쪽부터 이준, 이상설, 이위종이다.

고종은 을사늑약이 불법적으로 맺어졌다는 것을 세계 여러 나라에 널리 알리고 싶었어요. 일본이 대한 제국을 침략하였다는 사실도요. 그래서 네덜란드에서 열리고 있던 만국 평화 회의에 특사를 파견했어요. 물론 비밀리에 말이죠.

그러나 그곳에 도착한 특사들은 회의장에 들어갈 수 없었어요. 외교권이 없다는 이유로 일본이 강하게 반발했기 때문이죠. 다른 나라 대표들은 그저 구경만 하고 있었어요. 결국 회의장 밖에서 "한국을 위한 호소"라는 연설을 통해 외국 기자들에게 일본의 침략을 어느 정도는 알릴 수 있었어요.

특사
특별한 임무를 위해 외국에 파견되는 사람을 가리킨다.

고종이 물러나고, 대한 제국 군대가 해산되다

일본은 고종이 헤이그에 특사를 파견했다는 사실을 알고 고종에게 황제의 자리에서 물러나도록 협박했어요. 외국에 그들의 침략을 알리려 했기 때문이죠. 여기에 친일파들까지 고종을 압박했어요. 결국 고종은 강제로 황제의 자리에서 물러나게 되었지요.

고종이 물러나자 그의 아들 순종이 황제의 자리에 올랐어요. 일본은 순종을 위협하여 강제로 새로운 조약을 맺도록 했어요. 그리고 이 조약을 바탕으로 대한 제국의 군대를 해산시켰지요.

해산을 명령받은 군인들은 무기를 들고 의병에 참여했어요. 일반 백성들과 함께 나라를 지키겠다는 강한 의지를 나타낸 거예요. 군인들이 참여하면서 의병 운동은 점점 더 활발해졌어요.

해산된 군인이 의병에 참여한 모습. 농부도, 어린 학생도 모두 나라를 지키기 위해 무기를 들었다.

? 호기심 뿜뿜

고종이 헤이그에 특사를 보낸 이유는 무엇인가요?

당시 네덜란드 헤이그에서는 만국 평화 회의가 열리고 있었어요. 고종의 비밀 명령을 받은 세 명의 특사가 헤이그로 떠났어요. 그곳에서 을사늑약의 부당함을 전 세계에 알리려고 했지요. 하지만 특사들은 일본의 방해로 회의장에 들어갈 수 없었어요. 이 사건 이후 일본은 고종을 강제로 황제의 자리에서 끌어내렸답니다.

3 나라를 지키기 위해서 무엇을 했을까요?

빛을 갚기 위해 반지를 빼다

◀ 보상
남에게 진 빚 또는 받은 물건을 갚음

일본은 대한 제국에 근대적 시설을 갖추게 한다는 구실로 일본의 돈을 빌리게 했어요. 그러다 보니 우리가 원하지 않아도 일본에 진 빚은 눈덩이처럼 불어났지요. 이러다가는 빚을 못 갚아 나라를 빼앗기겠다는 생각이 들자 너도나도 나서서 성금을 모았어요. 이것을 '국채 보상 운동'이라고 해요. '국채'는 '나랏 빚'을 말해요.

여자들은 금이나 은으로 만든 반지나 비녀를 빼서 성금으로 냈어요. 비단 치마를 내는 사람도 있었죠. 아무 것도 가진 게 없는 여자들 중에는 머리카락을 잘라서 성금으로 내기도 했어요. 남자들은 술, 담배를 끊고 그 돈으로 성금을 냈답니다.

국채 보상 운동을 벌여 일본에 진 빚을 다 갚았나요?

일본의 방해로 국채 보상 운동이 중단되는 바람에 빚을 갚지 못했어요. 일본은 국채 보상 운동에 온 국민이 뜻을 모아 참여하기 시작하자 방해를 하기 시작했어요. 이 운동의 중심인물이 돈을 빼돌려 사용한 것처럼 소문을 냈지요. 결국 국채 보상 운동은 제대로 진행되지 못하고 끝나버렸고 대한 제국은 빚을 갚을 수 없었어요.

을지문덕처럼 나라를 지키자

나라를 지키기 위한 또 다른 방법은 우리 역사를 연구하는 것이었어요. 역사는 우리 민족의 정신이기 때문이죠.

신채호는 백성들에게 애국심을 심어 주기 위해 위인들의 이야기를 책으로 썼어요. 고구려 때 수의 침입으로부터 나라를 지켰던 을지문덕의 이야기인 《을지문덕전》, 일본의 침입을 물리쳤던 이순신의 이야기인 《이순신전》이 있었죠. 그때에는 일본의 침략으로부터 나라를 구할 을지문덕과 이순신과 같은 사람이 필요했고, 신채호는 책을 통해 민족 정신을 강조하고 애국심을 일깨워 주었어요.

참, 독립운동가 신채호는 항상 서서 세수를 했어요. 이유가 뭔지 아세요? 일본에게 고개를 숙이기 싫었기 때문이에요. 그의 곧은 정신을 짐작할 수 있겠죠?

《을지문덕전》에 그려져 있던 을지문덕 장군의 모습

4 안중근이 이토 히로부미를 쏜 이유는 무엇일까요?

하얼빈에서 일어난 안중근 의거

안중근이 일본에게 심문을 당하고 유언을 남기는 모습

탕! 탕! 탕!

안중근 의사가 쏜 세 발의 총알이 이토 히로부미를 명중했어요. 만주 하얼빈 역, 안중근은 기차에서 내린 이토 히로부미를 이렇게 처단했어요.

이토 히로부미는 일본이 대한 제국을 침략하는 데

▶유언
죽음에 이르러 남긴 말

앞장서서 을사늑약을 강요했던 인물이에요. 러시아로 건너가 의병 운동을 하고 있던 안중근은 이토 히로부미를 용서할 수 없었죠. 그래서 단순히 사람을 죽인 것이 아니라 의병 참모중장으로서 침략자인 이토 히로부미를 처단한 것이라고 당당히 말했어요.

안중근은 일본에 의해 살인죄로 사형을 선고받고 유언을 남겼어요. 사랑하는 두 동생에게 나라가 독립할 때까지 장례를 치르지 말라고 부탁하는 내용이었어요. 그리고 천국에서 독립의 소식이 들려오면 춤을 추며 만세를 부르겠다고 말했어요. 이렇게 안중근은 목숨이 다할 때까지도 오로지 나라의 독립만을 생각했어요.

스토리 플러스 **안중근의 네 번째 손가락이 짧은 이유는 무엇일까요?**

안중근은 동지들과 함께 '단지회'라는 단체를 만들었어요. 단(斷, 끊다), 지(指, 손가락), 손가락을 잘라서 맹세한 모임이라는 뜻이에요.

안중근과 뜻을 함께 했던 동지들은 손가락을 잘라 국가를 위하여 몸을 바칠 것을 맹세했어요.

왜 꼭 손가락을 잘라야 했느냐고요? 그만큼 강한 의지를 나타낸 것이었죠. 그래서 안중근의 왼손 네 번째 손가락이 짧은 것이었어요.

안중근의 손바닥 도장에서 네 번째 손가락이 유난히 짧은 것을 알 수 있다.

5 경복궁에 왜 일장기가 걸렸을까요?

일본의 식민지가 된 대한 제국

경복궁에 일장기가 걸린 모습

⤵ 간청
간절히 청함

대한 제국의 외교권과 군사권 등을 차례로 빼앗은 일본은 한국 병합 조약을 체결하였는데, 이때 친일파를 이용했어요. 친일파들이 일본에게 대한 제국을 다스려 달라고 간청하는 글을 쓰게 만들었죠. 결국 일본은 대한 제국의 주권까지 완전히 빼앗았어요.

대한 제국이 일본의 식민지가 된다는 것은 받아들이기 힘든 충격이었어요. 슬픔을 참을 수 없어 목숨을 끊은 사람도 있었어요. 일본의 식민지가 된다는 것은 큰 고통이기도 했지요. 안타깝게도 그 고통은 이후 35년간 계속되었어요.

스토리 플러스 독도는 우리 땅!

일본은 러·일 전쟁 중에 독도의 가치를 알게 되었어요. 독도에 적의 동태를 살피기 위한 전망대를 설치하면 러시아 함대의 이동을 미리 파악할 수 있었죠. 울릉도와 독도는 삼국 시대부터 우리 땅이었지만, 1905년 일본은 독도가 '주인 없는 땅'이라고 억지 주장을 했어요. 일본이 독도를 빼앗아 가기 위해서였죠.

일본은 독도를 시마네현의 영토에 불법적으로 포함시켰어요. 뒤늦게 대한 제국이 그 사실을 알게 되어 인정하지 않고 반박했지만, 더 이상 조치를 취할 수 없었어요. 왜냐하면 강제로 맺어진 을사늑약으로 대한 제국은 외교권을 빼앗긴 상태였기 때문이에요.

이후 독도는 일본에 불법적으로 빼앗겼다가 1945년 광복으로 한반도와 함께 우리 땅이 되었어요.

6 사람들은 왜 나라를 떠났을까요?

만주로 간 사람들

일본의 침략이 심해지자 견디다 못한 사람들은 압록강과 두만강을 건너 북쪽으로 옮겨갔어요. 경제적으로 살기 어려워진 사람들이 만주에 터를 잡고 땅을 일구기 위해 떠난 거예요. 하지만 그곳에서의 생활도 만만치 않았어요.

독립운동을 위해 떠난 사람들도 있었어요. 이회영과 그 형제들은 조상 대대로 물려받은 엄청난 땅과 재산을 모두 팔아 만주로 떠났지요. 만주에서 살던 이회영과 그 가족들은 영하 20도 이하의 추운 날씨와 굶주림으로 고통을 당했어요. 그렇지만 그들의 노력과 재산이 있었기에 독립군을 기르기 위한 무관 학교를 세울 수 있었어요.

만주에 살던 우리 동포들. 만주는 압록강과 두만강을 건너 그 북쪽 땅을 말한다.

◀ **만주**
압록강과 두만강 북쪽의 지역으로 우리 민족이 많이 살고 있다.

일본, 미국으로 건너간 사람들

하와이에 살던 한인들의 모습

초기에 일본에 건너간 사람들은 유학생이 많았어요. 나중에는 노동자들도 많이 건너갔죠. 그러나 어느 곳보다 일본에서 한인들이 살기가 어려웠어요.

관동 지방에서 큰 지진이 일어났을 때의 일이었어요. '한인들이 우물에 독을 탔다.', '한인들이 불을 질렀다.'라는 헛소문이 퍼졌어요. 일본은 지진으로 인한 혼란을 한인들의 탓으로 돌리려고 헛소문을 퍼뜨린 거예요. 화가 난 일본인들이 6,000여 명이나 되는 한인들을 살해하는 비극이 일어났어요.

한편, 미국으로 건너간 사람들은 주로 사탕수수 농장에서 힘들게 일해야 했어요. 때로는 채찍으로 맞기도 했죠. 그곳에 살던 한인들은 힘들게 번 돈을 모아 독립운동에 써달라며 독립운동 단체에 보냈어요. 몸은 비록 멀리 있었지만 독립을 바라는 마음은 모두가 같았던 거예요.

호기심 뿜뿜

일본에게 대한 제국을 다스려달라고 요청한 사람들이 정말 있었나요?

부끄러운 일이지만 사실이랍니다. 당시에 친일파들의 모임이었던 '일진회'라는 단체는 청원서를 써서 일본에게 대한 제국을 다스려 달라는 부탁을 했다고 해요. 이들은 그 대가로 대한 제국이 일본의 식민지가 된 후 호화로운 생활을 보장받았어요.

2 나라를 되찾기 위한 노력

나라 잃은 슬픔에만 빠져 있을 수 없었던 우리 민족은 나라를 되찾기 위해 노력했어요.

일본의 위협에도 태극기를 들고 "만세"를 외치기도 했고요. 만주로 건너간 사람들은 독립군이 되어

일본군을 물리쳤어요. 청산리 대첩은 독립군이 일본군에게 거두었던 가장 큰 승리였어요.

또한 일본의 감시와 탄압 속에서도 우리글과 우리말을 지키기 위해 노력했지요.

대한민국 임시 정부로 독립운동에 필요한 돈을 모아 보내기도 했어요.

대한민국 임시 정부는 독립을 위해 어떤 노력을 기울였을까요? EBS

1 우는 아이는 왜 순사를 무서워했을까요?

무시무시한 헌병 경찰

일본의 식민 통치 시기 초등학교 선생님과 학생들의 모습
(위 사진), 헌병 경찰의 모습(아래 사진)

일본의 식민 통치가 시작되면서 일본은 대한 제국을 '조선'이라고 불렀고, 조선을 다스리기 위해 조선 총독부를 설치했어요. 그곳의 우두머리는 총독이라고 했고요.

일본은 식민 통치에 대한 한국인의 반발을 막기 위해서 공포 분위기를 만들어야 했어요. 그래서 군대의 경찰인 헌병을 이용했지요. 헌병 경찰은 재판도 없이 사람들을 가두거나 처벌할 수 있었어요.

그뿐만이 아니었어요. 학교 선생님에게 제복을 입히고 칼을 차게 했어요. 그리고 사람들이 단체를 만들거나 모이는 것도 금지했고요. 이렇게 총과 칼을 앞세운 일본의 통치는 무자비했고, 한국인의 생활은 많은 제한을 받았어요. 일본의 식민 통치를 견디다 못한 사람들과 독립운동 지도자들은 만주로 떠나기도 했어요.

◀ 헌병 경찰
군사 경찰의 업무를 하는 군인. 헌병이 일반 국민의 치안 유지를 담당했던 경찰의 업무를 맡아 함

 호기심 뿜뿜

왼쪽 위 사진에서 학교 선생님이 왜 칼을 차고 있는 걸까요?

일본은 한국을 식민지로 만든 후 총과 칼로 다스렸어요. 이를 무단 통치라고 해요. 공포 분위기를 만들어 한국인들을 일본이 시키는 대로 하도록 만들려 한 거지요. 심지어 학교에서도 선생님이 칼을 차고 수업을 하도록 했답니다.

스토리 플러스   **엎드려서 볼기를 짝!**

일본의 식민 통치 시기에는 사람들이 죄를 저질렀을 때 벌금을 내게 하거나 가두었어요. 그런데 한국인이 잘못했을 때에는 일본이 처벌할 수 있는 방법이 하나 더 있었어요. 바로 태형을 실시하는 거예요.

태형은 사람을 엎드리게 하고 매로 볼기를 때리는 거예요. 오른쪽 그림처럼 매를 맞았다면 많이 아팠겠죠? 그리고 아픈 것만큼 창피하지 않았을까요?

일본은 무자비한 태형으로 한국인들에게 수치스러움과 고통을 주었어요.

태형을 당하는 모습

2 3·1 운동은 왜 일어났을까요?

태극기를 인쇄하다

태화관에 모인 민족 대표들이 독립 선언서를 낭독하는 모습

▶자결
다른 사람의 도움이나 간섭을 받지 않고 자기와 관련된 일을 스스로 결정하고 해결함

제1차 세계 대전은 영국과 미국 등 연합국의 승리로 끝나갔어요. 이때 미국의 윌슨 대통령은 민족 자결주의를 주장했지요.

민족 자결주의는 '모든 민족은 자신들의 운명을 스스로 결정할 권리가 있다.'는 것이었어요. 이 소식을 들은 우리 민족을 비롯한 식민지 상태의 국민들은 희망을 갖게 되었답니다.

만주와 일본 등에 있었던 독립운동가들이 먼저 일본의 무자비한 통치를 전 세계에 알리고 독립을 선언했어요. 국내의 민족 대표들과 학생들도 비밀리에 모임을 가졌고요. 그리고 일본의 감시를 피해 독립 선언서를 인쇄하며 만세 운동을 준비했어요.

대한 독립 만세를 외치다

1919년 3월 1일. 민족 대표들은 태화관이라는 음식점에서 독립 선언식을 가진 후 경찰서에 끌려갔어요. 그때 탑골 공원에 모여 있던 학생과 시민들은 따로 독립 선언식을 가진 후 거리로 나가 가슴속에 품었던 태극기를 흔들며 대한 독립 만세를 외쳤어요.

이렇게 시작된 만세 시위는 전국으로 번졌어요. 큰 도시에서 작은 도시로, 그리고 농촌으로 만세의 물결이 퍼져나갔어요. 10여 년간 일본의 식민 통치로 고통받던 사람들은 농민, 노동자 가릴 것 없이 대한 독립 만세를 외치며, 독립을 간절히 소망했지요.

3·1 운동은 만주와 바다 건너 미국까지 퍼져나갔고, 국내에서도 몇 개월 동안 계속되었어요. 일본은 한국인의 만세 물결을 총, 칼로 막으려 했어요.

 호기심 뿜뿜

3·1 운동 때 우리 민족은 왜 일본과 싸우지 않고 만세만 불렀을까요?

우리 민족이 독립을 원한다는 것을 전 세계에 알리려면 평화적인 방법이 더 적절하다고 생각했거든요. 또 평화적인 방법이라야 더 많은 사람들이 참여할 수 있을 테니까요. 그 덕에 어린아이부터 노인까지 태극기를 들고 만세 운동을 벌였답니다.

학생과 시민들이 모여 독립 만세를 처음으로 외친 탑골 공원. 이곳에서 독립 선언서를 낭독한 후 거리로 나가 태극기를 흔들며 독립 만세를 외쳤다.

제암리에서 비극이 일어나다

화성 제암리에서도 대한 독립 만세를 큰 소리로 외쳤어요. 그러던 중 4월 15일, 일본군은 만세 시위가 일어난 제암리에 도착했어요. 그리고 마을 주민들을 제암리에 있는 교회에 모이게 했어요.

일본군은 마을 주민들을 교회 안으로 들어가게 한 후 밖에서 문을 잠갔어요. 그리고 불을 지르고 총을 쏘았지요. 그뿐만이 아니었어요. 제암리 주민들의 집에도 불을 질렀어요. 제암리에서 희생된 사람들이 30여 명이었다고 해요.

다행히 이 광경을 외국인 선교사 등이 지켜봤어요. 그들은 이러한 일본의 잔인함을 세계에 알려야겠다고 생각했지요. 마침내 외국 언론이 보도하면서 일본의 무자비한 탄압이 세상에 알려지게 되었어요.

일본이 불을 질러 잿더미가 된 제암리 교회. 이후 제암리에는 희생자들을 추모하기 위해 기념 비석이 세워졌다.

♩ **선교사**
외국에 파견되어 기독교의 전도에 힘쓰는 사람

스토리 플러스 **감옥에서도 만세를 부른 유관순**

3·1 운동이 일어나던 1919년에 유관순은 18살의 소녀였어요. 만세 시위에 참여했던 유관순은 다니던 이화 학당에 휴교령이 내려지자 고향인 충남 목천(지금의 천안)으로 내려갔지요. 유관순은 고향에 계신 부모님께 서울에서 있었던 만세 운동 소식을 전했어요. 그리고는 사람들이 많이 모이는 아우내 장터에서 만세 운동을 일으킬 것을 계획했죠.

만세 시위가 있던 4월 1일 아우내 장터의 현장에서 유관순의 부모님은 모두 일본 헌병의 총칼에 죽임을 당했어요. 그리고 유관순은 시위 주동자로 체포되었고, 서대문 형무소에 갇히게 되었어요. 유관순은 감옥에 갇혀서도 독립 만세를 불렀고, 재판을 받을 때에도 당당했죠. 자신은 일본의 재판을 받을 이유가 없다고 외쳤어요.

안타깝게도 유관순은 다시 햇빛을 볼 수 없었어요. 유관순은 일본의 심한 고문으로 열아홉의 어린 나이에 지하 감방에서 세상을 떠났기 때문이에요.

유관순(1902~1920)이 태극기를 들고 만세를 부르는 모습

3 중국에 세워진 대한민국 임시 정부

상하이에 세워진 대한민국 임시 정부

3·1 운동을 하며 독립운동가들은 독립운동을 이끌 중심 단체가 필요하다고 생각했어요. 그 결과 상하이에 대한민국 임시 정부가 세워졌어요. 상하이가 중국 땅인 건 아시죠? 일본의 감시를 피하다 보니 중국 땅에 대한민국 임시 정부가 세워지게 되었어요.

상하이에 있던 대한민국 임시 정부 청사의 모습

대한민국 임시 정부는 헌법을 만들고 대통령에 이승만을 선출했어요. 그리고 나라 안의 여러 조직들과 연락을 주고받았어요. 국내에 있던 우리 민족은 독립운동 자금을 모아 대한민국 임시 정부에 보냈어요. 때로는 일본과 관련된 정보를 모아 보내 주기도 했고요. 이후 대한민국 임시 정부는 일본이 중국을 침략하자 이를 피해 여기저기 옮겨 다녔어요.

◀ 임시 정부
정부가 무너진 이후 무정부 상태를 해소하기 위해 임시로 구성된 정부

대한민국 임시 정부는 어떤 일을 하셨을까?

대한민국 임시 정부는 신문을 펴냈어요. 이름은 〈독립신문〉이에요. 서재필을 중심으로 창간했던 신문의 이름과 같죠? 대한민국 임시 정부는 국내외의 독립운동 소식을 신문에 실어 널리 알렸어요. 임시 정부가 중국에 있었기 때문에 신문을 통해 알릴 수 있는 일들이 많았지요. 대한민국 임시 정부는 일본의 만행을 다른 나라에 알리기 위한 책을 펴내기도 했어요.

〈독립신문〉

오른쪽 사진은 무엇일까요? 바로 '독립 공채'라는 거예요. 독립운동을 하기 위해서는 무엇보다 돈이 필요했어요. 독립운동 자금은 국내외에 살고 있던 우리 민족이 조금씩 모아서 마련했어요. 하지만 모금 운동이 쉽지 않았지요.

독립 공채   [자료제공: 독립기념관]

 호기심 뿜뿜

김구 선생이 일본의 항복 소식을 듣고 안타까워한 이유는 무엇일까요?

 김구 선생은 일본이 항복하기 전에 먼저 한국광복군이 일본군을 공격해 일본을 패망(패하여 망함)시켜야 한다고 생각했어요. 그래야 국제 사회에 당당히 우리 의견을 제시하며 스스로 새로운 나라를 만들 수 있을 테니까요. 일본의 항복으로 그럴 기회를 놓쳤다는 생각에 김구 선생은 몹시 안타까워했던 거예요.

그래서 일정한 액수가 쓰여 있는 증명서를 발급해서 나중에 독립이 되면 낸 돈에 이자를 붙여 돌려주겠다고 약속했어요. 독립 공채는 하와이에 살던 우리 동포들이 많이 샀다고 해요.

오른쪽 사진에서 왼쪽은 김구, 오른쪽은 윤봉길이에요. 두 사람은 왜 같이 사진을 찍었을까요? 대한민국 임시 정부를 이끌어가던 김구는 독립운동에 활기를 불어넣기 위해 한인 애국단을 만들었어요. 이 단체에 속해 있던 사람이 이봉창과 윤봉길이에요. 이봉창은 일본 도쿄에서 일본 왕을 암살하려고 폭탄을 던졌지만 안타깝게도 실패했어요. 윤봉길은 중국 상하이 훙커우 공원에서 폭탄을 던져 일본의 고위 관리들을 제거했어요.

김구와 윤봉길

오른쪽 아래에 있는 사진에서 태극기를 들고 영국군과 함께 서 있는 멋진 군인들은 한국광복군이에요. 남의 나라 땅에서 군대를 만든다는 게 쉬운 일은 아니었어요. 대한민국 임시 정부는 세워진 지 20년 만에 한국광복군이라는 군대를 만들었어요. 한국광복군은 태평양 전쟁이 일어나자 일본에 선전 포고를 하기도 했지요. 또 연합군과 함께 인도와 미얀마 전선에서 용감하게 싸웠어요.

인도 방면으로 파견된 한국광복군

한국광복군의 비밀 작전

한국광복군은 태평양 전쟁에 참여해 일본군과 전투를 벌였어요. 영국군과 합동 작전을 벌이며 적의 문서를 번역하거나 포로를 심문하는 일도 했고요.

한국광복군은 광복 직전에 미군과 함께 국내로 진격할 작전을 세웠어요. 일본군을 몰아내고 독립을 이루려 했던 거죠. 그래서 용맹스러운 군인들을 뽑아 비밀리에 훈련했어요.

하지만 이러한 계획은 실천에 옮길 수 없었어요. 계획했던 공격 날짜가 되기 전에 일본이 연합국에 먼저 항복해버렸기 때문이에요. 당시에 김구는 일본의 항복이 하늘이 무너지는 것 같은 소식이었다며 몹시도 안타까워했어요.

• 한국광복군의 배지(위 사진). 배지는 신분이나 소속 등을 나타내거나 어떤 것을 기념하기 위해 옷이나 모자 등에 붙이는 물건이다. [자료제공: 독립기념관]
• 한국광복군 설립 기념식 후 촬영한 사진(아래 사진)

호기심 뿜뿜

청산리 대첩은 하루 만에 거둔 승리였나요?

아니에요. 청산리 대첩은 1920년 10월, 약 6일 동안 10여 차례에 걸쳐 벌어졌던 싸움이랍니다. 이 싸움에서 독립군 부대는 일본군 1,200여 명을 죽이며 큰 타격을 입혔어요. 그에 비해 독립군은 150여 명만이 죽거나 다쳤다고 합니다. 한마디로 독립운동 역사에 있어서 가장 빛나는 승리를 거둔 전투였어요.

최대의 승리, 청산리 대첩

3·1 운동을 통해 우리 민족은 일본과 싸울 군사력을 길러야 한다는 것을 깨달았어요. 한인들이 많이 살고 있던 만주 지역에서는 이미 독립군들이 열심히 훈련을 하고 있었지요.

그러던 중 홍범도 장군 등의 독립군 부대에 패한 일본군은

청산리 대첩 장면을 그린 민족 기록화

다시 대규모 부대를 만주에 보냈어요. 김좌진과 홍범도 등이 이끌었던 독립군 부대는 백두산 부근의 청산리로 모여들었어요. 몇 차례에 걸친 전투를 벌이며 열심히 싸운 결과 독립군 부대는 일본군에게 큰 승리를 거둘 수 있었지요.

청산리에서의 전투는 일본군에게 거두었던 가장 큰 승리였어요. 그래서 '청산리에서 크게 이긴 싸움'이라는 뜻에서 청산리 대첩이라고 부른답니다.

스토리 플러스 일본이 우리 민족에게 강요한 일들

일본어 사용하기

처음에는 수업 시간에만 일본어를 썼어요. 그러나 나중에는 일상생활에서도 아예 일본어만 써야 했어요.

신사 참배

무조건 일본의 신과 조상을 모신 신사에 가서 절을 해야 했어요. 자신이 믿는 종교가 있어 참배하지 않으면 끌려가기도 했어요.

창씨 개명, 일본식으로 이름 바꾸기

일본식으로 이름을 바꾸지 않으면 쌀을 나누어 주지 않았어요. 그리고 기차표도 살 수 없었고요. 학교 선생님도 혼을 냈어요.

전쟁터의 군인

젊은 남자들을 강제로 전쟁터에 끌고 갔어요. 전쟁터에서 목숨을 잃은 사람들이 많았어요.

일본군 '위안부'

여자들에게는 돈을 벌 수 있다고 하며 일본군 '위안부'로 끌고 갔어요. 어린 나이의 여자들이 많이 희생되었어요.

탄광의 노동자

전쟁을 하던 일본은 남자들을 탄광이나 공장에 끌고 갔어요. 그곳에서 많은 남자들이 심한 노동과 굶주림, 그리고 병으로 고통을 당했어요.

◀ 창씨 개명
창씨 개명(創氏改名)이란 성(氏)을 일본식으로 만들고(創), 이름(名)을 일본식으로 바꾼다(改)라는 의미이다.

5 나라를 지키기 위해 어떤 노력을 기울였을까요?

실력을 기르자!

일본 물건이 싼값에 팔리면서 한국인이 세운 공장과 회사는 위기를 맞았어요. 우리 민족이 독립하기 위해서는 무엇보다 경제력이 필요했어요. 그러려면 한국인의 회사를 살려야 했죠. '조선 사람 조선 것!', '내 살림 내 것으로!' 뜻있는 사람들이 모여서 포스터를 만들고 행진을 하면서 외쳤어요. 물산 장려 운동이라고 부르는 이 운동은 전국으로 퍼져 갔어요.

일본은 한국인을 쉽게 다스리기 위해 수준 높은 교육을 시키지 않았어요. 지금의 초등학교와 같은 수준의 교육만 시켰죠. 우리 민족은 한국어 교육을 제대로 받을 수 없었어요. 그래서 국어를 연구하는 학자와 학생들은 한글 강습회를 열었어요.

한편 지식을 쌓은 사람들은 우리에게도 대학이 필요하다고 생각해 모금 운동을 벌이기도 했지만 우리 힘으로 대학을 세우지는 못했어요.

◀ **모금 운동**
어떤 목적을 위해 필요한 돈을 모으는 운동

한국인이 만든 물건을 사서 쓰지 않으면 점점 못살게 된다는 것을 알리는 포스터

학생들이 거리에 나서다(광주 학생 항일 운동)

나주에서 광주까지 기차로 학교에 다니던 한·일 학생들은 서로 감정이 좋지 않았어요. 그러던 어느 날, 기차 안에서 일본인 남학생이 한국인 여학생의 머리를 잡아당기는 일이 있었어요.

이 일로 한국인과 일본인 학생 간의 다툼이 일어났고, 일본 경찰은 한국인 학생들만 체포했어요. 한국인 학생들은 공정하지 못한 일본의 태도에 반발하며, 그때까지 참아왔던 불만을 터뜨렸어요. "일본인 학생과의 차별 대우를 없애라!", "한국인은 한국어로 공부하게 해 달라!" 등의 요구를 하며 거리로 나왔어요.

광주에서 시작된 이 운동은 전국으로 확대되었어요. 그리고 광주의 학생들이 시위를 시작한 날인 11월 3일을 '학생 독립운동 기념일'로 정하게 되었어요.

광주의 학생들은 일본인 학생과의 차별 대우에 반대하며, 한국어 교육 등을 요구하였다.

일제 강점기

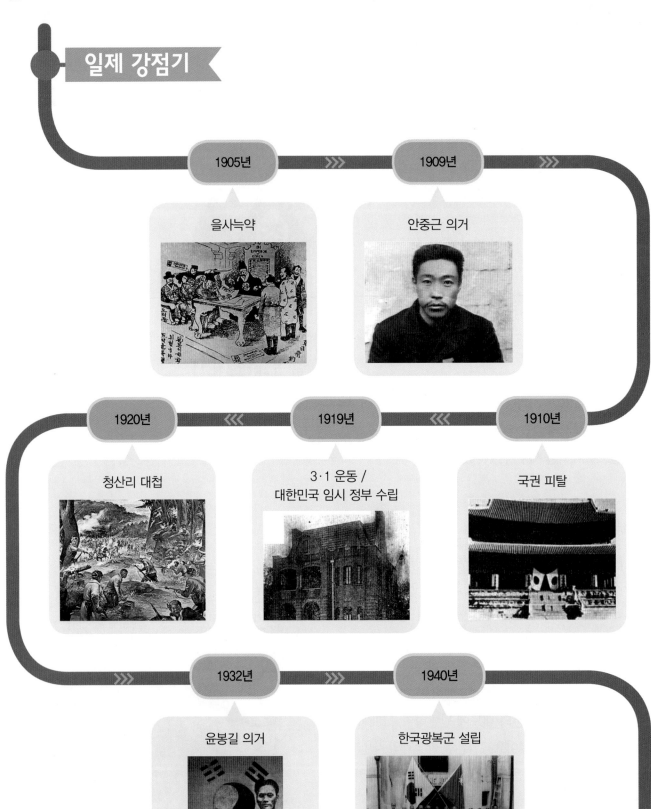

1905년 — 을사늑약

1909년 — 안중근 의거

1910년 — 국권 피탈

1919년 — 3·1 운동 / 대한민국 임시 정부 수립

1920년 — 청산리 대첩

1932년 — 윤봉길 의거

1940년 — 한국광복군 설립

안창호

대한 제국 시기와 일제 강점기에 독립운동을 펼친 인물이에요. 안창호는 우리 민족이 힘을 키워야 외국 세력의 간섭을 받지 않고 독립을 지킬 수 있다는 이야기를 했어요. 미국 유학 시절에는 교민들을 교육하며 이끌기도 했어요. 귀국 후 비밀 조직인 신민회를 만들어 일제에 저항하였고, 대성 학교를 세워 인재를 길러냈어요.

윤봉길

윤봉길은 상하이로 건너가 야채 장사를 하던 중 김구를 만나 한인 애국단 단원이 되었어요. 1932년 훙커우 공원에서 열리는 상하이 점령 기념 행사 겸 일왕 생일 축하 행사에 경비를 뚫고 들어가 일본인 고위 관리를 향해 폭탄을 던졌지요. 중국의 장제스 총통은 '중국의 백만 대군도 못한 일을 조

선의 한 청년이 해냈다.'며 박수를 보냈어요. 이후 중국 국민당 정부는 대한민국 임시 정부의 독립운동을 적극 지원해 주었어요.

신채호

일제 강점기에 독립운동을 벌인 역사학자예요. 신채호는 을지문덕 장군이나 이순신 장군과 같은 외국 세력을 물리친 위인들의 이야기를 백성들에게 알려 민족의식을 일깨우고자 했어요. 신채호의 역사 연구는 훗날 우리 역사학이 발전하는 데 밑거름이 되었어요.

이회영

한국이 일본에게 나라를 빼앗기자 이회영과 그의 다섯 형제들은 전 재산을 처분해 만주로 옮겨가 독립운동을 펼쳤어요. 만주에 정착한 이들 일가족은 신흥 강습소(훗날 신흥 무관 학교)를 세워 많은 독립군을 길러냈지요. 안타깝게도 이회영은 독립을 보지 못하고 감옥에서 세상을 떠났어요. 편안

한 삶을 버리고 독립을 위해 모든 것을 희생한 그의 고귀한 정신은 오늘날 우리에게 큰 울림을 주고 있답니다.

VIII

대한민국

1 광복과 대한민국 정부 수립

1945년 8월 15일, 꿈에도 그리던 광복이 찾아왔어요. 서대문 형무소에서 독립운동가들이 풀려나고, 거리에는 광복의 기쁨을 나누는 사람들로 넘쳐났어요. 광복은 연합군의 승리와 우리 민족의 치열한 독립운동으로 맺은 결실이었어요. 하지만 우리 민족은 그 기쁨을 마음껏 누리지 못했어요. 소련군과 미군이 한반도에 들어와 각각 북쪽과 남쪽을 점령해 지배했기 때문이에요.

광복 후 우리는 어떻게 정부를 수립할 수 있었을까요? EBS

1 광복 후 우리 민족을 이끌어간 사람은 누구일까요?

여운형과 조선 건국 준비 위원회

8월 15일 정오, 일본의 패배를 알리는 일본 국왕의 라디오 방송이 나왔어요. 같은 날, 국내에서 독립운동을 해 오던 여운형은 조선 총독을 만나 각 형무소에서 독립운동가들을 석방할 것 등 여러 가지를 요구했어요. 조선 총독부는 여운형의 요구를 받아들이는 대신 조선에 있는 일본인의 안전을 부탁했지요.

여운형은 새로운 정부를 건설하기 위해 조선 건국 준비 위원회(건준)를 만들었어요. 또한 연설을 통해 조국의 광복을 함께 기뻐하며 서로 협력해 새로운 나라를 세우자고 했어요. 조선 건국 준비 위원회는 지방 곳곳에서 사람들의 안전과 질서를 유지해 나갔답니다.

우리나라의 광복을 알리는 연설을 마치고 나오는 여운형(○ 표시)과 그를 둘러싼 군중들

◀ **석방**
법에 의하여 구속되어 있던 사람을 자유롭게 풀어주는 일

해외에서 돌아온 사람들, 이승만과 김구

광복을 맞이한 후 수많은 사람들이 국내로 돌아왔어요. 독립운동을 위해 조국을 떠났던 사람들, 일제에 강제로 끌려갔던 수많은 젊은이들, 그 외에 많은 사람들이 하나둘씩 조국으로 돌아왔어요. 이 중에 가장 눈에 띄는 사람은 해외에서 독립운동을 하던 이승만과 김구였어요.

사람들은 이승만과 김구에게 아주 큰 기대를 걸었어요. 이승만은 10월에 미국에서 귀국한 뒤, 자신에 대해 알려 나갔어요. 이로부터 한 달 뒤, 중국에서 대한민국 임시 정부(임정)를 이끌었던 김구와 독립운동가들이 돌아왔어요. 우리 민족은 국외에서 활동했던 이들을 환영했지요. 해외에서 돌아온 이들이 새로운 국가를 건설하는 데 큰 힘이 되어줄 것이라고 생각했답니다.

귀국 후 연설 중인 이승만

대한민국 임시 정부 요인들을 환영하는 시민들

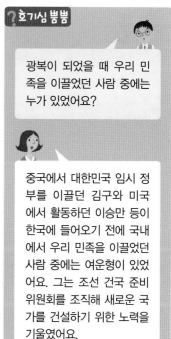

? 호기심 뿜뿜

광복이 되었을 때 우리 민족을 이끌었던 사람 중에는 누가 있었어요?

중국에서 대한민국 임시 정부를 이끌던 김구와 미국에서 활동하던 이승만 등이 한국에 들어오기 전에 국내에서 우리 민족을 이끌었던 사람 중에는 여운형이 있었어요. 그는 조선 건국 준비 위원회를 조직해 새로운 국가를 건설하기 위한 노력을 기울였어요.

2 신탁 통치란 무엇인가요?

소련군과 미군의 한반도 분할

8월 21일 원산항에 상륙하여 군중들 사이를 가로질러 행진하는 소련군

◀ 미군정
한국에 주둔한 미국 군사 정부를 뜻함

1945년 8월 소련군은 만주와 한반도 북쪽에 있는 일본군을 압박했어요. 이후 소련군은 일본이 항복을 한 뒤 원산에 상륙하여 빠르게 한반도 북쪽 지역에 주둔했지요. 그리고 김일성을 앞세워 38도선 이북 지역에서 소련군의 영향력을 확대해 나갔어요.

한편, 미군은 9월 8일에야 인천에 상륙했어요. 뒤늦게 한반도에 들어온 미군은 한반도 남쪽에 주둔했지요. 그리고 미군정을 세워 38도선 남쪽 지역을 다스렸어요. 이후 미군정은 자신들이 유일한 정부라고 생각해서 조선 인민 공화국과 대한민국 임시 정부 등 정부 역할을 하려고 한 정치 세력을 인정하지 않았어요.

9월 9일 조선 총독으로부터 항복 서명을 받은 뒤 서울의 거리에서 행진하는 미군

38도선이 뭐예요?

호기심 뿜뿜

신탁 통치가 뭐예요?

신탁 통치란 어떤 나라가 다른 나라의 일정한 지역을 대신 통치하는 제도를 뜻해요. 독립한 나라가 스스로 정부를 세우지 못하거나 나라를 세울 수 없을 때 신탁 통치가 이루어집니다. 광복 직후 미국, 영국, 중국, 소련은 우리나라를 신탁 통치가 필요한 나라로 생각했던 거예요.

우리 민족이 광복을 맞이한 뒤, 미국과 소련은 북위 38도선을 기준으로 남과 북에서 일본군의 무장을 해제시키기로 했어요. 북쪽에는 소련군이, 남쪽에는 미군이 들어서 치안과 질서를 유지했지요. 38도선은 지도상에 그어진 가상의 선으로 처음에는 지금의 휴전선처럼 민족 분단의 선은 아니었답니다.

38도선 표지판

38도선을 긋는 병사

처음 38도선은 지도에만 그려져 있는 선으로, 38도선 표지판만 있을 뿐 여전히 서로 편하게 오갈 수 있었어요. 길 위에 38도선을 그리는 병사도 얼마 후에 이 길이 남과 북의 경계선이 될 줄은 몰랐을 겁니다.

미국, 영국, 소련, 한반도에서 신탁 통치를 결정하다

1945년 12월 강대국이었던 미국과 소련, 영국 세 나라의 외무장관이 소련의 수도인 모스크바에 모였어요. 이들은 한반도에 어떤 정부를 어떻게 세울 것인지에 대해 논의했지요. 이들이 한반도의 미래에 대해 합의한 내용은 다음과 같았어요.

↳ 외무장관
주로 국가의 외교 업무를 담당하고 다른 나라의 정보에 관한 일을 맡아보는 장관

- 한국에 임시 민주주의 정부를 수립한다.
- 미국과 소련의 대표로 구성된 공동 위원회를 조직한다.
- 미국 · 중국 · 영국 · 소련의 4개국이 한국의 임시 민주 정부와 협의하여 최고 5년 동안 신탁 통치를 실시한다.

이와 같은 결정에 우리는 참여하지 못했어요. 강대국들의 일방적인 통보에 우리 민족은 여러 가지 의견을 표시하며 나뉘었어요. 특히 신탁 통치는 일본에게 당했던 식민 통치를 생각나게 하는 것이었어요.

모스크바 3국 외상 회의 결정에 대한 당시의 반응

김구는 왜 38도선을 넘었나요?

남한만이라도 단독 정부를 세워야 한다

▸ **수립**
국가나 정부, 제도, 계획 따위를
이룩하여 세움

미국과 소련은 미·소 공동 위원회를 조직하여 우리의 정부 수립에 대한 논의를 시작했어요. 어떤 정부를 수립할 것인가를 놓고 미국과 소련의 생각은 많이 달랐어요. 여기에 우리 민족도 미국을 지지하는 사람들과 소련을 지지하는 사람들로 나뉘었지요.

> 나 또한 통일 정부에 대한 기대는 있으나, 내 생각에는 어려울 것으로 보입니다. 우리는 남쪽만이라도 임시 정부를 만들어야 합니다. 또 38도선 이북에서 소련이 물러가도록 세계 여론에 호소해야 합니다. 여러분도 마음을 단단히 먹어야 합니다.

이승만

이에 이승만은 남쪽만이라도 단독 정부를 세워야 한다고 주장했어요. 이승만은 주변 상황으로 볼 때 한반도에 통일 정부를 세우는 것은 어려운 일이라 생각했답니다.

 호기심 뿜뿜

김구는 왜 38도선을 넘어 북으로 갔나요?

광복 이후 민족 지도자들은 정부 수립 문제를 놓고 생각이 나뉘었어요. 이런 상황에서 김구는 한반도에 통일 정부를 세우기 위해 북으로 가 협상을 벌였어요. 그는 어떤 일이 있어도 우리 민족이 둘로 갈라져서는 안 된다고 했지요. 김구는 통일된 조국을 건설하려다가 38도선을 베고 쓰러질지언정 단독 정부 수립에 협력할 수 없다고 했답니다.

소련과 김일성, 이북 지역을 장악하다

광복 후 38도선 이북 지역은 소련군이 주둔했어요. 처음에는 각지에 세워진 건준 지부나 치안대가 이북 지역의 질서를 유지했어요. 1945년 8월 21일, 원산항에 상륙한 소련군은 8월 말까지 북한의 전 지역에 주둔했지요.

김일성과 스탈린(소련)의 초상화를 들고 행진하는 학생들

그리고 1945년 9월 19일 소련 군함을 탄 김일성이 원산항에 도착했어요. 그는 10월 14일 평양에서 벌어진 환영 대회에 모습을 나타내며 사람들에게 자신을 알려갔지요. 이후 김일성은 소련의 지지 속에 북한 정부를 만들어 갔어요.

38도선을 베고 쓰러질지언정……

한국에서 통일 정부를 세우는 문제에 대해 미국과 소련의 생각은 많이 달랐어요. 결국 미국은 한국의 정부 수립 문제를 유엔(UN)에 넘겼고, 남북한 총선거를 통해 한국 정부를 수립하고자 했어요. 유엔의 결정에 소련은 반대했어요. 이에 유엔은 한국에서 선거가 가능한 지역에서만 총선거를 실시하라고 결정했지요.

유엔의 결정에 이승만은 적극 환영한다는 의사를 표시했지만, 김구와 김규식은 유엔의 결정에 격렬히 반대했어요. 김구와 김규식은 38도선을 넘어 평양으로 향했지요. 이들은 북한의 지도자들에게도 통일 국가 수립을 위해 노력해야 한다고 주장했어요. 1948년 4월 남한만의 단독 선거에 반대한다는 성명을 발표했어요. 김구와 김규식은 마지막까지 통일 정부를 세우기 위해 노력하였답니다.

마음속의 38도선이 없어져야 땅 위의 38도선도 없어질 수 있다. …… 내 유일한 바람은 통일된 조국을 만드는 것이다.

38도선을 넘어 북으로 향하는 김구 일행

최초의 선거, 5·10 총선거

김구와 김규식 등은 통일 정부를 세우기 위한 노력을 계속했어요. 하지만 유엔에서 결정한대로 선거가 가능했던 남한에서는 총선거가 실시되었어요. 이 선거가 보통 선거로 치러진 우리나라 최초의 선거인 5·10 총선거예요. 우리 국민은 이 선거에서 첫 국회 의원을 선출했답니다.

이 선거를 통해 당선된 국회 의원은 우리나라의 이름을 '대한민국'이라고 정했어요. 그리고 우리나라를 운영하는 최초의 법인 헌법을 만들었지요. 그래서 이 국회의 이름을 제헌 국회라고 부르는 거예요.

◀ 제헌
헌법을 만들어 정함

누구나 다 1표씩 찍을 수 있다면서?

그러게요. 여자들도 1표씩이래요. 세상에!

우리 같은 사람이 대표를 뽑을 수 있는 세상이 오다니!

우리 역사상 처음으로 치러진 5·10 총선거

4 대한민국 정부는 어떻게 만들어졌나요?

대한민국 최초의 헌법

> 우리들 대한 국민은 기미년(1919년) 3·1 운동으로 대한민국을 건립하여 세계에 신포한 위대한 독립 정신을 계승하여, 이제 민주 독립 국가를 재건함에 있어서 정의, 인도와 동포애로써 민족의 단결을 공고히 하며, 모든 사회적 폐습을 타파하고 민주주의 여러 제도를 수립하여 ……
>
> – 1948년 7월에 선포된 '제헌 헌법' 중 –

첫 번째 선거인 5·10 총선거에서 선출된 국회 의원들은 위와 같은 헌법을 만들었어요. 헌법에 담긴 중요한 내용을 살펴보면 다음과 같아요.

첫째, 3·1 운동의 독립 정신을 계승한다는 것

둘째, 민주 독립 국가를 재건한다는 것

셋째, 동포애로써 민족의 단결을 공고이 한다는 것

이렇게 세 가지가 가장 눈에 띤답니다. 이를 종합해 보면 최초로 만들어진 헌법은 3·1 운동의 독립 정신을 계승하고, 대한민국 임시 정부를 이어 민주 독립 국가를 재건하며, 동포애를 중요시하여 통일 정부를 지향한다는 내용을 담고 있어요.

초대 헌법에 따라 우리나라는 민주 공화국임을 밝히고 있고, 제헌 국회는 초대 대통령에 이승만, 부통령에 이시영을 선출했어요.

◀ 승인
어떤 사실을 마땅하다고 받아들임

? 호기심 뿜뿜

대한민국 정부는 어떤 과정을 거쳐 세워졌나요?

1948년 5월 10일, 제일 먼저 국회 의원을 뽑기 위한 총선거가 치러졌어요. 선거에서 뽑힌 국회 의원들이 헌법을 만들었어요. 그날이 바로 7월 17일 제헌절입니다. 헌법을 만든 국회를 제헌 국회라고 부르지요. 이때 만들어진 헌법에 따라 국회에서 대통령을 뽑았고, 8월 15일에 대한민국 정부가 수립되었어요.

대한민국 정부 수립의 그날

1910년 8월, 일본에 나라를 빼앗기고 다시 나라를 수립하는 데 꽤 많은 시간이 흘렀어요. 1919년 3·1 운동 직후 국내외에서 임시 정부가 세워졌고, 다시 30년 가까운 시간이 흐른 뒤에야 우리 정부를 수립할 수 있었어

대한민국 정부 수립 선포식

요. 1948년 8월 15일, 광복한 지 3년 만의 일이었지요.

이제 대한민국은 일본의 식민지였던 지난날을 극복하고, 새 나라를 건설하는 데 온 힘을 기울여야 했어요. 세계 여러 나라들도 우리나라의 정부 수립을 축하해 주고, 인정해 주었어요. 1948년 12월에 열린 유엔 총회에서도 대한민국이 유일한 합법 정부임을 승인하였답니다.

통일 정부의 꿈이 깨지다

대한민국 정부가 수립되기 전부터 북한에서는 김일성이 공산 정권 수립을 준비하고 있었어요. 그리고 1948년 8월 25일, 북한에서도 총선거가 열렸어요. 이 선거는 최고 인민 회의의 대의원을 뽑는 찬반 투표였지요. 당선된 대의원은 최고 인민 회의를 구성하여 북한의 헌법을 만들었어요.

그리고 초대 수상에 김일성을, 부수상에 박헌영, 홍명희, 김책을 뽑았어요. 이후 1948년 9월 9일 정부를 수립하고 세상에 알렸어요. 조선 민주주의 인민 공화국(북한)이 세워진 거예요.

이로써 남과 북에서 통일 정부를 바랐던 수많은 사람들의 꿈은 깨져버렸어요. 결국 한반도에는 두 개의 서로 다른 정부가 들어서고 말았어요.

수상으로 선출된 김일성(맨 앞줄 오른쪽에서 두 번째)과 부수상 박헌영(맨 앞줄 왼쪽에서 두 번째)

↲ **대의원**
사회주의 국가에서 국민들의 선거에 따라 여러 국가 기관에 파견되어 국민을 위한 일을 하는 국민의 대표

스토리 플러스 **제헌절이 뭐예요?**

달력을 보면 7월 17일에 제헌절이라고 써 있는 것을 확인할 수 있어요. 제헌절은 2008년부터 법정 공휴일에서 빠지면서, 사람들이 그 중요성을 모르고 지나치지만, 이 날은 매우 중요한 날이에요. 초대 국회 의원들이 헌법을 만들어 발표한 날이 바로 제헌절이거든요.

제헌절은 우리나라 5대 국경일 중 하나예요. 5대 국경일이란 3·1절, 제헌절, 광복절, 개천절, 한글날을 말합니다. 제헌절은 2008년 법정 공휴일에서 제외되었어요. 하지만 한글날은 2013년부터 다시 법정 공휴일로 지정되었어요.

대한민국 헌법 공포 기념 우표

2 민족의 상처, 6·25 전쟁

1948년 8월 15일 대한민국 정부가 수립되고, 다음 달인 9월에는 북한에 정부가 세워졌어요.

광복의 기쁨은 함께했지만, 우리 민족은 두 개의 나라로 분열된 거예요. 지도 위에서만

존재했던 38도선으로 한반도의 허리가 끊어져 버렸지요. 이후 남한과 북한은 서로 경쟁하기

시작했어요. 그러던 중 1950년 6월 25일, 북한은 소련과 중국, 두 나라의 동의와 지원을 받아

6·25 전쟁을 일으켰어요. 6·25 전쟁은 어떻게 전개되었으며, 우리 민족에게 어떤 결과를

가져다 주었을까요? EBS

1 전쟁 전의 국제 상황

한반도에 냉전이 시작되다

제2차 세계 대전이 끝나고, 세계는 소련을 중심으로 하는 공산주의 진영과 미국을 중심으로 하는 자본주의 진영으로 나뉘어 대립했어요. 이를 냉전(cold war)이라고 부르지요.

1949년 10월, 중국에서는 마오쩌둥이 공산주의 국가인 중화 인민 공화국 수립을 선포했어요. 중국 공산당을 이끌던 마오쩌둥의 승리는 많은 사람들에게 큰 충격을 주었어요. 중국의 공산화는 한반도에도 큰 영향을 끼치게 돼요.

한편, 북한의 김일성은 남침을 계획하면서 소련의 동의를 얻어 전쟁 준비에 더욱 힘쓰게 되었어요. 소련은 북한에 신식 탱크와 무기를 지원해 주었지요. 중국도 같은 공산 국가인 북한을 지원하기로 했어요. 미국과 소련의 냉전이 한반도로 옮겨오고 있었어요.

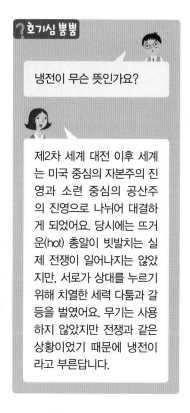

중국 인민폐(100위안)에 새겨진 마오쩌둥의 얼굴

🔽 **마오쩌둥**
중국 공산당을 이끌고 중화 인민 공화국을 수립한 정치가

애치슨 라인이란?

남과 북에서 따로따로 정부가 세워지면서 전쟁이 곧 벌어질 것 같은 느낌이 점차 강해졌어요. 더불어 한반도를 둘러싼 세계적인 분위기도 험해졌지요. 그러던 중에 1950년 1월 미국의 국무장관 애치슨은 미국의 태평양 방위선에서 한반도와 타이완을 제외한다고 발표했어요. 이를 애치슨 선언이라고 해요. 반면 소련은 북한에 많은 현대식 무기를 대주고 군사력을 강화시켜 주었어요.

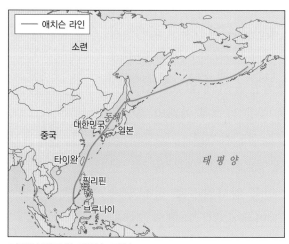

미국이 발표한 애치슨 라인

? 호기심 뿜뿜

냉전이 무슨 뜻인가요?

제2차 세계 대전 이후 세계는 미국 중심의 자본주의 진영과 소련 중심의 공산주의 진영으로 나뉘어 대결하게 되었어요. 당시에는 뜨거운(hot) 총알이 빗발치는 실제 전쟁이 일어나지는 않았지만, 서로가 상대를 누르기 위해 치열한 세력 다툼과 갈등을 벌였어요. 무기는 사용하지 않았지만 전쟁과 같은 상황이었기 때문에 냉전이라고 부른답니다.

2 일요일 새벽, 6·25 전쟁이 일어나다!

3일 만에 빼앗긴 수도 서울

"우르릉 쾅쾅!!"

1950년 6월 25일 새벽 4시, 북한군이 소련제 탱크를 앞세워 남쪽으로 쳐들어왔어요. 우리 국민들은 평상시에 자주 있었던 소규모의 전투라고 생각했어요. 라디오에서도 우리 국군이 승리하고 있다는 내용이 흘러나왔지요.

서울 시내로 들어온 북한 전차

그러나 상황은 우리에게 좋지 않은 방향으로 흘러가고 있었어요. 북한군은 예상보다 훨씬 강했고 빠른 속도로 수도 서울을 향해 내려왔어요. 이승만 대통령과 정부는 대전으로 피란을 떠나버렸고, 북한군의 진격 속도를 늦추기 위해 한강의 다리를 끊어버렸어요. 결국 수도 서울은 전쟁이 일어난 지 3일 만에 북한군에 빼앗겼어요.

 피란
전쟁이나 난리 등을 피하여 옮겨 감

호기심 뿜뿜

한강에 있던 다리를 끊어서 북한군의 진격 속도가 늦어졌나요?

전쟁 초기 국군에게 가장 무서웠던 무기는 소련제 탱크였어요. 한강 다리를 끊은 것은 북한 탱크 부대가 내려오는 속도를 늦추려는 것이 가장 큰 이유였어요. 당시 서울에는 폭파된 한강 다리로만 탱크가 지나갈 수 있었거든요. 하지만 한강 다리 폭파로 피란민들은 오도 가도 못하는 신세가 되어서 많은 사람들이 희생을 당하기도 했어요.

미국의 참전과 낙동강 전선

미국은 일본에 주둔하고 있던 미군을 한국에 상륙시켰어요. 미군은 경기도 오산과 대전에서 처음으로 북한군과 맞섰지만 패배했지요. 미군의 예상보다 북한군이 더 강했기 때문에, 미군은 후퇴할 수밖에 없었어요. 한국의 영토 중 남은 곳은 낙동강 아래의 경상도뿐이었어요.

북한군은 한국 영토의 90% 이상을 점령했어요. 한국은 부산을 임시 수도로 정하고 낙동강에 방어선을 만들었지요. 수많은 유엔군과 국군이 전열을 정비하여 북한군에 맞섰어요.

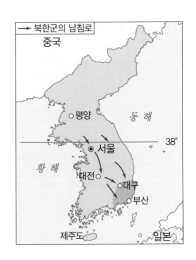

임시 수도 부산에서 벌어지는 일상

임시 수도 부산은 수많은 사람들로 가득찼어요. 특히, 북한군을 피해 온 피란 민들이 많았어요. 이들은 임시 거주지에 머무르며 하루하루를 견뎌냈지요. 나라를 지키기 위해 어린 학생들도 전쟁터에 나가야만 했어요. 한편 남아 있는 학생들은 임시 천막 학교에서 배움의 끈을 놓지 않았어요. 심지어는 부산이 임시 수도였던 1952년 제2대 대통령 선거도 진행되었답니다.

↓ 선거
일정한 조직이나 집단이 대표자나 임원을 뽑는 일

부산으로 피란 온 사람들의 거주지

나라를 지키기 위해 전쟁에 나선 어린 학도병의 모습

노천 학교에서 수업 받는 학생들의 모습

1952년 제2대 대통령 선거가 치러지는 부산의 모습

스토리 플러스 **유엔군은 어떤 사람들인가요?**

북한군이 6·25 전쟁을 일으키자 미국은 유엔(UN: 국제 연합)에서 한국에서 발생한 전쟁 문제를 논의했어요. 유엔은 북한군을 침략자로 규정하고, 38도선 이북으로 돌아갈 것을 요구했어요. 또 유엔은 한국을 지키기 위한 유엔군을 결성했지요.

유엔군은 16개 국가의 군대로 편성되어 6·25 전쟁에 참전했어요. 또 5개국은 우리나라에 의료를 지원해 주었지요. 전 세계의 수많은 국가들이 한국을 구하기 위해 이 전쟁에 동참했어요.

한국에 유엔군을 파견하는 안에 대해 찬성 7, 반대 1, 기권 2로 채택합니다.

3 인천 상륙 작전과 중국의 참전

인천 상륙 작전

인천 앞바다로 상륙하는 미 해병대

낙동강 전선에서 우리 국군과 유엔군은 치열하게 북한 군을 막아내고 있었어요. 미국의 전투기가 하늘을 장악 하면서 북한군에 온갖 폭탄을 쏟아부으며 반격을 시작 했지요. 이 시기에 유엔군 사령관 맥아더는 인천 상륙 작 전을 계획했어요.

261척의 함대와 미 해병대 1개 사단 등 7만여 명의 병 력이 인천 상륙 작전에 투입되었어요. 북한군은 국군과 유 엔군의 인천 상륙에 당황했어요. 국군과 유엔군에 맞서 제대로 된 저항도 못한 북한군은 후퇴하기에 바빴지요.

 해병대
육지나 바다 어디에서도 싸울 수 있도록 훈련된 부대. 특히 상륙 작전에 큰 역할을 수행한다.

수도 서울을 되찾다

인천 상륙 작전이 성공한 뒤, 국군과 유엔군은 낙동강 전선에서 총반격을 시 작했어요. 국군과 유엔군은 대구, 대전, 수원을 잇달아 되찾았어요. 이와 더불어 인천에 상륙했던 유엔군과 국군은 수도 서울을 되찾기 위한 전투를 벌였지요.

9월 28일 드디어 수도 서울을 되찾았어요. 석 달 만에 돌아온 서울에는 태극기 와 유엔기가 함께 걸렸답니다. 국군과 유엔군이 북한군을 38도선 이북으로 철 수시킨 것이었어요.

? 호기심 뿜뿜

6·25 전쟁 중 중국이 왜 북 한에 군대를 보냈을까요?

중국은 6·25 전쟁이 일어 나기 직전인 1949년 10월 에 공산주의 국가가 되었어 요. 6·25 전쟁 중 북한군이 국군과 유엔군에 밀려 압록 강 유역까지 쫓겨 오자 중 국은 불안했어요. 미군이 중 국으로 침략해올까 걱정이 되었지요. 그래서 북한에 군 대를 보내 지원하게 되었답 니다.

드디어 우리가 북한군을 물리치고 서울을 되찾았어.

진짜 감격적인 일이야. 이제부터가 더 중요해!

서울을 되찾은 뒤 태극기를 올리는 국군

중국의 참전과 1·4 후퇴

국군과 유엔군은 38도선을 돌파하여 10월에 평양을 점령했어요. 국군과 유엔군은 압록강 근처까지 북진했어요. 상황이 북한에 불리하게 돌아가자 중국은 북한을 돕기로 결정하고 전쟁에 뛰어들었지요. 곧이어 소련도 공군을 지원하기로 결정했어요.

중국군이 참전한 뒤, 우리 국군과 유엔군은 후퇴하기 시작했어요. 1951년 1월 4일에는 수도 서울을 빼앗겼어요. 이를 1·4 후퇴라고 부르지요. 결국 국군은 다시 38도선 이남까지 내려오게 되었어요.

◀ 점령
교전국의 군대가 적국의 영토에 들어가 그 지역을 군사적 지배하에 둠

스토리 플러스 **10월 1일은 무슨 날인가요?**

서울을 되찾은 국군과 유엔군은 고민 끝에 38도선을 넘어 북으로 향했어요. 38도선을 넘은 국군과 유엔군은 거침없이 전진했지요. 북한군은 제대로 된 반격도 못 해보고 북으로 북으로 달아났어요. 북한을 이끌던 김일성도 압록강을 넘어 중국으로 향했어요. 통일이 바야흐로 눈 앞에 온 듯 보였답니다.

이렇게 우리 국군이 38도선을 넘은 10월 1일을 기념하여 현재 국군의 날로 정하고 있어요. 국군의 날은 1990년까지 법정 공휴일이었다가 1991년부터는 법정 공휴일에서 제외되어 오늘에 이르고 있어요. 왜 국군의 날이 10월 1일인지 다 이해하셨죠?

국군의 날 행사

4 정전 협정과 전쟁이 남긴 상처

1953년 7월 27일 정전 협정 조인식

◢ **정전 협정**
유엔군 총사령관과 북한군 최고 사령관, 중국군 사령관이 6·25 전쟁의 중단에 합의한 협정

정전 협정이 맺어지다

1·4 후퇴 이후 한강 이남으로 후퇴한 국군과 유엔군은 다시 힘을 내어 수도 서울을 되찾았어요(1951년 3월). 이후 전쟁은 38도선 부근에서 밀고 밀리는 상황이 계속되었어요.

1951년 7월부터 양측은 본격적인 정전 협상에 들어갔지요. 하지만 정전 협정은 2년이나 걸려서야 맺어졌어요. 양측이 서로 조금이라도 더 많은 영토를 차지하고 싶었던 욕심 때문이었어요. 결국 정전 협정이 맺어지고 38도선 대신 휴전선이 남북을 가르는 경계선이 되었지요.

6·25 전쟁 직전   정전 협정 이후

한국, 미국과 동맹 관계를 맺다

정전 협정으로 6·25 전쟁은 사실상 끝이 났어요. 하지만 여전히 한반도의 상황은 불안했어요. 언제라도 전쟁이 일어날 수 있는 분위기였거든요. 이에 한국 정부는 1953년 10월에 미국과 한·미 상호 방위 조약을 맺었어요. 이로써 미군은 한국에 계속 머무를 수 있었고, 한국과 미국은 동맹 관계를 유지했지요.

> **한·미 상호 방위 조약(일부)**
> 2조   무력 공격에 위협을 받는다고 인정할 때에는 서로 협력한다.
> 4조   상호 합의에 의해 미국은 육해공군을 한국의 영토 내와 그 부근에 배치할 수 있는 권리를 가지며 한국은 이를 허용한다.

위 조약에 의거하여 미군이 한국 내에 주둔하는 거예요. 혹시 여러분은 '주한 미군'이라는 말을 들어보셨나요? 그 뜻은 '한국에 주둔하는 미군'을 말해요. 일본에 주둔하면 주일 미군, 독일에 주둔하면 주독 미군이라고 부르지요. 이때부터 지금까지 미군은 우리나라에 주둔하고 있는 거예요.

 호기심 뿜뿜

38도선과 휴전선의 차이는 무엇인가요?

38도선은 북위 38도선을 뜻하는데, 일본군을 몰아내면서 이 선을 경계로 북쪽은 소련군이, 남쪽은 미군이 다스리게 되었어요. 휴전선은 6·25 전쟁 이후 정전 협정을 맺으며 그어진 군사 분계선이라 38도선과 휴전선은 위치가 달라요.

전쟁의 상처는 아직도 진행형

3년간의 6·25 전쟁이 사실상 끝이 났어요. 남북한 군인들만 100만 명이 넘는 피해를 입었지요. 전쟁에 희생당한 민간인은 200만 명이 훌쩍 넘었어요.

우리나라의 생산 시설은 절반 정도가 파괴되었으며, 북한은 더욱 큰 피해를 입었어요. 전쟁을 피해 수많은 피란민이 발생하여 고향을 떠나 다른 곳에 정착하는 사람들이 늘어났지요. 또한 남한과 북한에는 수많은 이산가족이 생겨났어요. 수많은 전쟁고아도 발생했고요. 무엇보다도 가장 큰 문제점은 남한과 북한이 전쟁을 통해 서로를 증오하게 되었다는 것이에요.

1983년 KBS에서 진행된 이산가족 찾기 특별 생방송: 이산가족을 찾기 위해 붙여 놓은 수많은 벽보들은 6·25 전쟁의 아픔을 잘 보여 준다.

↲ 이산가족
남북 분단 따위의 사정으로 이리저리 흩어져서 서로 소식을 모르는 가족

스토리 플러스 **상원사를 지킨 방한암 스님**

6·25 전쟁은 한반도 전역을 휩쓸었어요. 오랫동안 지역 곳곳에 있었던 수많은 문화재도 포격에 맞아 부서지거나, 불타 없어졌어요.

전쟁이 한창이던 어느 날, 상원사에 국군들이 찾아왔어요.

"이 절을 불태워라! 적의 소굴이 될 수도 있다."

이때 한 스님이 막아섰어요.

"그럼 이 법당과 함께 나도 같이 태우시오."

상원사를 홀로 지키고 있었던 스님은 방한암 스님이었어요. 방한암 스님은 국군들에게 조금도 물러섬이 없었어요. 결국 국군들은 상원사의 문짝만 떼어서 태우는 시늉을 하고 돌아섰어요. 이렇게 지켜진 문화유산이 바로 오대산 상원사랍니다.

3 민주주의의 시련과 발전

6·25 전쟁이 한창이던 1952년, 이승만 대통령은 헌법을 바꾸어 두 번째로 대통령이 되었어요.

또 2년 뒤에는 계속해서 대통령이 될 수 있게 다시 헌법을 바꾸었어요. 두 번이나 헌법을 고친

이승만 대통령은 10년이 넘는 기간 동안 계속하여 대통령이 되었지요. 그리고 1960년 3월 15일

제4대 대통령 선거에 이승만 대통령은 온갖 부정한 방법을 동원하여 또다시 당선되었어요.

부정 선거가 있은 후 사람들은 더 이상 참을 수 없었어요. 마산에서 시작된 부정 선거 반대 시위는

전국으로 퍼져나갔어요. 이후 우리는 어떻게 민주주의를 발전시켜 나갔을까요? **EBS**

1 민주주의를 밝힌 횃불, 4·19 혁명

1960년 이승만 정부는 3·15 부정 선거를 대대적으로 벌였어요. 지난 12년 동안 이승만 대통령의 독재에 실망한 국민들은 여기 저기에서 모이기 시작했어요. 참아왔던 울분을 거리에 쏟아내기 시작한 거예요.

잊을 수 없는 4월 19일
학교에서 파하는 길에
총알은 날아오고 피는 길을 덮는데
외로이 남은 책가방 무겁기도 하더군요
나는 알아요 우리는 알아요
엄마 아빠 아무 말도 안 해도
오빠 언니들이 왜 피를 흘렸는지를

— 수송 초등학교 강명희 학생의 시 —

선거 당일부터 전국 곳곳에서 3·15 부정 선거를 반대하는 시위가 일어났어요. 특히 마산에서 시위에 참여했다가 사망한 김주열 군의 소식은 많은 사람들의 마음을 아프게 했어요.

1960년 4월 19일부터 서울 시내 수많은 대학생들이 거리로 뛰쳐 나왔어요. 여기에 교수, 시민들 심지어 초등학생까지 거리로 나왔어요. 어림잡아 10만여 명이 넘는 학생과 시민들이 민주주의를 외쳤어요.
(사진: 수송 초등학교 학생들 / 1960년 4월 26일)

수많은 시위대에 놀란 이승만 정부는 경찰을 동원하여 시위대에 발포를 명령했어요. 그러나 시위대의 저항은 더욱 커져 갔어요. 이에 이승만 정부는 군대를 동원하여 시위대를 해산시키려 했어요. 하지만 군대는 상황이 나빠지지 않도록 신경쓰면서 중립을 지키고자 했어요. 시민들의 승리가 눈앞에 다가왔어요.
(사진: 탱크 위에서 환호하는 시민들 / 1960년 4월 26일)

❓호기심 뿜뿜

4·19 혁명 때 어린이도 참여했나요?

그렇답니다. 우리는 흔히 민주화 운동은 어른들만 하는 것이라고 생각할 수 있어요. 하지만 우리 역사 속에서 어린이들도 주인공으로 참여한 경우가 있어요. 4·19 혁명 때에는 수송 초등학교 학생들이 '부모 형제들에게 총부리를 대지 말라.'라는 내용을 긴 천에 써서 들고 거리로 나와 시위를 벌였지요.

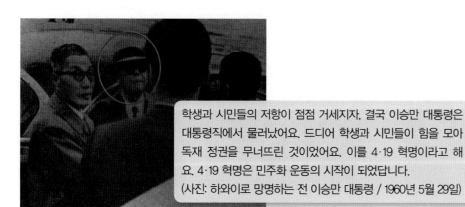

학생과 시민들의 저항이 점점 거세지자, 결국 이승만 대통령은 대통령직에서 물러났어요. 드디어 학생과 시민들이 힘을 모아 독재 정권을 무너뜨린 것이었어요. 이를 4·19 혁명이라고 해요. 4·19 혁명은 민주화 운동의 시작이 되었답니다.
(사진: 하와이로 망명하는 전 이승만 대통령 / 1960년 5월 29일)

2 5·16 군사 정변과 유신 체제

5월 20일 중앙청 광장에 서 있는 박정희

◀ 혁명
헌법의 범위를 벗어나 국가 기초, 사회 제도, 경제 제도, 조직 따위를 근본적으로 고치는 일

5·16 군사 정변과 박정희

4·19 혁명으로 이승만 정권이 무너지고 오랫동안 억눌려 있던 여러 사람들의 목소리가 터져 나왔어요. 새 정부는 많은 일을 계획했지만 사회 각층의 요구를 다 수용하지 못했어요.

1961년 5월 16일, 박정희는 군인들을 동원하여 군사 정변을 일으켰어요. 이들은 순식간에 정권을 차지했어요. 박정희는 북한의 공산주의에 맞서는 '반공'과 경제 건설을 국가 운영의 가장 중요한 가치로 내세웠지요. 박정희와 일부 군인들은 일정 기간 동안 군대를 이용하여 나라를 운영했어요. 그리고 1963년 박정희는 군복을 벗고 대통령 후보로 출마하여 제5대 대통령에 당선되었어요.

대통령이 된 박정희는 광복 이후 중단되었던 일본과의 외교 관계 회복을 서둘렀어요. 일본으로부터 경제 성장에 필요한 자금을 받기 위해서였지요. 이에 학생과 시민들은 일본과 맺은 굴욕적인 외교 관계를 비판하였고, 대규모 시위를 벌였어요.

유신 헌법과 유신 체제

1967년과 1971년에 연이어 대통령에 당선된 박정희 대통령은 1972년 유신 헌법을 만들었어요. '유신'이라는 말은 낡은 제도를 새롭게 고친다는 뜻이지만, 유신 헌법에는 대통령을 국민이 직접 뽑지 않는 선거 제도와 대통령을 할 수 있는 횟수를 제한하지 않는 등 민주적이지 않은 내용이 많았어요. 또한 이때부터 박정희 대통령이 사망한 1979년까지의 시기를 유신 체제라고 해요.

소수의 일부 국민만 참여한 대통령 선거

대통령이 국회 의원 1/3을 추천

대통령이 국회 해산권을 가짐

대통령이 사법부 장악

유신 체제의 사회 모습

1972년부터 시작된 유신 체제에서는 국민의 기본권도 보장받을 수 없었어요. 남자들의 머리 모양도 국가의 간섭을 받아야 했어요. 심지어 여성들은 치마 길이를 검사받았지요. 지금의 기준으로 생각하면 이상한 일이지만 과거 우리나라에서 있었던 일이에요.

이 시기에는 노래도 마음대로 부를 수 없었어요. 김민기의 '아침 이슬', 이장희의 '그건 너', 송창식의 '고래사냥', '왜 불러' 등이 금지곡으로 지정되었지요. 이처럼 유신 체제에서는 국민의 자유가 철저히 억압되었어요.

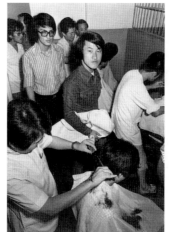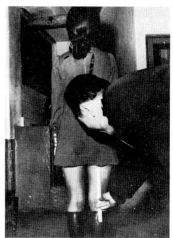

장발(왼쪽 사진)과 미니스커트(오른쪽 사진)를 입은 사람을 단속하는 경찰: 국민의 기본권이 침해당하는 모습이다.

유신 체제가 막을 내리다

시위 현장에 투입된 군부대의 모습

모든 것을 간섭하고 통제하는 박정희 정부에 대해 국민들의 불만은 높아갔어요. 학생들을 비롯하여 노동자, 종교인 등 다양한 집단에서 민주주의를 지키려는 유신 반대 운동을 벌였어요.

이러한 저항에 박정희 정부는 모든 학교에 휴교 명령을 내려 학생들이 뭉치지 못하게 했지요. 정부를 정당하게 비판하는 일도 모두 금지했어요. 1979년 10월, 부산과 마산 일대에서 민주 항쟁이 일어나 유신 체제에 맞섰지요. 이에 정부는 부산 일대에 군대를 투입하여 시위대를 해산시켰어요.

그리고 며칠 뒤, 여러 발의 총소리가 울렸어요. 박정희 대통령이 중앙정보부장(현 국가정보원장) 김재규에게 피살당한 거예요. 1979년 10월 26일의 일이었어요. 박정희 대통령의 죽음과 함께 유신 체제는 막을 내렸지요.

◢ 휴교
학교가 학생을 가르치는 일을 한동안 쉼

◢ 피살
죽임을 당함

? 호기심 뿜뿜

유신 체제가 뭐예요?

유신 체제란 대통령 한 사람에게 막강한 권력이 집중된 정치 형태를 말해요. 민주 국가에서는 국회와 정부, 법원이 각각 권력을 나누어 갖게 되어 있지요. 이를 삼권 분립이라고 해요. 그런데 유신 체제에서는 이 모든 권력을 대통령이 마음대로 휘두를 수 있게 만들어 놓았답니다.

서울의 봄, 그리고 신군부

불법적인 군사 정변을 일으킨 전두환

유신 체제가 끝나자, 국민들은 민주주의가 실현될 것이라고 믿었어요. 언론에서는 이 시기를 '서울의 봄'이라고 표현하기도 했어요.

이때 전두환 등 일부 군인들은 5·16 군사 정변처럼 또다시 군대를 이용해 권력을 장악했어요. 이들은 이전의 5·16 군사 정변을 일으켰던 군대와 구분하기 위해 신군부라고 불러요. 권력을 장악한 신군부는 계속하여 민주주의를 억압했어요.

◣ 정변
혁명과 쿠데타 따위의 비합법적인 수단으로 생긴 정치상의 큰 변동

5·18 민주화 운동이 일어나다

신군부의 정당하지 못한 행동에 전국적으로 학생과 시민들의 저항이 이어졌어요. 신군부는 자신들에게 반대하는 정치가들을 체포했고, 민주주의를 요구하는 대학생과 시민들의 요구를 무시했어요.

1980년 광주에서 민주주의를 요구하는 시위가 일어났어요. 신군부는 공수 부대를 투입하여 폭력적으로 시위를 진압했지요. 이에 분노한 광주 시민들은 신군부가 물러날 것을 요구했어요. 하지만 신군부는 광주 시민들에게 발포하여 수백 명의 희생자를 냈지요. 여기에 탱크와 헬기까지 동원하여 광주 시민들을 무자비하게 짓밟았어요.

? 호기심 뿜뿜

체육관에 모여서 대통령을 뽑았다고요?

우리 역사 속에서 그런 적이 있었습니다. 유신 체제에서부터 전두환 대통령 때까지 국민이 대통령을 뽑지 않고, 일부 사람들만 체육관에 모여서 대통령을 뽑았어요. 체육관에 모인 대표들도 국민의 뜻과는 상관없이 권력자의 뜻에 따라 대통령을 선출했답니다.

5·18 민주화 운동

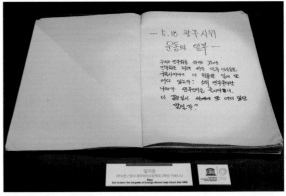
5·18 민주화 운동을 기록한 한 여고생의 일기: 현재 유네스코 세계 기록 유산에 등재되어 있다.

두 번 대통령에 오른 전두환

광주에서 시민들의 민주주의 요구를 폭력적으로 진압한 신군부는 군대의 힘으로 권력을 장악했어요. 1980년, 간접 선거에 의해 제11대 대통령에 취임한 전두환 대통령은 헌법을 고쳐 1981년에 제12대 대통령에 취임했지요.

이후 7년간 전두환 대통령은 언론을 통제하여 국민들의 눈과 귀를 막아버렸어요. 또, 민주주의를 요구하는 국민들을 위협했어요. 전두환 대통령은 임기 내내 국민들의 저항에 시달렸지요. 그래서 자신의 정당하지 못한 행동들을 가리기 위해 다음과 같은 정책을 실시했어요.

◀ 임기
임무를 맡아보는 일정한 기간

6월 민주 항쟁, 국민이 대통령을 직접 뽑다

전두환 대통령은 7년의 임기가 끝나가자 자신이 원하는 사람을 다음 대통령으로 하려고 했어요. 그러나 국민들은 스스로 대통령을 뽑고 싶었지요. 결국 국민들은 민주주의를 요구했고, 전두환 대통령은 국민들의 요구에 무릎을 꿇었어요(6월 민주 항쟁). 드디어 다시 국민들이 대통령을 뽑을 수 있게 되었지요. 이를 대통령 직선제라고 부른답니다.

◀ 항쟁
맞서 싸움

◀ 대통령 직선제
국민이 직접 선거를 통해 대통령을 선출하는 것

6월 민주 항쟁의 불을 지핀 박종철 군의 죽음(왼쪽)과 직선제 개헌에 대한 국민의 요구(오른쪽)

4 경제 성장과 사회 · 문화의 변화

6·25 전쟁이 끝난 직후 한국은 세계에서 가장 못 사는 나라 중 하나였어요.

미국의 경제적인 도움 없이는 최소한의 물자도 부족했지요. 그러나 우리 국민들은

더 열심히 일한 결과 '한강의 기적'이라는 경제 성장과 민주화를 동시에 이뤄냈어요. 그리고 지금의

한국은 세계 여러 지역에 유엔 평화 유지군을 보내고 있으며, 개발 도상 국가들의 경제 · 사회 발전에

기여하고 있답니다. 우리가 어떻게 경제 성장을 이뤄냈는지 그 과정을 살펴보고,

그동안 우리나라의 사회와 문화는 어떻게 변해왔는지 알아볼까요? EBS

1 전쟁의 폐허 속에서 일어서다

의무 교육을 실시하다

우리 국민은 6·25 전쟁 중에도 임시 천막 학교를 세워가며 배움의 뜻을 이어갔어요. 6·25 전쟁이 끝나고 1954년, 어려운 환경 속에서도 의무 교육이 이루어졌어요. 본격적으로 학교에서 배울 수 있게 된 것이었지요. 문짝도 유리창도 없는 천막 교실도 꽤 많았지만

미군 군용 천막을 엮어서 임시로 만든 천막 학교 (1950년대)

배움을 향한 사람들의 의지를 막을 수는 없었어요.

이후 1960년대에는 문맹률이 많이 떨어졌어요. 점차 많은 사람들이 한글을 자유롭게 사용할 수 있게 되었어요. 이들은 이후 우리나라에서 '한강의 기적'이라 불리우는 경제 성장의 중요한 일꾼들이 되었지요. 여러분들의 할아버지, 할머니가 바로 이때 어려운 환경 속에서도 배움을 이어갔던 사람들이랍니다.

◀ **문맹률**
글을 읽고 쓰지 못하는 사람의 비율

미국의 도움 속에 경제를 일으키다

6·25 전쟁 이후 우리 국토 대부분은 폐허로 변하고 말았어요. 공장과 산업 시설 대부분이 큰 피해를 입었지요. 미국은 우리에게 밀, 보리, 면화 등 농산물과 소비재를 지원해 주었어요. 미국의 경제 원조 속에 우리는 경제를 다시 일으킬 수 있었어요.

미국이 지원해 준 밀을 밀가루로 만드는 산업, 설탕을 만드는 산업, 면화를 면직물로 만드는 산업 등이 발전했어요. 이때 밀가루와 설탕, 면직물 등이 모두 하얀색이기 때문에 이를 삼백 산업이라고 불러요. 하지만 미국의 경제 원조가 줄어드는 1950년대 말부터 우리 경제는 어려움에 빠지게 되었어요.

◀ **소비재**
인간이 일상생활에서 직접 소비하는 물건

제당: 설탕을 만드는 것을 제당이라고 한다.

제분: 밀가루를 만드는 것을 제분이라고 한다.

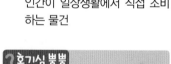
호기심 뿜뿜

 6·25 전쟁 중에도 학교를 다녔나요?

우리 국민들은 6·25 전쟁 중에도 배움에 대한 희망을 놓지 않았어요. 학교 건물이 파괴되어 변변한 책상과 의자도 없었지만, 어디에서든 학생들을 모아 놓고 가르쳤지요. 칠판 하나만 놓고도 수업을 했고, 천막을 엮어 학교를 만들기도 했어요. 추운 겨울, 바람이 쌩쌩 불어도 학생들의 배움에 대한 열망은 높기만 했어요.

2 잘 살아보세! 수출만이 나라를 위하는 길이다!

한강의 기적

100억 불($) 수출의 날 기념 조형물(1977)

박정희 정부는 1962년부터 4차례에 걸친 경제 개발 5개년 계획을 세웠어요. 제 1차와 제 2차 때에는 신발, 의류, 가방 등을 생산하여 외국에 수출했지요. 노동자들은 낮은 임금을 받았지만 잘 살아 보고자 하는 마음으로 많은 어려움을 견뎌냈어요.

1970년대에는 기술과 자본이 필요한 철강, 석유 화학, 기계, 조선 등을 발전시켜나갔어요. 경제 개발 5개년 계획이 진행되던 1960~70년대에는 매년 높은 경제 성장을 이뤄냈어요. 전 세계에서 우리의 이런 경제 발전 모습을 '한강의 기적'이라고 불렀답니다.

◀ 자본
물건과 서비스를 생산하는 데 필요한 가치 있는 밑천. 일반적으로 돈과 비슷한 의미로 쓰인다.

호기심 뿜뿜

베트남 전쟁과 우리 경제의 발전이 관계가 있다면서요?

베트남 전쟁에 군대를 보낸 대가로 박정희 정부는 돈을 지원받았어요. 그 돈으로 고속 국도 등을 만들어 경제 발전의 기반을 마련했지요. 베트남 재건 공사에 참여하면서 경제적인 이익도 얻을 수 있었고요. 하지만 수많은 젊은이들이 다른 나라 땅에서 목숨을 잃어야 했고, 베트남 국민들에게 피해를 주기도 했어요.

베트남 파병과 경부 고속 국도 건설

1960년대 중반 박정희 정부는 미국의 요청을 받아들여 베트남 전쟁에 군대를 파병하기로 결정했어요. 대신에 박정희 정부는 미국으로부터 군사 원조를 받고, 경제 지원을 받기로 했어요. 경제 개발 5개년 계획과 베트남 전쟁 등으로 자본이 늘어나게 되었지요.

베트남으로 떠나는 한국군

박정희 정부는 경제 개발 5개년 계획과 베트남 전쟁 등으로 쌓인 자본을 바탕으로 경부 고속 국도 등을 만들어 경제 발전의 기반을 다져갔어요. 그러나 베트남 전쟁으로 6·25 전쟁에 이어 또 한번 수많은 젊은이들이 희생당했지요.

경부 고속 국도 개통(1970)

새마을 운동

경제 성장 속에서 도시와 농촌의 차이는 점점 벌어졌어요. 이에 정부는 낙후된 농촌을 발전시키기 위해 새마을 운동을 전개했어요. '근면·자조·협동'의 3대 정신이 핵심 내용이었지요.

근면은 부지런히 일하는 것을 말하고, 자조는 스스로의 발전을 위해 애쓰는 것을 의미해요. 협동은 서로 돕는 것을 말하지요. 즉, 새마을 운동은 스스로 부지런히 일하고, 서로 도와 잘 살아보자는 운동이었어요. 마을 길을 넓히고, 초가 지붕을 고치는 등 새마을 운동은 농어촌 지역의 생활 환경 개선에 큰 영향을 끼쳤어요.

새마을 운동

♩ **낙후**
기술이나 문화, 생활 따위의 수준이 일정한 기준에 미치지 못하고 뒤떨어짐

지구촌을 누비는 우리 국민

자원이 풍부하지 않은 우리나라는 외국에서 수입한 재료를 물건으로 만들어 수출하는 경제 구조를 가지고 있어요. 따라서 국제적인 재료의 가격이 변화하면 우리 경제도 어려움에 빠질 수 있지요. 1973년 석유 가격이 크게 오르자 우리 경제는 위기에 빠졌어요.

석유 가격 상승으로 큰 돈을 벌게 된 서아시아의 산유국들은 건설에 투자를 늘렸어요. 이에 우리 국민은 뜨거운 태양과 사막의 바람을 이기며 서아시아의 건설 현장을 누볐지요. 또 우리 국민은 이역만리에 떨어진 서독(현재 독일)에 부족한 광부와 간호사로 파견되어 외화를 벌어들였어요. 베트남에 파견된 병사와 근로자들도 경제 성장에 기여했어요.

테헤란의 서울로 근처에 있는 서울 공원

1977년, 한국과 이란에 각각 상대국의 수도 이름을 딴 도로인 '테헤란로'(왼쪽 사진)와 '서울로'(오른쪽 사진)가 만들어졌는데 이를 통해 한국과 이란, 두 나라의 관계가 좋았음을 알 수 있다.

3 도시로 몰려든 사람들!

전태일의 편지

존경하는 대통령 각하

옥체 안녕 하시옵니까? 저는 의류 제조 계통에 종사하는 재단사입니다. …… 저의 직장은 시내 동대문구 평화 시장으로서 종업원은 2만여 명이 됩니다. …… 종업원 90% 이상이 평균 연령 18세의 여성입니다. 이들에게 하루 15시간의 작업은 너무 과중합니다. …… 15세의 어린 보조공들은 주 98시간의 고된 작업에 시달리고 있습니다. …… 저희들의 요구는 1일 14시간의 작업 시간을 10 ~ 12시간으로 줄여 달라는 것입니다. 1개월 휴일 2일을 일요일마다 휴일로 쉬기를 희망합니다. 절대로 무리한 요구가 아님을 맹세합니다. 인간으로서 최소한의 요구입니다. 기업에서도 지킬 수 있는 사항입니다.

- 1969년 11월 전태일의 일기장에서 -

↙ **재단사**
옷을 마름질하는 것을 전문으로 하는 사람

왼쪽의 편지는 청계천 평화 시장에서 재단사로 일하며 노동 운동을 했던 전태일의 일기장에 기록되어 있는 글이에요. 편지를 자세히 읽어보면 당시에는 성인이 되기 전인 학생들도 공부를 하지 못하고 일터에서 고된 노동에 시달렸음을 알 수 있어요. 현재 중학교 2학년 학생과 나이가 같은 친구들이 주당 98시간씩 일하고 있었네요. 현재 어른들이 주당 52시간을 넘어서 일할 수 없는 것을 생각하면 어렵고 힘든 노동 조건이었어요.

지금은 주 5일제가 시행되어 1주일에 2일은 쉬는 날인데, 1960년대 후반에는 한 달에 4번만 쉬게 해달라고 전태일은 바랐던 거예요. 당시 노동자들이 바라는 최소한의 요구였어요. 이처럼 우리나라의 기적 같은 경제 성장은 수많은 노동자들의 희생에서 비롯된 것이었어요.

호기심 뿜뿜

빠른 경제 성장으로 인한 문제는 없었나요?

당연히 있었지요. 값싼 제품을 생산하기 위해 노동자들을 계속 희생시켰답니다. 노동자들은 힘든 노동 조건에서 싼 임금을 받으며 매우 고생했어요. 또 수도권을 비롯한 도시로 인구가 집중되면서 각종 도시 문제가 생겼어요. 농촌과 도시의 격차가 심해지고, 농촌에는 일손이 부족해지는 등 여러 문제가 생겼어요.

와우 아파트가 무너지다

빠른 경제 성장은 우리에게 늘 좋은 결과만 가져다 준 것은 아니었어요. 정확하고 안전하면서 빠르게 진행해야 했지만, 우리 사회 여러 곳에서 빠른 것만을 강조했지요. 외국인들도 '빨리, 빨리'라는 말을

와우 아파트 붕괴 사고 현장(1970)

이해했을 정도로 우리는 뭐든지 빠르게 해야 하는 것에 익숙했어요.

결국 1970년 4월 8일 시민 아파트로 지어진 와우 아파트 한 동이 새벽 6시 40분 경부터 무너지면서 70여 명의 사상자가 발생했어요. 와우 아파트는 6개월이라는 짧은 기간 안에 완성되었는데 겨우 4개월 만에 무너진 거예요. 너무 빠른 기간에 지어졌고, 매우 빠른 시간에 무너져버린 것이지요.

도시로! 도시로!

빠른 경제 성장은 도시의 발전을 가져왔어요. 수많은 사람들이 일자리를 찾아 도시로 몰려들었어요. 인구가 폭발적으로 증가한 도시에는 주택 문제, 교통 문제, 환경 문제 등이 발생했지요. 또 도시민들 사이에서도 빈부 격차가 점점 큰 사회 문제가 되었어요.

한편 농촌과 어촌 등은 인구가 줄어드는 문제가 발생했어요. 현재 농어촌에는 젊은이와 아이를 구경하기조차 어려워지고 말았어요. 또 도시와 농어촌 간의 소득 격차와 문화 시설, 의료 시설 등의 부족은 사람들이 도시로 몰리는 이유가 되고 있어요. 최근에는 농어촌으로 되돌아가는 귀농 인구가 조금씩 늘고 있지만, 농어촌 문제는 심각한 수준이에요.

◢ 빈부 격차
가난한 사람과 부유한 사람의 경제적 차이

의료 보험 제도가 시작되다

우리는 아프면 병원에 가서 치료를 받아요. 병원에서 치료를 받으면 치료비를 내야 하는데 그중의 일부를 국가에서 지급하고 있어요. 그 덕에 우리는 최소한의 비용으로 병을 치료할 수 있는 것이지요. 이러한 제도는 언제부터 시작되었을까요?

그 기원을 거슬러 올라가면 1963년 의료 보험법의 제정부터랍니다. 그러나 예산 부족 등의 이유로 오랫동안 시행되지 못하다가 1977년 500명 이상의 회사에 소속된 직장인을 상대로 직장 의료 보험 제도가 시작되었어요. 이후 혜택을 받는 대상이 점점 늘어났고, 1989년부터는 전 국민이 의료 보험 제도의 혜택을 누리기 시작했어요. 2000년부터는 건강 보험이라는 이름으로 명칭이 바뀌어 오늘에 이르고 있어요.

4 IMF 체제 이후 우리 사회

경제 협력 개발 기구(OECD)에 가입하다

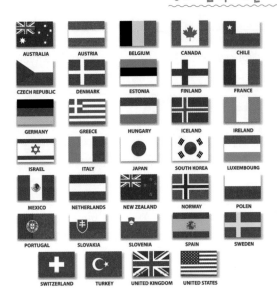

OECD 가입 국가의 국기 모음

1980년대에는 석유 가격이 떨어지는 등 국제 환경이 우리나라에 유리하게 작용했어요. 유리한 환경 속에서 우리나라는 물가가 안정되고, 수출이 크게 늘어나며 흑자 경제로 전환할 수 있었어요. 이를 바탕으로 반도체와 자동차 산업이 크게 성장했지요.

이렇게 우리 경제가 성장하자 선진국들은 우리나라의 시장을 개방하라고 요구했어요. 결국 우리나라는 1996년 12월 경제 협력 개발 기구(OECD)에 가입하며 선진국과 어깨를 나란히 했지요.

IMF(국제 통화 기금) 체제가 시작되다

1997년 김영삼 정부 말기에 우리 경제에 큰 위기가 찾아왔어요. 1997년 대기업인 한보그룹, 삼미그룹, 진로그룹, 기아자동차 등이 잇달아 부도* 처리되었어요. 결국 우리 정부는 국제 통화 기금(IMF)에 긴급 금융을 지원받아 국가 부도 사태를 막았어요. 그러나 한국의 기업 중 2위 기업이었던 대우마저 최종 부도 처리되면서 위기감이 더해졌어요.

국제 통화 기금(IMF)으로부터 긴급

부도
회사 또는 국가가 빚을 갚지 못하여 망하는 일

금융을 받은 이 시기를 IMF 체제라고 불러요. 이때의 경제 위기는 정치적으로 여·야 정권 교체라는 결과를 가져왔어요. 또 기업들은 구조 조정을 위해 수많은 노동자들을 해고하여 비정규직이 크게 늘어나기 시작했지요. 이때부터 늘어난 비정규직의 숫자는 해마다 늘고 있어 우리 사회의 큰 문제점 중 하나가 되었어요.

금 모으기 운동과 IMF 체제 극복

금 모으기 운동에 참여하는 수많은 국민들

IMF 체제 속에서 출발한 김대중 정부는 금 모으기 운동 등 기업과 국민들이 허리띠를 졸라 맨 덕분에 IMF로부터 빌린 자금을 3년 만에 갚았어요. 그러나 이 과정에서 일부 은행과 기업을 해외에 팔아야만 했지요.

한편 IMF 체제를 극복하는 과정에서 여러 기업들은 다양한 혁신을 통해 세계적인 기업으로 성장하기도 했어요. 특히 우리 기업은 휴대 전화, 액정 표시 장치(LCD) 등 첨단 산업에서 두각을 보였지요. 다시 일어선 한국은 2011년 말에는 무역 규모가 1조 달러를 넘어서며 세계 10위권의 무역 대국으로 성장했어요.

↓ 개국
방송국이나 우체국 따위가 사무소를 설치하여 처음으로 업무를 시작함

대중 문화의 발달

라디오, 텔레비전 등 대중 매체의 보급과 함께 대중문화가 발달했어요. 1960년대에는 텔레비전 방송이 시작되어 온 국민의 시선을 모았어요. 또 1980년대 컬러텔레비전의 보급은 대중문화 발전에 큰 역할을 했지요. 이때부터 10대 청소년들이 새로운 대중문화의 소비자로 등장했어요.

1991년 민영 방송인 서울방송(SBS)이 개국하면서 시청자의 채널 선택권이 늘어났어요. 여기에 1995년 케이블 TV가 개국하면서 스포츠, 음악, 영화, 종교 등 영역별 전문 채널이 대거 늘어나 시청자의 채널 선택권이 확대되었지요. 2000년대 이후에는 인터넷이 새로운 매체로 떠올랐으며, 현재는 스마트폰이 또 하나의 중요한 매체가 되었어요.

디지털 TV로의 전환과 미래의 TV 예측(출처: 방송통신위원회)

호기심 뿜뿜

금 모으기 운동이 IMF 체제 극복에 도움이 되었나요?

국민들이 모은 금 덕분에 부족한 외화를 일부 마련할 수 있었고, 금 모으기 운동이 원동력이 되어 산업을 다시 일으킬 수 있었어요. 국민들의 자발적 운동이었던 금 모으기 운동과 정부, 기업, 국민들의 적극적인 노력의 결과 우리는 3년 만에 IMF 체제에서 벗어날 수 있었어요.

5 대한민국의 미래와 평화 통일

6·25 전쟁이 끝나고 남북한은 서로에 대한 적대적 감정이 더욱 심해졌어요.

북한은 김일성의 1인 지배 체제를 갖추어 갔어요. 이후 아들 김정일이 권력을 이어받았고,

현재는 김정은이 3대째 권력을 이어받아 북한을 이끌어 가고 있지요. 남북한은

1972년 7·4 남북 공동 성명을 발표하며 통일에 대한 첫 합의를 만들어냈어요.

그리고 1991년 남북한은 유엔(UN)에 동시 가입하며 화해의 물꼬를 텄답니다.

2000년과 2007년, 2018년에는 남북한의 최고 지도자가 만나 서로 신뢰를 쌓아 갔어요.

남북한은 과거부터 현재까지 어떤 노력을 해왔는지 함께 알아볼까요? EBS

1 1인 지배 체제의 북한

김일성, 김정일, 김정은으로 이어진 3대 세습 체제

6·25 전쟁이 끝나고 북한의 김일성은 자신에게 반대하는 사람들을 몰아내고 1인 지배 체제를 만들어 갔어요. 그리고 남북한은 서로 경쟁하며 서로 간에 대화조차 거의 이루어지지 않았지요. 이후 김일성은 국가 최고 지위인 주석에 올라 절대적인 권력을 행사해 나갔어요.

김일성은 자신만의 방식으로 북한을 이끌어 나갔어요. 그리고 아들인 김정일을 후계자로 지목했지요. 1994년, 김일성이 사망하자 김정일은 주석 자리를 비워두고 자신은 국방 위원장에 올라 북한을 이끌어 갔어요. 현재 북한은 김정일의 아들 김정은이 권력을 이어받아 국무 위원장이 되어 3대째 권력을 세습하고 있답니다.

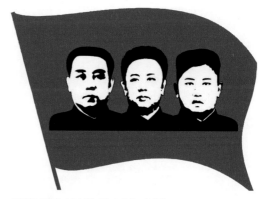

3대째 권력 세습을 하고 있는 북한

◀ 세습
재산이나 신분, 직업 등을 대대로 물려주고 물려받는 것

북한, 넌 어떤 나라니?

우리는 흔히 북한이라고 부르지만, 정식 명칭은 '조선 민주주의 인민 공화국'이에요. 민주주의라는 이름이 참으로 어색하지만 정식 국호예요. 북한의 국기는 인공기라고 알려져 있는데 1948년부터 사용했어요. 그전까지는 북한도 우리와 같이 태극기를 사용했지요.

북한의 국화는 목란이에요. 또 북한에서 가장 유명한 것은 아리랑 공연이에요. 아리랑 공연은 10만 명이 넘는 사람들이 참여하여 끊임없이 변화하는 카드 섹션과 집단 체조를 선보인답니다. 개인보다 집단이 중요한 나라임을 추측해 볼 수 있지요.

북한의 체제를 선전하기 위한 공연 '아리랑'

2 통일을 위한 남북한의 노력

이산가족의 아픔과 만남

이산가족 고향 방문(1985): 이산가족 상봉은 2000년 이후로는 비교적 활발하게 이루어졌으나 여러 차례 중단되기도 하였다.

6·25 전쟁의 결과, 서로 오고 갈 수 없게 되면서 남한과 북한에는 수많은 이산가족이 생겨났어요. 이들은 조금만 기다리면 다시 만날 수 있으리라 믿었어요. 그러나 그들이 다시 만나기까지는 40여 년이 걸렸지요. 1985년, 처음으로 남한과 북한에 떨어져 살았던 이산가족들 중 일부가 만날 수 있었어요.

이산가족들은 서로가 살아 있다는 것만 확인해도 가슴이 뭉클해졌어요. 이산가족의 만남은 눈물 없이는 볼 수 없는 광경이었어요. 이는 우리가 하나의 민족이라는 사실과 함께 왜 통일을 해야 하는지를 보여 주었지요.

탁구 단일 대표팀 KOREA

◀교류
문화나 사상 따위가 서로 통함

1991년 4월 남북한은 스포츠를 통해 교류를 시작했어요. 일본 지바현에서 열린 세계 탁구 선수권 대회에 남북이 처음으로 단일팀으로 참가했어요. 남북 단일팀의 이름은 'KOREA'로, 단일팀의 기는 한반도기를 사용했어요. 국가는 아리랑을 사용했지요.

남북 단일팀으로 참가한 탁구 대표팀: 북한의 리분희(왼쪽)와 한국의 현정화(오른쪽)

같은 해 9월, 남북한은 유엔(UN)에 동시 가입하며 두 나라 모두 국제 사회의 인정을 받았어요. 또한 남북 기본 합의서를 채택하여 상대방의 체제를 인정하고, 서로 싸우지 않기로 약속했지요. 이는 현재 서로의 체제를 인정하고 미래의 통일을 함께 준비하자는 것이었어요.

남북한이 함께 만나 통일을 논의하다

김대중 정부의 대북 화해 협력 정책, 즉 '햇볕 정책'은 북한의 변화를 이끌어 냈어요. 때마침 현대그룹의 정주영 회장이 소 떼를 북한에 전달하며 남북한은 화해 분위기가 무르익었어요. 또 금강산 관광이 시작되며 남한과 북한 사이에 본격적인 경제 협력도 시작되었어요.

2000년 김대중 대통령은 남한 정상 중 최초로 북한의 평양을 방문했어요. 이때 북한의 김정일 국방위원장과 만나 통일과 협력에 대해 논의했지요. 이 자리에서 남과 북은 6·15 남북 공동 선언을 발표했

평양 순안 공항에서 만난 남과 북의 정상(2000)

어요. 중요한 내용은 통일에 대한 긍정적인 논의와 남과 북의 신뢰 회복이었답니다.

제1차 남북 정상 회담 이후의 남북 관계

개성 공단에서 일하는 북한 노동자들

2000년 제1차 남북 정상 회담 이후 오랜만에 이산가족 상봉이 이루어졌어요. 또 서울에서 북한의 의주까지 철도를 연결하며 통일 이후를 준비하기도 했어요. 금강산 육로 관광에 이어 개성 관광의 길도 열리며 또 다른

소통의 길이 열렸지요.

개성 공단이 시작되며 남과 북의 경제 협력도 본격적으로 시작되었어요. 2007년, 노무현 대통령은 육로로 북한을 방문하여 우리 민족의 평화 통일 의지를 전 세계에 재확인시켜 주었어요. 이제는 남과 북이 한 발자국씩 양보하며 서로를 이해하려는 노력이 필요한 때예요.

개성 공단은 남한의 기술과 자본, 북한의 우수한 노동력이 합해져 값싸고 좋은 제품을 생산해서 서로에게 이익이 되었어요.

♪ 육로
육상으로 난 길

? 호기심 뿜뿜

북한에 세운 개성 공단은 남한에게도 이익이 되나요?

물론이죠. 개성 공단을 만들고 공장을 세운 것은 남한입니다. 거기서 일하는 사람들은 북한 사람들이죠. 북한의 우수한 노동력과 남한의 기술력이 합해져 값싸고 좋은 제품을 생산해 팔 수 있었어요. 그러니 북한과 남한 모두에게 이익이 되지요.

서울 올림픽 개최와 스포츠 강국 대한민국

제24회 서울 올림픽 개회식(1988)

◀ 투혼
끝까지 투쟁하려는 씩씩하고 굳센 기상

우리가 처음 올림픽에 참가한 것은 1948년 런던 올림픽이었어요. 이전에도 메달을 목에 건 한국인은 있었지만, 일본 국적을 달았던 때였어요. 첫 올림픽 출전임에도 우리는 동메달 2개를 획득했지요. 이후 1956년 멜버른 올림픽에서 첫 은메달을, 1976년 몬트리올 올림픽에서 첫 금메달을 획득했어요.

1986년 우리나라는 아시안 게임을 성공적으로 치렀어요. 또 우리나라는 1988년 서울 올림픽을 성공적으로 개최하며 전 세계에 스포츠 강국 대한민국을 알리게 되었지요. 이후 여러 올림픽에서 세계인들에게 세계 최상급의 경기력과 투혼을 보여 주며 스포츠 강국 대한민국을 보여 주고 있답니다.

국민 스포츠 야구와 2002년 월드컵

1980년대 초반 프로야구와 프로축구가 등장하면서 국민들의 시선을 차지했어요. 특히 프로야구는 국민들의 인기를 독차지하며 발전해왔어요. 2008년 베이징 올림픽에서는 전승 우승으로 금메달을 우리에게 선사하기도 했지요. 현재 프로야구는 700만 관중 시대를 열며 국민 스포츠로 발돋움했어요.

대한민국 축구 대표팀의 도전은 1954년으로 거슬러 올라가요. 1954년 스위스 월드컵부터 정식 참가한 우리 대표팀은 32년이 지난 1986년 멕시코 월드컵에서 첫 골을 기록했어요. 이후 계속하여 월드컵 본선에는 진출했지만, 세계의 벽은 높기만 했어요. 2002년 한·일 월드컵에서 우리 대표팀은 4강에 올라 그동안의 꿈을 넘어서며 전 세계에 한국 축구의 위상을 높였지요.

2002년 한·일 월드컵에서 4강에 오른 대한민국

2008년 베이징 올림픽에서 금메달을 수상한 대한민국 야구 대표팀

한류와 K-POP, 한국의 위상을 높이다

한류란 한국의 대중문화가 해외에서 유행하는 것을 말해요. 최근에는 한국과 관련된 모든 것들을 부르는 용어로도 사용되고 있어요. 한류의 시작은 1990년대 말 한국의 드라마와 가요가 중국으로 진출하면서 시작되었어요. 이후 일본과 동남아시아 전역으로 한류가 확대되어 갔지요.

이와 같은 한류의 인기는 유튜브(YouTube)를 통해 K-POP으로 전 세계로 뻗어나가고 있어요. 한류의 인기로 한국 상품, 한국 문화, 한국어 등이 해외 각 지역에서 관심을 받고 있지요. 최근에는 서아시아, 유럽, 라틴아메리카 등지에서도 K-POP이 관심을 받고 있어요.

프랑스 파리에 모인 한류 팬들의 모습

 라틴아메리카
중앙아메리카인 멕시코부터 시작해 남아메리카 전체를 가리키는 말

높아진 국제 위상만큼 국제 지원 활동에 참여하다

20세기에 우리나라는 일본의 식민 통치를 겪었고, 6·25 전쟁으로 많은 것을 잃었어요. 6·25 전쟁 후 우리는 전 세계 수많은 국가들의 도움을 받아야 했어요. 그렇게 60여 년이 지난 지금 대한민국은 다양한 국제 지원 활동을 벌이고 있어요. 도움을 받던 나라에서 도움을 주는 나라로 바뀐 것이지요.

우리 정부는 1991년 한국 국제 협력단(KOICA)을 세워 국제 사회에 도움을 주고 있어요. 아무런 대가도 없이 전 세계 어려운 나라들에 의료 시설, 학교 등을 지어주고 있답니다. 한편 우리 정부는 유엔(UN) 평화 유지군에 참여하여 세계 여러 지역에서 활동하고 있어요.

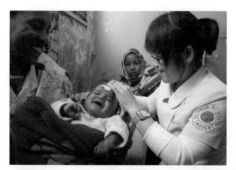

한국 국제 협력단(KOICA)의 활동

 호기심 뿜뿜

세계로 뻗어나가고 있는 한국의 모습은 어떤가요?

대한민국의 위상에 많은 변화가 생겼어요. 경제 성장을 바탕으로 다양한 형태로 국제 사회를 지원하고 있거든요. 정부에서도 한국 국제 협력단(KOICA)을 세워 개발 도상국가들의 경제·사회 발전에 기여하고 있답니다. 한편, 우리나라의 영화, 드라마, K-POP은 한류 열풍을 이끌고 있어요.

4 독도 수호 그리고 동북아시아의 역사 갈등

우리 땅 독도를 지키자

독도

1945년 8월 15일, 우리는 일본의 식민지로부터 벗어났어요. 이후 연합국은 제주도, 울릉도, 독도 등을 일본의 영토에서 제외했어요. 6·25 전쟁이 한창이던 1952년 1월에 우리 정부는 평화선을 발표하여 독도가 우리 땅임을 대내외에 다시 확인시켰지요. 2016년에는 20여 명의 주민이 주민등록상 주소지를 독도에 두고 있어요. 여러분도 독도 주민이 될 수 있는데, 독도에 다녀오거나 독도 주변을 구경한 사람 중 독도 명예 주민을 희망하면 독도관리사무소(www.intodokdo.go.kr/member)에 신청하면 발급해 주고 있어요. 여러분도 독도 명예 주민증을 가질 수 있게 된 거예요.

독도를 지키기 위한 시민들의 활약도 대단했어요. 이 중 반크는 독도와 동해 관련 오류를 수정하는 역할을 수행하고 있지요. 독도 수호 국제 연대, 독도 본부와 같은 시민 단체들도 독도를 지키기 위한 활동을 하고 있어요. 한편, 동북아 역사 재단 독도 연구소, 한국 해양 수산 개발원 독도 해양 영토 연구센터, 한국 해양 연구원 동해연구소 독도 전문 연구센터 등에서 수많은 연구자들이 독도를 연구하고 있답니다.

자! 여러분도 함께 실천할 수 있겠죠?

▶ 반크
1999년 1월 인터넷상에서 전 세계 외국인들에게 한국을 알리기 위해 설립된 사이버 외교 사절단입니다.

스토리 플러스+ | 일본은 어떻게 역사 교과서를 왜곡하고 있나요?

연표로 보는 이 시대의 주요 사건

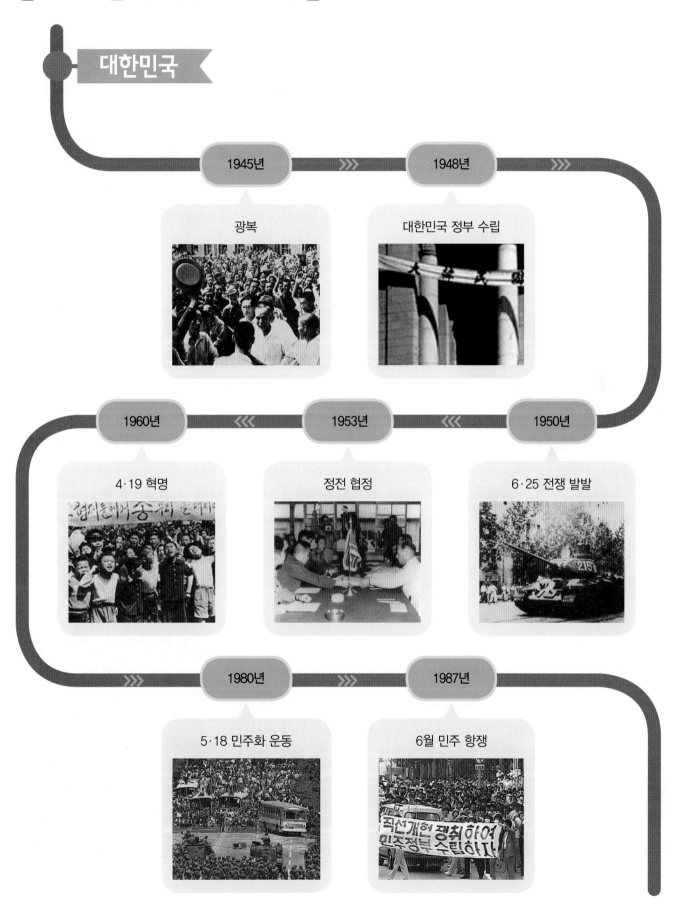

대한민국

1945년
광복

1948년
대한민국 정부 수립

1950년
6·25 전쟁 발발

1953년
정전 협정

1960년
4·19 혁명

1980년
5·18 민주화 운동

1987년
6월 민주 항쟁

김구

대한민국 임시 정부에 참여하여 수많은 어려움 속에서도 대한민국 임시 정부를 끝까지 지켜낸 인물이에요. 김구는 한인 애국단을 만들어 윤봉길의 의거를 지휘하는 등 독립운동에도 앞장섰지요. 광복 후에는 남북 분단을 막고 통일 정부를 세우기 위한 다양한 노력을 기울였어요. 그러나 끝내 뜻을 이루지 못하고 안두희에게 암살당했어요.

여운형

상하이에서 대한민국 임시 정부 수립에 참여했어요. 또 1936년에 베를린 올림픽 마라톤에서 우승한 손기정 선수의 일장기 말소 사건으로 신문이 폐간되어 〈조선중앙일보사〉 사장직에서 물러나기도 했어요. 그는 조선 건국 동맹이란 단체를 비밀리에 만들어 광복을 준비했지요. 광복이 된 이후에는 조선 건국 동맹을 조선 건국 준비 위원회로 바꾸어 나라의 질서를 유지하고 새로운 국가를 건설하기 위한 준비를 해 나갔어요. 하지만 안타깝게도 뜻을 이루지 못하고 암살당했어요.

전태일

전태일은 어려운 가정 형편 때문에 초등학교 4학년 때 학교를 그만두고 신문팔이 등을 하며 어렵게 살았어요. 17살 때부터는 평화 시장의 의류 공장에서 재단사로 일하며 노동자들의 어려움을 알게 되었지요. 이후 1960년대 급속한 경제 성장 속에 희생되고 있던 노동자들의 권리를 찾기 위해 노력했어요. 하지만 노동 조건은 개선되지 않았어요. 그래서 지켜지지 않는 근로 기준법의 화형식을 거행하고 "우리는 기계가 아니다."라고 외치며 자신도 분신했어요. 그리고 "나의 죽음을 헛되이 하지 말라."는 말을 남기고 22살의 젊은 나이에 세상을 떠났어요.

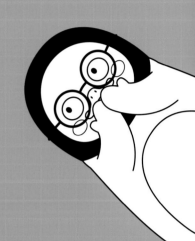

Q | https://on.ebs.co.kr

★ ★ ★ ★ ★
초등 공부의 모든 것
EBS 초등ON

제대로 배우고 익혀서 (溫)
더 높은 목표를 향해 위로 올라가는 비법 (ON)
초등온과 함께 **즐거운 학습경험**을 쌓으세요!

EBS 초등ON

EBS

초등 고학년을 위한

스토리 한국사

②

(조선 후기~현대)

BOOK ② 활동 북

초등 고학년을 위한

스토리
한국사

②

(조선 후기~현대)

스토리 한국사 활용법

1단계 스토리 북으로 한국사의 흐름 익히기

외우기만 하는 한국사 공부는 이제 그만!
선생님이 들려주는 이야기처럼
친절한 스토리텔링을 따라 한국사의 흐름을 익혀 보세요.
만화와 삽화는 한국사를 더욱 쉽게
이해할 수 있게 할 것입니다.

2단계 강의로 생생한 한국사 공부하기

더욱 입체적인 한국사 학습을 하고 싶다면
'스토리 한국사' 강의를 활용해 보세요.
스토리 한국사는 EBS 초등 사이트에 강의로
탑재되어 있습니다.
선생님과 함께하는 생생한 강의를 통해
한국사를 더욱 쉽고 재미있게 공부할 수 있습니다.
EBS 초등 사이트 : http://primary.ebs.co.kr

3단계 활동 북으로 한국사 자신감 키우기

다양한 학습 활동이 담긴 활동 북으로 한국사 공부를 완성해 보세요.
한 장의 그림으로 압축된 시대상을 직접 색칠한다면
그 시대를 떠올리고 상상력을 키울 수 있을 것입니다.
한국사의 핵심까지 익혔다면 간단한 퀴즈부터
한국사능력검정시험 문제까지 풀면서 한국사의
자신감을 키워 보세요.
더불어 시대를 체험할 수 있는 역사 체험 학습도
수록했으니 주말이나 방학을 이용해 역사 탐방의
시간을 가져 보세요.

활동 북 차례

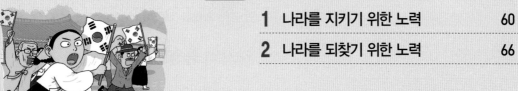

V 조선 후기

다른 컬러링이 궁금하다면? 스토리 북을 참고하세요!

1. 조선 사회의 새로운 움직임

공인
대동법 시행 이후 관청에 필요한 특산물을 구입하여 공급하는 전문 상인

상평통보

조선 후기에 전국적으로 널리 이용된 화폐

모내기법

모판에서 일정 기간 기른 모를 줄을 맞추어 옮겨 심는 논 농사법이다. 조선 후기에 널리 퍼졌다.

골뿌림법

밭의 움푹 파인 부분에 씨를 뿌려 농사짓는 방법으로 조선 후기에 널리 퍼졌다.

장시
조선 시대에 열린 정기 시장. 5일마다 열리는 5일장이 대부분이었다. 조선 후기에 이르면 전국적으로 장시가 확대되었다.

1 전쟁 피해 극복과 경제 발전

(1) 전쟁 피해 극복을 위한 노력

① 토지 조사와 인구 조사

② 세금 제도 정비

• 대동법 실시

배경	• 특산물을 공물로 내는 세금 제도의 불편함 • 가난한 사람들은 공물을 내기 어려웠음
내용	특산물로 내던 공물을 토지를 가진 사람에게 쌀, 동전, 무명으로 내도록 함
결과	• 토지가 없거나 적은 농민의 세금 부담이 줄어듦 • 공인의 활약 ➡ 상업과 수공업 발달, 화폐 사용이 활발해짐(상평통보)
과정	경기도에서 처음 실시(광해군) ➡ 지주들의 반대로 100년 만에 전국으로 확대

• 영정법: 풍년, 흉년에 관계없이 토지 1결당 4두의 세금을 거둠

• 균역법: 군대에 가지 않는 대신 내던 군포 2필을 1필로 줄임

③ 의학 서적 편찬: 허준, 《동의보감》 ➡ 주변에서 쉽게 구할 수 있는 약초를 이용한 치료법을 담음

④ 일본과 관계 회복: 통신사 파견

의미	일본의 요청에 따라 조선에서 파견된 외교 사절단
파견	임진왜란 이후 등장한 일본의 새 정권이 통신사 파견을 요청함에 따라 파견
역할	외교 문제 논의, 조선의 선진 문물을 일본에 전래

(2) 조선 후기 경제 발전

① 새로운 농사법 발달

모내기법	• 모판에서 싹을 틔운 모를 줄을 맞추어 옮겨 심는 농사법 • 노동력이 적게 들고 농업 생산량이 증가함 • 일부 농민들은 넓은 토지를 농사지어 부자가 됨
골뿌림법	• 밭에서 움푹 파인 골에 씨앗을 뿌리는 방법 • 추위를 극복할 수 있어 농업 생산량 증가

② 새로운 작물 재배: 임진왜란 이후 고추, 고구마, 감자, 담배 등이 전래됨

③ 수공업의 발달: 수공업자들은 질 좋고 다양한 물건을 만들어 내다 팖

④ 상업의 발달: 공인, 보부상, 사상(송상, 관상, 내상, 경강 상인 등)의 활약, 화폐 사용 활발, 물건을 사고파는 장시가 많이 생겨남

2 국토를 지키기 위한 노력

(1) 북벌론과 북학론

① 북벌론

배경	병자호란 이후 청에 대한 적개심 증가
주장	명에 대한 의리를 지키고 청에게 당한 치욕을 갚기 위해 청 정벌 주장
추진	효종이 송시열 등과 함께 성곽을 수리하고 군대를 훈련시키는 등 전쟁 준비
결과	청의 국력이 강해지고, 효종의 급작스러운 죽음으로 실현되지 못함

② 북학론

배경	청의 국력이 강해지고 문물이 발달함
주장	청의 발달된 문물을 수용하여 나라를 부강하게 만들자

(2) 울릉도와 독도

① 삼국 시대: 신라 지증왕 때 이사부가 정복하며 우리 영토에 포함됨

② 조선 숙종: 일본 어민들의 출몰로 충돌 ➡ 안용복이 일본에 건너가 우리 영토임을 확인받고 돌아옴

③ 19세기 말: 일본 어민이 울릉도와 독도 부근에서 우리 어민과 충돌 지속

- 조선 정부가 울릉도로 주민의 이주를 장려
- 울릉도에 군을 설치하여 관리를 보내고 독도까지 관리하도록 함

효종
인조의 둘째 아들. 소현 세자의 급작스러운 죽음으로 인조의 뒤를 이어 왕위에 오른 후 청을 정벌하자는 북벌론을 추진하였다.

한국사 빈칸으로 확인하기

- 조선 후기에는 특산물로 내던 공물 대신 토지를 기준으로 쌀, 동전, 베 등을 내게 하는 ❶☐☐☐을 실시하였다.

- 임진왜란 이후 조선 정부는 일본 정권의 요청으로 외교 사절단인 ❷☐☐☐를 파견하였다.

- 조선 후기에는 모판에서 싹을 틔운 모를 논에 옮겨 심는 ❸☐☐☐☐이 널리 유행하였다.

- 청의 국력이 강해지자 청의 문물을 받아들이자는 ❹☐☐☐이 등장하였다.

정답
❶ 대동법
❷ 통신사
❸ 모내기법
❹ 북학론

01 다음 만화를 보고, 물음에 답하시오.

(1) 만화에 나타난 문제점을 해결하기 위해 조선 후기에 정부가 실시한 제도를 쓰시오.

(   )

(2) 만화를 본 친구들의 대화 내용 중 빈칸에 들어갈 알맞은 말을 써넣으시오.

> 민지: 특산물로 공물을 내니 여러 문제점이 많구나.
> 소연: 이 문제를 해결하기 위해 조선 후기에 정부는 특산물 대신 토지를 기준으로 (   ),
>   (   ), (   )(으)로 세금을 내도록 했어.
> 민혁: 그 결과 (   )을/를 가진 사람만 세금을 내면 되었어.

02 다음 지도에 표시된 교통로를 따라 일본에 다녀온 조선 후기의 외교 사절단을 쓰시오.

(   )

03 다음 그림을 보고, 물음에 답하시오.

(1) 그림에 나타난 농사법은 무엇인지 쓰시오.

(   )

(2) 이 농사법에 대한 친구들의 대화 내용이 맞으면 ○표, 틀리면 ×표 하시오.

① 수연: 노동력이 적게 들었을 거야. (   )

② 시우: 한 사람이 넓은 땅을 농사지을 수 있게 되었을 거야. (   )

③ 현수: 농업 생산량이 줄어들었을 거야. (   )

04 다음을 관련 있는 것끼리 선으로 연결하시오.

(1) 효종 •

(2) 허준 •

(3) 안용복 •

• (가) 울릉도와 독도 •

• (나) 《동의보감》 •

• (다) 북벌론 •

• (라) 《농사직설》 •

• (마) 북학론 •

• ㉠ 주변에서 쉽게 구할 수 있는 약초를 이용하여 병을 치료할 수 있는 방법이 기록됨

• ㉡ 명에 대한 의리를 지키고, 청에 당한 치욕을 갚자는 주장

• ㉢ 19세기 조선 정부가 관리를 보내어 다스리도록 한 지역

38회 초급 기출

1 ㈎에 들어갈 사절단으로 옳은 것은?

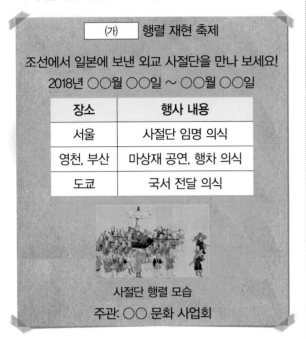

㈎ 행렬 재현 축제

조선에서 일본에 보낸 외교 사절단을 만나 보세요!
2018년 ○○월 ○○일 ~ ○○월 ○○일

장소	행사 내용
서울	사절단 임명 의식
영천, 부산	마상재 공연, 행차 의식
도쿄	국서 전달 의식

사절단 행렬 모습
주관: ○○ 문화 사업회

① 연행사　　② 영선사
③ 통신사　　④ 조사 시찰단

34회 초급 기출

2 ㈎에 들어갈 책으로 옳은 것은?

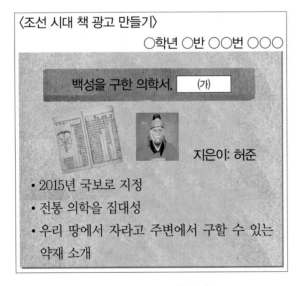

〈조선 시대 책 광고 만들기〉
○학년 ○반 ○○번 ○○○

백성을 구한 의학서, ㈎

지은이: 허준

• 2015년 국보로 지정
• 전통 의학을 집대성
• 우리 땅에서 자라고 주변에서 구할 수 있는 약재 소개

① 동의보감　　② 마과회통
③ 의방유취　　④ 향약집성방

25회 초급 기출

3 밑줄 그은 '내상'이 주로 활동했던 지역으로 옳은 것은?

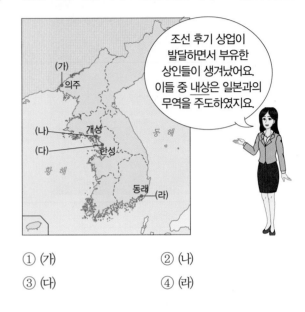

조선 후기 상업이 발달하면서 부유한 상인들이 생겨났어요. 이들 중 내상은 일본과의 무역을 주도하였지요.

① ㈎　　② ㈏
③ ㈐　　④ ㈑

37회 중급 기출

4 ㈎에 들어갈 상인으로 옳은 것은?

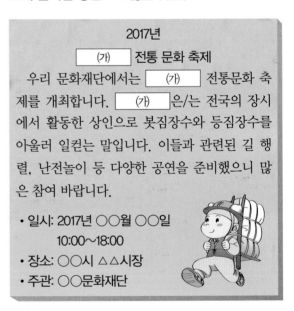

2017년
㈎ 전통 문화 축제

우리 문화재단에서는 ㈎ 전통문화 축제를 개최합니다. ㈎ 은/는 전국의 장시에서 활동한 상인으로 봇짐장수와 등짐장수를 아울러 일컫는 말입니다. 이들과 관련된 길 행렬, 난전놀이 등 다양한 공연을 준비했으니 많은 참여 바랍니다.

• 일시: 2017년 ○○월 ○○일
　　　　10:00~18:00
• 장소: ○○시 △△시장
• 주관: ○○문화재단

① 객주　　② 공인
③ 보부상　　④ 경강 상인
⑤ 시전 상인

31회 초급 기출

5 다음 책에 들어갈 내용으로 적절하지 <u>않은</u> 것은?

① 오랜 기침을 어떻게 고쳐야 하나?
동의보감에 소개된 처방을 이용해 보게.
② 장에 무엇을 팔러 가세요?
담배와 고추를 팔러 가오.
③ 내야 할 군포가 줄었다면서?
균역법이 실시되어 이제는 한 필만 내면 된다네.
④ 손에 들고 있는 게 뭔가?
올해 나라에서 처음으로 만든 건원중보라네.

40회 초급 기출

7 밑줄 그은 '이 법'에 대한 설명으로 옳은 것은?

이 기념비는 김육의 노력으로 이 법이 충청도에 확대 실시된 것을 기리기 위해 세워졌습니다. 이 법의 실시로 토지가 적거나 없는 농민의 세금 부담이 낮아졌습니다.

① 금난전권을 폐지하였다.
② 환곡의 폐단을 시정하였다.
③ 군포 부담을 1인당 1필로 줄여 주었다.
④ 특산물 대신 쌀이나 베 등으로 납부하게 하였다.

36회 초급 기출

6 (가)에 들어갈 제도로 옳은 것은?

역사신문

제△△호 　　　　　　1608년 ○○월 ○○일

광해군, 백성의 공물 부담을 덜어 주다!

정부는 방납의 폐단을 막고 임진왜란 이후 생활이 어려워진 백성을 위하여 공물로 특산물을 내는 대신 쌀 등으로 납부하게 하는 (가) 을/를 실시하기로 하였다.

① 대동법　　　　　② 사창제
③ 호패법　　　　　④ 호포제

29회 초급 기출

8 다음 가상 대화 장면에 해당하는 왕으로 옳은 것은?

전하! 청에서 러시아군과 싸우는 데 필요한 조총 부대의 파병을 요청하였사옵니다.

병자호란의 치욕을 씻기 위해 북벌을 실행해야 하는데, 참으로 난감하구려.

① 인조　　　　　② 효종
③ 광해군　　　　④ 연산군

천리경

먼 거리를 가까이 있는 것처럼 잘 보이게 하는 도구. 오늘날의 망원경

자명종

정해 놓은 시간이 되면 저절로 시간을 알려 주는 시계

《경세유표》
정약용이 지은 현실 사회에 대한 개혁안을 담은 책

《목민심서》
정약용이 지은 지방 관리가 지켜야 할 내용을 담은 책

거중기

정약용이 만든 도구로, 도르래의 원리를 이용하여 무거운 돌을 쉽게 들어 올릴 수 있게 하였다.

■ 새로운 문물의 전래

(1) 서양 문물의 전래

　① 전래된 문물: 세계 지도, 화포, 천리경, 자명종, 과학 기술 서적

　② 영향: 중국보다 더 큰 세계가 있다는 사실을 깨달음 ➡ 중국이 세계의 중심이라는 생각 비판, 실용적인 학문에 대한 관심 증가

(2) 천주교의 전래

　① 전래: 청을 통해 천주교 서적의 전래 ➡ 서양에 대한 학문으로 받아들여 '서학'으로 발전

　② 전파: 평등사상, 죽은 이후 영원한 생명을 누릴 수 있다는 주장 ➡ 일부 실학자, 중인, 상민, 부녀자들을 중심으로 빠르게 전파

　③ 정부의 박해: 조상에 대한 제사 거부, 양반 중심의 신분 제도 반대 ➡ 정부에서 천주교 금지 ➡ 순조 때 많은 천주교도가 처형되거나 유배

■ 실학

(1) 실학의 의미와 등장 배경

　① 의미: 조선 후기에 등장한 현실 사회를 개혁하기 위한 학문

　② 등장 배경

　　• 청으로부터 새로운 문물 전래

　　• 성리학이 현실 사회 문제 해결에 도움을 주지 못함

(2) 농업을 중요시한 실학자

　① 공통점: 토지 제도를 바꾸어 농민에게 토지를 나누어 주어야 한다고 주장

　② 대표적인 학자

유형원	신분에 따라 차등을 두어 토지를 나누어 주자고 주장
이익	생활을 유지하는 데 꼭 필요한 최소한의 토지를 나누어 주자고 주장
정약용	• 공동으로 농사짓고, 일한만큼 나누어 가지자고 주장 • 《경세유표》, 《목민심서》 등을 지음 • 수원 화성을 설계하고, 거중기를 만들었음

(3) 상공업을 중요시한 실학자

　① 공통점: 상공업과 기술을 발전시키고, 청의 문물을 적극적으로 받아들이자고 주장

② 대표적인 학자

홍대용	• 청에 다녀온 뒤 천문과 역법 연구(지전설 주장, 혼천의 제작) • 중국 중심 세계관에서 벗어날 것을 강조, 《의산문답》 지음
박지원	수레와 선박의 이용 주장, 양반의 비생산성 비판, 《열하일기》 지음
박제가	소비의 중요성 강조, 《북학의》 지음

(4) 우리의 역사와 문화 연구

역사	유득공, 《발해고》	지리	김정호, 〈대동여지도〉
언어	한글에 대한 연구가 활발해짐		

3 영조와 정조의 개혁 정치

(1) 영조의 개혁 정치

① 탕평책 실시: 관리들의 대립 약화, 왕권 강화

배경	조선 후기 관리들이 서로 편을 나누어 대립하였음
내용	여러 세력에서 골고루 인재 선발, 성균관에 탕평비를 세움

② 균역법 실시: 군대 가는 대신 내야 했던 군포를 절반으로 줄여 줌

(2) 정조의 개혁 정치

① 탕평책 실시: 영조의 탕평책을 이어받음

② 규장각 설치: 학문 연구 기관, 정조의 개혁을 뒷받침할 인재를 기름

③ 장용영 설치: 국왕을 지켜 주는 군대

④ 수원 화성 건설: 군사와 상업의 중심지, 정약용의 거중기 등 과학 기술 이용

한국사 빈칸으로 확인하기

- 청을 통해 들어온 천주교는 ❶ ☐☐이라고도 불렸다.

- 조선 후기에 현실 사회를 개혁하기 위해 등장한 학문을 ❷ ☐☐이라고 한다.

- 영조와 정조는 관리들이 편을 나누어 대립하는 것을 막기 위해 ❸ ☐☐☐을 실시하였다.

- 정조는 군사와 상업의 중심지 기능을 하는 수원 ❹ ☐☐을 건설하였다.

역법
하늘의 별을 관측하여 시간과 날짜를 세는 방법

《발해고》
유득공이 지은 역사서로 발해의 역사를 처음으로 우리 역사에 포함시켰다.

〈대동여지도〉

김정호가 우리나라의 곳곳을 실제 답사한 뒤 만든 우리나라 지도

탕평비

영조가 탕평책의 의지를 알리기 위해 성균관에 세운 비석

정답
❶ 서학
❷ 실학
❸ 탕평책
❹ 화성

01 다음 지도를 보고, 물음에 답하시오.

(1) 지도에 대한 설명으로 맞으면 ○표, 틀리면 ×표 하시오.

① 조선 전기에 중국으로부터 전래된 세계 지도예요.
( )

② 아메리카 대륙이 나타나 있어요. ( )

(2) 위 지도를 보고, 갑돌이의 말을 비판하는 내용으로 말주머니를 채우시오.

02 조선 후기 학자들과 관련된 내용을 연결하시오.

(1) •
박제가

(2) •
박지원

(3) •
정약용

• (가) 《목민심서》, 《경세유표》

• (나) 《열하일기》

• (다) 《북학의》

03 다음 책의 빈칸을 차례대로 채우시오.

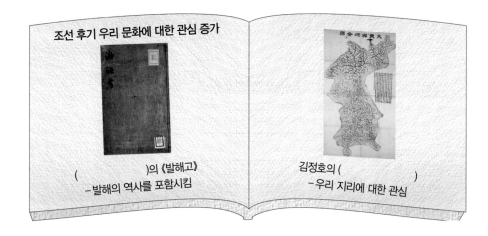

조선 후기 우리 문화에 대한 관심 증가

(   )의 《발해고》
– 발해의 역사를 포함시킴

김정호의 (   )
– 우리 지리에 대한 관심

04 다음 사진을 보고 물음에 답하시오.

(가)	(나)	(다)	(라)
탕평비	규장각	화성	강화도의 용흥궁

(1) (가)~(라) 중 다음 임금과 관련된 사진을 찾아 기호를 쓰시오.
  ① 영조: (   )
  ② 정조: (   )

(2) 자신이 영조 임금이었다면 (가) 비석에 어떤 말을 넣을지 아래 내용을 참고하여 적어 보시오.

〈영조가 세운 탕평비의 내용〉
'두루 사귀고 치우치지 않는 것은 군자의 마음이요,
한쪽으로 치우쳐 두루 사귀지 못하는 것은 소인의 마음이다.'

- -

40회 초급 기출

1 다음 퀴즈의 정답으로 옳은 것은?

이 지도는 중국에서 가져 온 세계 지도를 보고 1708년 제작한 것의 일부입니다. 세계를 둥글게 표현한 이 지도를 통해 조선인들은 서양 세계에 대한 새로운 지식을 얻을 수 있었습니다. 이 지도의 이름은 무엇일까요?

① 팔도총도

② 대동여지도

③ 곤여만국전도

④ 혼일강리역대국도지도

37회 초급 기출

2 (가)에 들어갈 종교에 대한 설명으로 옳은 것은?

무슨 죄로 이 사람을 체포하시는지 말씀해 주십시오.

(가) 을/를 믿고 있기 때문입니다. 이 사람은 제사를 거부하고 조선의 신분 질서를 어지럽히고 있습니다.

① 서학이라고도 불렸다.
② 연등회를 중요시하였다.
③ 고려 후기에 전래되었다.
④ 최제우에 의해 창시되었다.

32회 초급 기출

3 다음 검색창에 들어갈 인물로 옳은 것은?

파일(F) 편집(E) 보기(V) 즐겨찾기(A) 도구(T) 도움말(H)

▼ 검색

조선 후기 실학자로 혼천의를 만들었다. 청에 가서 여러 가지 천문 기구를 구경하고, 청의 학자들과 교유하였다. 귀국 이후 의산문답을 저술하였는데, 이 책에서 지구가 하루에 한 번씩 돈다고 주장하였다.

① 김정호
② 박제가
③ 유형원
④ 홍대용

36회 초급 기출

4 (가)에 들어갈 문화유산으로 옳은 것은?

🔖 문화유산 카드

(가)

• 지은이: 박제가
• 지은 연도: 1778년
• 소개: 청에 다녀와서 보고 들은 것을 정리한 책으로 수레, 벽돌, 수차 등의 사용을 장려하고 생산을 늘리기 위해 소비의 중요성을 강조함.

① 발해고
② 북학의
③ 목민심서
④ 자산어보

38회 초급 기출

5 다음 화면에 등장하는 인물에 대한 설명으로 옳은 것은?

여기는 내가 여러 해 동안 유배 생활을 했던 곳이오. 나는 이곳에서 학문에 힘써 목민심서, 경세유표 등을 저술할 수 있었소.

증강 현실로 만난 역사 인물

① 거중기를 고안하였다.
② 자격루를 발명하였다.
③ 홍길동전을 저술하였다.
④ 동국대지도를 제작하였다.

35회 초급 기출

6 다음 기사에서 설명하는 제도로 옳은 것은?

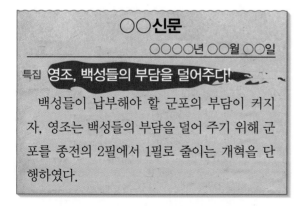

○○신문

○○○○년 ○○월 ○○일

특집 **영조, 백성들의 부담을 덜어주다!**

백성들이 납부해야 할 군포의 부담이 커지자, 영조는 백성들의 부담을 덜어 주기 위해 군포를 종전의 2필에서 1필로 줄이는 개혁을 단행하였다.

① 균역법　　② 대동법
③ 영정법　　④ 진대법

37회 초급 기출

7 (가)에 들어갈 내용으로 옳은 것은?

조선 정조에 대해 검색해 줘.

조선 정조에 대한 검색 결과입니다.

조선의 제22대 왕이다. 사도세자와 혜경궁 홍씨 사이에서 태어났다.……
• 재위: 1776년~1800년
• 업적
- 규장각의 기능을 강화하였다.
- 대전통편을 편찬하였다.
- 　(가)

① 대마도를 정벌하였다.
② 순수비를 건립하였다.
③ 탕평책을 실시하였다.
④ 헤이그 특사를 파견하였다.

35회 초급 기출

8 (가)에 해당하는 책으로 옳은 것은?

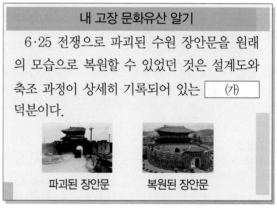

내 고장 문화유산 알기

6·25 전쟁으로 파괴된 수원 장안문을 원래의 모습으로 복원할 수 있었던 것은 설계도와 축조 과정이 상세히 기록되어 있는 　(가)　 덕분이다.

파괴된 장안문　　복원된 장안문

① 동의보감

② 악학궤범

③ 삼강행실도

④ 화성성역의궤

핵심 정리 3. 피어나는 조선의 서민 문화

정선
조선의 실제 경치를 그린 진경 산수화를 많이 남겼다. 〈금강전도〉는 금강산의 경치를 그렸다.

풍속화
사람들이 살아가는 일상생활의 모습을 담은 그림으로 조선 후기에 유행하였다.

〈논갈이〉

대장간
철을 녹여 여러 도구를 만드는 곳

무동
궁중 연회에서 춤과 노래를 공연하는 남자아이를 말한다.

탐관오리
백성을 괴롭히는 나쁜 관리

1 서민 문화의 발달

(1) 배경

① 사회 경제적 변화: 농업과 상업 발달 ➡ 서민들의 생활에 여유가 생김

② 교육 기회의 확대: 서당 교육의 확대 ➡ 서민들의 의식 성장

③ 서민들의 문화와 예술에 대한 관심이 높아짐

(2) 그림

① 진경 산수화: 조선의 실제 경치를 그림, 정선의 〈금강전도〉, 〈인왕제색도〉가 유명

② 풍속화

의미		사람들이 살아가는 모습을 그린 그림
대표적인 화가	김홍도	• 궁궐에 속한 화가 • 서민의 일상생활을 그림 • 대표작: 〈논갈이〉, 〈대장간〉, 〈서당도〉, 〈무동도〉
	신윤복	• 양반 사회에 대한 풍자, 여성들의 생활을 소재로 함 • 대표작: 〈미인도〉, 〈단오풍정〉

③ 민화

의미	서민들 사이에서 유행한 그림
화가	이름이 알려져 있지 않은 사람이 그린 그림이 많음
소재	해와 달, 나무, 꽃, 동물 등 다양한 소재
용도	• 일상생활 공간을 장식 • 장수, 가족 간의 화목, 복을 바라는 서민의 소망을 담음

(3) 사설시조

의미	형식이 비교적 자유로운 시조
내용	자신의 감정을 솔직하게 표현한 내용이 많음

(4) 한글 소설

대상	서민과 여성
대표 작품	• 《홍길동전》: 신분 차별 비판, 탐관오리 응징, 새로운 국가 건설 • 《춘향전》: 신분을 초월한 남녀 간의 사랑, 탐관오리 응징 • 그 외에 《심청전》, 《흥부전》, 《장화홍련전》 등이 있음

(5) 서민들이 즐긴 공연

① 탈춤(탈놀이)

의미	사람들이 많이 모이는 장터 등에서 탈을 쓰고 공연
주요 내용	서민의 감정을 표현, 양반 사회를 비꼼, 풍년을 기원
대표 작품	봉산 탈춤, 송파 산대놀이, 하회 별신굿 탈놀이, 고성 오광대놀이

② 판소리

의미	소리꾼들이 북 장단에 맞추어 이야기와 노래로 공연
발전	서민 문화에서 시작되어 양반 사회로 확대
작품	〈춘향가〉, 〈심청가〉, 〈흥부가〉, 〈적벽가〉, 〈수궁가〉의 다섯 마당이 전해짐

② 생활용품

(1) 도자기

① 백자: 색과 모양이 단순, 양반들 사이에서 유행

② 청화 백자: 흰 바탕에 푸른색으로 나무, 새 등을 그림

(2) 옹기: 서민들 사이에 유행, 자연에서 쉽게 구할 수 있는 재료, 음식 보관

(3) 나전 칠기: 나무를 옻으로 칠한 후 조개껍데기를 붙여 장식한 물품

(4) 떡살: 떡 위에 눌러 찍어 무늬를 내던 틀

(5) 조각보: 여러 천 조각을 이어서 만든 보자기

청화 백자

나전 칠기

떡살

조각보

한국사 빈칸으로 확인하기

- 정선은 〈금강전도〉, 〈인왕제색도〉 등 조선의 실제 경치를 그린 ❶ ☐☐☐☐ ☐로 유명하다.

- 김홍도와 신윤복은 사람들이 살아가는 모습을 그린 ❷ ☐☐☐로 유명하다.

- ❸ ☐☐☐는 소리꾼이 북 장단에 맞춰 이야기와 노래를 이어가는 공연이다.

- ❹ ☐☐☐☐는 나무를 옻으로 칠한 후 조개껍데기를 붙여 장식한 물품이다.

정답
❶ 진경 산수화
❷ 풍속화
❸ 판소리
❹ 나전 칠기

01 다음 그림을 보고, 물음에 답하시오.

(가)

(나)

(다)

(라)

(마)

(바)

(1) 다음에 해당하는 그림을 모두 고르시오.

> • 동물, 꽃, 나무 등 다양한 소재로 그려졌다.
> • 조선 후기 서민들의 소망을 담은 경우가 많았다.
> • 이름이 알려지지 않은 화가들이 그린 경우가 많았다.

(   )

(2) 다음을 주제로 작품을 전시할 때 전시할 수 있는 그림을 모두 고르시오.

> **김홍도, 서민의 생활을 화폭에 담다**
> ○○박물관 특별전시실 ○○○○년 ○○월 ○ ~ ○○일

(   )

(3) (가) 그림은 특정 글자를 표현한 것입니다. 이 글자는 무엇인지 쓰시오. 그리고 이 그림을 그린 이유가 무엇인지 자유롭게 써 보시오.

① 글자: (   )

② 이유: (   )

V. 조선 후기

02 다음 자료를 보고, 물음에 답하시오.

> 양반: 나는 사대부의 자손인데.
> 선비: 아니, 나는 팔대부의 자손인데.
> 양반: 팔대부는 또 뭐야?
> 선비: 아니, 양반이라는 게 팔대부도 몰라? 팔대부는 사대부의 두 배이지 뭐.
> ......
> 양반: 첫째, 지식이 있어야지. 나는 사서삼경을 모두 읽었네.
> 선비: 뭐? 사서삼경? 나는 팔서육경도 읽었네.
> 양반: 팔서육경이 뭔가?
> 초랭이: 나도 아는 육경을 모른다는 말씀입니까? 팔만대장경, 장님의 안경, ...

(1) 위와 같이 사람들이 많이 모인 곳에서 탈을 쓰고 벌이는 공연을 무엇이라고 하는지 쓰시오.

(   )

(2) 위의 공연에 대한 대화 중 빈칸에 들어갈 알맞은 말을 쓰시오.

> 민지: 사대부의 '사'라는 글자를 숫자 4로 표현했어.
> 시후: 양반이 사서삼경을 읽었다고 하니, 선비는 팔서육경을 읽었다고 하고 있어.
> 서영: (   )을/를 비꼬아 표현한 것으로 보여.

(   )

03 다음 사진은 조선 후기 사람들이 사용했던 생활용품입니다. 각각의 생활용품의 이름을 쓰시오.

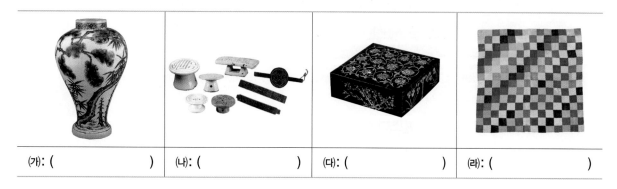

(가): ( )	(나): ( )	(다): ( )	(라): ( )

도전! 한국사능력검정시험

1 다음 학생들의 발표 내용으로 옳지 <u>않은</u> 것은?

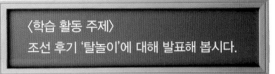

〈학습 활동 주제〉
조선 후기 '탈놀이'에 대해 발표해 봅시다.

① 서민 생활의 실상과 어려움을 담고 있어.

② 송파 산대놀이, 고성 오광대놀이 등이 유명해.

③ 양반에 대한 풍자를 하였어.

④ 소리꾼은 북을 치는 고수와 함께 이야기를 풀어나가지.

2 (가)에 들어갈 무형 문화유산으로 옳은 것은?

문화 탐방 **전통문화를 찾아서**

　　조선 후기에 유행하였던 (가) 은/는 신재효에 의해 체계적으로 정리되었다.
　　노래와 이야기를 엮어 연출하고, 구경꾼들도 추임새를 하며 함께 참여할 수 있기 때문에 큰 호응을 얻었다.
　　대표적인 작품으로는 춘향가, 심청가, 흥부가, 적벽가, 수궁가 등이 있다.

① 별신굿　　　② 판소리
③ 사물놀이　　④ 산대놀이

3 (가)에 들어갈 내용으로 가장 적절한 것은?

학습 주제: (가)

풍속화(씨름도)　한글 소설(춘향전)　민화(작호도)

① 성리학의 도입　　② 과학 기술의 발전
③ 서민 문화의 발달　④ 서양 문물의 수용

4 다음 전시회에서 볼 수 있는 그림으로 적절한 것은?

초대장

조선 민화 특별전

　　본 특별전에서는 조선 후기에 유행했던 민화를 모아 전시합니다. 민화는 일상생활에서 볼 수 있는 해, 나무, 동물 등을 소재로 하여 서민들의 정서와 소망을 담아낸 그림입니다. 많은 관람 바랍니다.

· 기간: ○○○○년 ○○월 ○○일~○○일
· 장소: □□ 박물관 △△ 전시실

① 미인도

② 작호도

③ 고사관수도

④ 인왕제색도

39회 초급 기출

5 다음 특별전에 전시될 그림으로 적절하지 <u>않은</u> 것은?

조선 후기 회화 특별전

그림, 조선 후기를 담다
- 기간: 2018년 ○○월 ○○일~○○일
- 장소: △△ 미술관 기획 전시실

①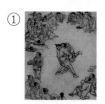
씨름도

②
몽유도원도

③
작호도

④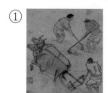
노상알현도

34회 초급 기출

6 다음 책에서 볼 수 있는 그림으로 적절한 것은?

단원 김홍도의
풍속화 작품집

김홍도의 작품 속에서
조선 후기 서민들의 생
활 모습을 만나 보세요.

①
논갈이

②
장옷 입은 여인

③
나물 캐기

④
탈판

28회 초급 기출

7 (가)에 들어갈 문화유산으로 옳은 것은?

조선 후기 회화전

(가)

이 그림은
신윤복의 작품입니다.
그는 주로 양반들의
풍류와 여성들의
생활 모습을
그렸습니다.

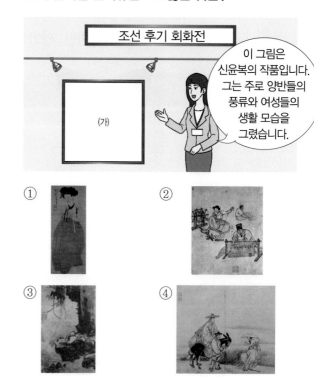

34회 초급 기출

8 (가)에 들어갈 문화유산으로 적절한 것은?

조선 시대에 유행했던
도자기 중 하나야.

흰 바탕에
푸른색 안료로
그림을 그렸네.

(가)

① 청자 사자형 뚜껑 향로

② 분청사기 음각 어문 편병

③ 백자 청화 매죽문 항아리

④ 청자 상감 모란문 표주박
모양 주전자

4. 조선 시대 여성의 삶

1 조선 후기 신분 제도의 변화

(1) 양반: 양반의 수 증가

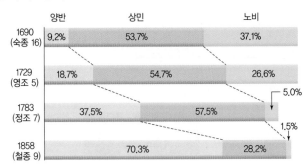

	양반	상민	노비
1690 (숙종 16)	9.2%	53.7%	37.1%
1729 (영조 5)	18.7%	54.7%	26.6%
1783 (정조 7)	37.5%	57.5%	5.0%
1858 (철종 9)	70.3%	28.2%	1.5%

(2) 중인: 전문적인 능력을 바탕으로 신분 상승을 위해 노력(역관, 의원, 향리 등)

(3) 상민

   ① 양반으로 신분 상승: 부유한 농민이 족보를 위조, 관청에 곡식을 내고 공명첩을 받음

   ② 농민들 사이에 빈부 격차 확대

(4) 천민: 1801년 나라에서 공노비를 해방시켜 줌

2 조선 시대 여성의 삶

(1) 여성의 삶 변화

   ① 조선 전기

     • 남성과 동등하게 재산 상속

     • 재혼 가능

     • 딸이 제사를 지내기도 함

     • 결혼 이후에도 친정에서 거주하는 경우가 많음

   ② 조선 후기

성리학의 영향 확대	• 어려서부터 남성과 여성의 구분이 강화됨 • 여성은 시집가서 남편을 돕고 자식을 기르는 것이 중요했음 • 재산은 큰 아들에게 많이 물려주고, 제사는 아들이 지냄
양반	• 시집의 어른 모시기, 남편 섬기기, 자식 잘 기르기, 시집의 제사 지내기 등 집안을 관리하는 역할 • 남편이 죽어도 재혼이 힘들었음
상민	집안일과 농사일을 해야 했음
천민	관청이나 양반의 집에서 일을 해야 했음

족보
아버지 쪽 친척을 중심으로 하는 가문의 역사를 기록한 책

공명첩
이름 쓰는 난이 비어 있는 관직 임명장

공노비
왕실이나 관청에 소속되어 있는 노비를 말한다. 개인이 소유한 노비는 사노비라고 한다.

(2) 조선 시대 여성들

① 신사임당: 양반

생애	• 어린 시절부터 바느질과 그림에 재능이 있었음 • 결혼 이후 남편을 잘 돕고, 자식을 훌륭하게 길러냄
가족	아들인 율곡 이이는 훌륭한 학자가 됨
작품	풀, 벌레, 꽃 등을 소재로 하는 그림을 남김

② 허난설헌: 양반

생애	• 어려서부터 글재주가 뛰어났음 • 불행한 결혼 생활과 가족의 죽음으로 젊은 나이에 생을 마감함
가족	남동생 허균: 정치가, 《홍길동전》을 씀
작품	《난설헌집》: 허난설헌이 죽은 이후 동생 허균이 누나의 시를 모아 책으로 만듦 ➡ 중국과 일본에서 높게 평가 받음

③ 김만덕: 상민

생애	• 어려서 부모님을 잃고 기생이 됨 • 어른이 된 이후 기생의 신분에서 벗어나 장사를 해서 부자가 됨
업적	• 제주도에서 흉년으로 백성들의 삶이 어려워지자 개인 재산으로 곡식과 약재 등을 사서 백성들에게 나누어 줌 • 당대의 정치가들과 국왕이었던 정조에게 칭송받음

율곡 이이
조선 중기의 정치가이자 뛰어난 성리학자이다.

초충도

신사임당의 작품으로 풀과 벌레를 소재로 그린 것이다. 그녀는 여러 개의 초충도를 남겼다.

허균
조선 중기 정치가이자 작가이다. 대표작으로는 한글 소설인 《홍길동전》이 있다.

한국사 빈칸으로 확인하기

- 조선 시대에 전문적 능력을 지녔던 역관, 의원, 화원 등이 속한 신분은 ❶ ☐☐ 이다.
- 율곡 이이의 어머니로 어려서부터 바느질과 그림에 재능이 있었으며 초충도와 같은 작품을 남긴 사람은 ❷ ☐☐☐☐ 이다.
- ❸ ☐☐☐☐ 은 허균의 누이로, 글재주가 뛰어났으나 젊은 나이에 죽었다.
- 정조 때 제주에 흉년이 들자 개인 재산으로 곡식과 약재를 나누어 준 여성은 ❹ ☐ ☐☐ 이다.

정답
❶ 중인
❷ 신사임당
❸ 허난설헌
❹ 김만덕

01 다음 자료를 보고, 물음에 답하시오.

空(비어있다 공)　　名(이름 명)　　帖(문서 첩)

(1) 위와 같이 관직 임명장에 이름을 비워 놓은 이유를 자유롭게 써 보시오.

(2) 위와 같은 문서가 많아질 경우 나타날 수 있는 사회 모습 중 옳은 것에 ○표 하시오.
　① 양반의 수가 (증가할 것이다 , 줄어들 것이다).
　② 양반의 사회적 지위가 (높아질 것이다 , 낮아질 것이다).

02 다음 글을 읽고 맞으면 ○표, 틀리면 ×표 하시오.

〈조선 후기 여성들의 삶〉		
(1) 성리학은 남자와 여자 사이의 구분을 강조하였다.	(	)
(2) 여성은 결혼하여 자식을 잘 기르는 삶이 좋다고 생각되었다.	(	)
(3) 상민 여성은 집안일뿐 아니라 농사일도 해야 했다.	(	)
(4) 양반 여성은 비교적 재혼이 자유로웠다.	(	)

03 **다음 자료를 보고, 물음에 답하시오.**

(가)		• 5만 원권에 모델이 된 위인 • 율곡 이이의 어머니
(나)		• 허균의 누이 • 글재주가 뛰어남 • 시문집으로 《난설헌집》이 있음
(다)		• 상민으로 태어남 • 어른이 된 이후 상인을 상대로 장사를 함 • ⓒ • 나눔 쌀 만 섬 쌓기 등 기념사업이 행해지고 있음

(1) 위 빈칸에 들어갈 인물을 각각 써넣으시오.

(2) 다음과 같은 그림을 남긴 여성을 위 자료에서 찾아 기호를 쓰시오.

(   )

(3) 빈칸 ⓒ에 들어갈 내용으로 가장 적절한 것을 고르시오. (   )

① 일본의 침략에 저항하여 3·1 운동에 참여하였다.

② 임진왜란 당시 진주성에서 일본군의 장군을 유인하여 순국하였다.

③ 제주에 흉년이 들자 전 재산을 들여 쌀을 사서 백성에게 나누어 주었다.

27회 초급 기출

1 다음 학습 주제에 대한 발표 내용으로 옳지 <u>않은</u> 것은?

> 학습 주제: 조선 시대 중인

① 아픈 사람을 치료하는 의관이 있습니다.

② 외국 사신이 왔을 때 통역하는 역관이 있습니다.

③ 도화서에서 그림을 그리는 화원이 있습니다.

④ 가축을 잡아 고기를 파는 백정이 있습니다.

28회 초급 기출

2 (가)에 들어갈 용어로 옳은 것은?

나라에 쌀 100석을 내고 (가) 을/를 발급받기로 했소.

당신도 이제 명예직이지만 벼슬을 얻을 수 있겠네요.

① 마패 ② 호적
③ 호패 ④ 공명첩

29회 초급 기출

3 다음 가상 편지를 쓴 인물의 관직으로 옳은 것은?

> 그리운 어머님께
>
>   그간 평안하셨는지요? 제가 이 고을에 부임해 온 지도 벌써 일 년이 되어갑니다.
>
>   그동안 고을의 책임자로서 농업과 교육을 장려하기 위해 애써왔습니다. 오늘은 백성들의 살림살이를 살펴보기 위해 육방들과 함께 여러 마을을 둘러보았습니다. 처음에는 서툰 점도 많았지만 이방을 비롯한 육방이 잘 도와주어서 지금은 모든 것이 순조롭게 진행되고 있습니다.
>
>   다시 소식 올릴 때까지 건강하십시오.
>
>   ○○○○년 ○○월 ○○일
>
>   막내 아들 올림

① 수령 ② 역관
③ 암행어사 ④ 포도대장

30회 초급 기출

4 그림의 관리가 받아 갈 물건으로 옳은 것은?

그대를 암행어사로 임명하노니 은밀히 임무를 수행하시오.

① 홍패 ② 호패
③ 마패 ④ 공명첩

31회 초급 기출

5 (가)에 들어갈 내용으로 옳은 것은?

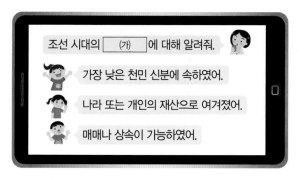

조선 시대의 (가) 에 대해 알려줘.

가장 낮은 천민 신분에 속하였어.

나라 또는 개인의 재산으로 여겨졌어.

매매나 상속이 가능하였어.

① 역관   ② 백정

③ 노비   ④ 향리

12회 중급 기출

6 다음 화폐에 그려진 인물의 작품으로 옳은 것은?

 ①

②

 ③

④

⑤

35회 초급 기출

7 다음 인물 카드의 (가)에 들어갈 인물로 옳은 것은?

(가)

〈앞면〉

• 조선의 여류 시인
• 작품이 중국과 일본에서 높은 평가를 받음.
• 동생은 '홍길동전'을 지은 인물임.

〈뒷면〉

① 김만덕   ② 유관순

③ 신사임당   ④ 허난설헌

34회 초급 기출

8 (가)에 들어갈 내용으로 옳은 것은?

조사 보고서

○○모둠

1. 주제: 조선 시대의 여성, 김만덕
2. 방법: 문헌 조사, 인터넷 검색
3. 조사 내용
   - 장사를 하여 큰돈을 벌었다.
   - (가)
   - 정조가 금강산 유람을 보내 주었다.
   - 채제공이 만덕전을 지어 널리 알렸다.

① 황룡사 구층 목탑을 세웠다.
② 서로 군정서의 대원으로 활동하였다.
③ 아우내 장터에서 만세 운동을 주도하였다.
④ 흉년으로 굶주린 제주 백성에게 쌀을 나눠 주었다.

1 세도 정치

(1) 세도 정치

    ① 의미: 순조, 헌종, 철종까지 왕과 외척 관계에 있는 몇몇 사람들이 권력을 독차지하는 정치 형태

    ② 결과: 권력을 독차지한 몇몇 가문 사람들의 부정부패 ➡ 백성들의 고통이 심해짐

(2) 삼정의 문제점

    ① 배경: 세도 가문에게 돈을 주고 관리가 된 사람들이 세금을 마음대로 거둠

    ② 전세

내용	토지에서 나는 곡식을 세금으로 내는 것
문제점	관리들이 정해진 것 이상으로 거둠

    ③ 군포

내용	16세에서 60세 남자가 군대 가는 대신 내는 세금
문제점	아이와 노인, 심지어 죽은 사람들에게도 군포를 내게 함

    ④ 환곡

내용	봄에 가난한 백성들에게 관청에서 쌀을 빌려주고, 가을에 약간의 이자를 더하여 갚게 하는 제도
문제점	농민에게 강제로 곡식을 빌려주고, 높은 이자를 받아 농민의 삶이 어려워짐

2 미륵 신앙과 동학

(1) 미륵 신앙의 유행

    ① 미륵 신앙: 미래의 부처님인 미륵불이 현재 세상에 나타나 자신을 구원해 주기를 바라는 믿음

    ② 유행하게 된 배경: 조선 후기 백성들의 생활이 어려워지면서 새로운 세상이 오기를 바라는 마음이 커짐

(2) 동학

    ① 배경: 조선 후기 백성들의 삶이 어려워짐, 천주교(서학)가 확산되자 우리 것에 대한 관심 증가

    ② 창시: 최제우가 서학에 대항한다는 의미로 동학을 창시함

삼정
조선 후기의 대표적인 세금을 삼정이라고 한다. 삼정에는 토지세인 전세, 군대에 가지 않는 대신 내는 세금인 군포, 환곡이 있다.

세도 가문
안동 김씨와 풍양 조씨가 대표적이다.

미륵불
불교에서 일반 대중들을 구제할 미래의 부처를 미륵불이라 한다.

③ 핵심 사상

- 인내천: '사람이 곧 하늘'이라는 평등사상
- 후천 개벽 사상: 새로운 세상이 열릴 것이라는 사상

❸ 농민 봉기

(1) 홍경래의 난

① 원인: 세도 정치 시기 관리들의 부정부패, 평안도 지역 차별

② 과정: 1811년 홍경래가 평안도 사람들을 이끌고 봉기 ➡ 청천 강 이북 지역 장악 ➡ 정부군에 의해 정주성에서 진압

③ 영향: 이후 농민 봉기에 영향, 농민들의 의식 성장

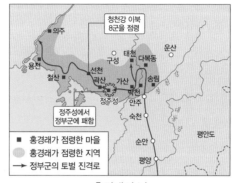

홍경래의 난

홍경래
몰락한 양반으로 평안도 지역 차별과 세도 정치 시기의 부정부패에 반발하여 봉기하였다.

(2) 임술 농민 봉기

① 배경: 세도 정치 시기 관리들의 부정부패

② 과정: 진주 지역의 관리인 백낙신의 부정부패 ➡ 진주 지역의 농민들이 관아로 몰려가 탐관오리를 몰아냄

③ 확산: 경상도, 전라도, 충청도로 퍼짐 ➡ 전국으로 확산

④ 정부의 대응: 근본적인 해결책을 제시하지 못함

- 중앙 관리를 보내 농민들의 요구를 받아들임
- 부패한 관리 처벌, 세금 문제 해결을 위한 방안 마련(삼정이정청)

부정부패
바르지 못하고 타락한 것을 의미한다.

탐관오리
자기 욕심을 채우기 위해 부정부패를 저지르는 관리

한국사 빈칸으로 확인하기

- ❶ ☐☐ ☐☐는 순조, 헌종, 철종 대에 왕의 외척 관계에 있던 몇몇 집안이 막강한 권력을 휘두르던 정치 형태이다.

- 아이와 노인, 심지어 죽은 사람에게도 내게 하는 문제를 일으킨 세금은 ❷☐☐이다.

- 최제우가 서학에 대항한다는 의미로 만든 종교는 ❸☐☐이다.

- ❹☐☐☐☐☐은 세도 정치 시기에 평안도 지역에 대한 차별 대우 등이 원인이 되어 발생한 사건이다.

정답
❶ 세도 정치
❷ 군포
❸ 동학
❹ 홍경래의 난

01 다음 자료를 보고, 물음에 답하시오.

빌려주고 빌리는 건	온전한 쌀 팔아 돈으로 낼 수밖에
두 쪽이 다 맞아야지	남는 이익은 나쁜 관리 살찌워
억지로 시행하면 힘이 들기 마련이다	
	백성들의 차지는 고생뿐이니
<u>봄철에 좀먹은 것 한 말 받고</u>	긁어가고 벗겨가고
<u>가을에 온전한 쌀 두 말을 갚는데</u>	걸핏하면 매질이라
<u>더구나 좀먹은 쌀값 돈으로 내라니</u>	

(1) 밑줄 그은 부분과 같은 문제점이 나타난 세금 제도를 무엇이라고 하는지 쓰시오.

(   )

(2) 다음은 위와 같은 문제점이 나타난 원인을 정리한 글입니다. 빈칸에 들어갈 알맞은 말을 쓰시오.

> 순조, 헌종, 철종이 다스리던 시기를 (   ) 정치 시기라고 한다. 이때는 왕과 친척 관계를 맺은 몇몇 가문이 권력을 독차지하였다. 이 가문들의 부정부패가 심해졌고 세금 제도에 문제점이 나타났다.

(   )

02 다음을 관련 있는 것끼리 선으로 바르게 연결하시오.

(1) 천주교 •

         • (가) 서학이라는 이름으로 연구됨

(2) 미륵 신앙 •

         • (나) 모든 인간이 하늘과 같다는 인내천 사상을 바탕으로 창시

(3) 동학 •

         • (다) 미륵불이 세상을 구원할 것이라고 믿음

03 다음 자료를 보고, 물음에 답하시오.

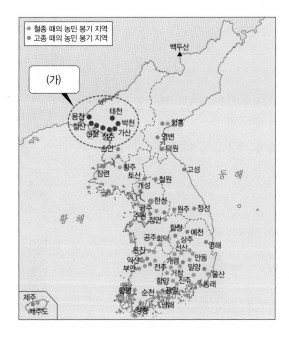

(1) (가) 봉기를 주도한 인물을 쓰시오.

(   )

(2) (가) 봉기에 대한 설명으로 맞으면 ○표, 틀리면 ×표 하시오.

① 평안도 지역에 대한 차별이 원인이었다.	( )
② 세도 정치 시기에 일어난 농민 봉기이다.	( )
③ 백낙신이 지나치게 세금을 많이 걷은 사건이 배경이 되었다.	( )

(3) 1862년에는 전국적인 농민 봉기가 일어났습니다. 이 봉기가 시작된 지역을 지도에 ○로 표시하시오.

(4) 자신이 당시의 관리라고 생각하고, 사회 문제를 해결할 수 있는 개혁안을 써 보시오.

1
(가)에 들어갈 인물로 옳은 것은?

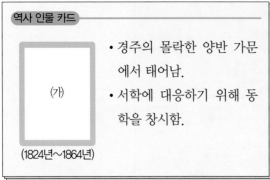

역사 인물 카드

(가)

(1824년~1864년)

• 경주의 몰락한 양반 가문에서 태어남.
• 서학에 대응하기 위해 동학을 창시함.

① 원효
② 김대건
③ 조광조
④ 최제우

2
(가)~(라)에 들어갈 내용으로 옳지 않은 것은?

주제: 동학, 새로운 세상을 꿈꾸다

구분	내용
창시자	(가)
사상	(나)
경전	(다)
주요 사건	(라)

① (가) - 최제우
② (나) - 인내천
③ (다) - 동경대전
④ (라) - 묘청의 난

3
(가)에 들어갈 책으로 옳은 것은?

역사 탐구   동학

창시자   포교 가사집   주요 사상

(가)

 최제우

 사랑이곧하늘

①  농사직설
② 용담유사
③ 목민심서
④ 천주실의

4
(가)에 들어갈 제도로 옳은 것은?

(가) 때문에 살 수가 없네. 요즘에는 억지로 곡식을 빌려주고 비싼 이자를 받아간단 말이야.

세도 정치가 시작되고 더욱 심해졌어. 우리처럼 굶주리는 백성들을 돕기 위한 제도였는데 오히려 괴롭히는군.

① 납속
② 환곡
③ 과전법
④ 호패법

40회 중급 기출

5 (가)에 들어갈 내용으로 가장 적절한 것은?

이 탑은 경상 우병사 백낙신의 부정부패에 항거하여 일어난 농민 봉기를 기념하기 위해 세운 것입니다. 이 봉기가 일어난 후 농민들의 저항은 삼남 지방으로 확산되었습니다. 이에 대한 대책으로 조선 정부는 (가)

① 탁지아문을 두었습니다.
② 별기군을 창설하였습니다.
③ 집강소를 운영하였습니다.
④ 삼정이정청을 설치하였습니다.
⑤ 의회식 중추원 관제를 마련하였습니다.

33회 초급 기출

6 다음 가상 대화가 이루어진 시기의 정치 상황으로 옳은 것은?

홍경래를 따라서 힘들게 싸웠는데, 이렇게 끝나다니.

그래도 앞으로 평안도 지역에 대한 차별이 없어졌으면 좋겠어.

① 사화가 발생하였다.
② 권문세족이 등장하였다.
③ 세도 정치가 전개되었다.
④ 문벌 귀족이 형성되었다.

35회 초급 기출

7 다음 학생이 생각하고 있는 사건으로 옳은 것은?

조선 후기에 일어난 사건이야.

세도 정치를 비판했어.

평안도 지역에 대한 차별에 반대해서 일어났지.

① 만적의 난
② 이자겸의 난
③ 홍경래의 난
④ 망이·망소이의 난

38회 초급 기출

8 다음 연극 대본을 통해 알 수 있는 사건으로 옳은 것은?

임술년에 울려 퍼진 농민의 함성

• 때: 1862년
• 등장 인물: 유계춘, 백낙신, 농민들

장면 1
(농기구와 몽둥이를 든 농민들이 모여들고 있다.)

유계춘: (흥분한 목소리로) 굶주리는 백성을 돕기 위한 환곡으로 이자놀이를 하는 경상 우병사 백낙신의 횡포를 더 이상은 두고 볼 수 없소. 탐관오리들을 혼내 주기 위해 모두 나섭시다!

농민들: (우렁찬 목소리로) 와아!

① 병자호란
② 아관 파천
③ 진주 농민 봉기
④ 망이·망소이의 난

◇ 조선 후기 사회의 새로운 변화

임진왜란 이후 조선 정부는 세금 제도를 새롭게 하는 등 사회를 안정시키기 위해 애썼고, 백성들은 쌀 생산량을 크게 늘릴 수 있었던 모내기법을 이용하기 시작했어요.

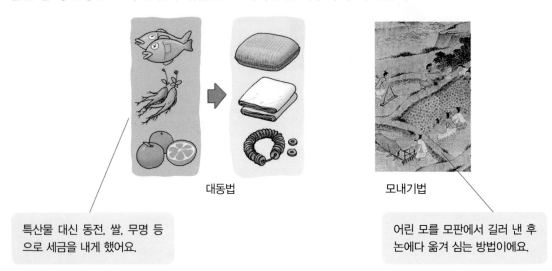

대동법

모내기법

특산물 대신 동전, 쌀, 무명 등으로 세금을 내게 했어요.

어린 모를 모판에서 길러 낸 후 논에다 옮겨 심는 방법이에요.

◇ 새로운 사상과 문물의 전래

조선 후기에는 중국에서 천주교를 비롯해 세계 지도, 자명종, 천리경 등 새로운 문물이 많이 들어왔어요. 이처럼 조선에 전래된 서양의 문물들은 조선 사회에 큰 영향을 미쳤답니다.

천주교 교리를 소개한 책이에요.

이 지도를 통해 중국 이외에 더 넓은 세계가 있음을 알게 되었어요.

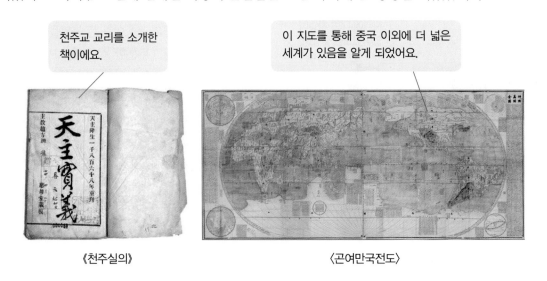

《천주실의》

〈곤여만국전도〉

◇ 영조와 정조의 업적

영조와 정조는 조선의 발전을 위해 애썼어요. 영조는 탕평책과 균역법을 실시했으며, 정조는 규장각을 설치하고 화성을 건설했지요.

탕평비

정조가 세운 왕실 도서관이에요.

규장각

수원 화성

탕평의 의지를 알린 비석이에요.

◇ 서민 문화의 발전

조선 후기 경제가 발전하면서 서민들에게도 교육의 기회가 넓어지자 문화 예술에 관심을 갖기 시작한 서민들이 보다 많아졌어요.

서민들의 생활 모습을 알 수 있는 그림이에요.

주로 장터에서 공연을 했어요.

풍속화: 김홍도의 〈서당〉

민화

판소리

추천! 한국사 체험 학습

정조의 개혁의 꿈이 담긴 문화유산을 찾아서!

수원 화성

유네스코 세계유산인 수원 화성은 어떤 곳일까요?
바로 조선의 22대 왕인 정조가 새로운 조선을 만들려고 했던 개혁의 꿈이 담긴
곳이지요. 지금부터 정조가 품었던 생각을 엿볼 수 있는 수원 화성으로 출발해 볼까요?

★ 체험 포인트

❶ 수원 화성의 특징 살펴보기
❷ 수원 화성을 통해 정조가 꿈꾸었던 세상 알아보기

조선 시대에도 신도시가 있었을까요? 네, 있었어요. 바로 수원 화성이지요. 사도 세자의 아들인 정조가 자신의 개혁을 펼칠 수 있는 근거지를 마련하기 위해 세운 성곽이자 신도시예요. 정조는 아버지 사도 세자의 묘를 수원으로 옮긴 후 성곽을 축조하기 시작했어요. 화성은 계획적으로 만들어졌어요. 실학자인 정약용이 성곽을 설계했지요. 그가 개발한 거중기를 이용해 3년도 채 안되는 기간 만에 완성되었어요.

화성이 위치한 곳은 교통이 편리한 길목으로 지방 상인들이 모이기 좋은 곳이었어요. 정조는 그들이 편안히 장사할 수 있는 상업 도시를 만들려고 했어요. 동시에 방어 기능을 잘 갖춘 도시로 자신이 새롭게 펼쳐갈 개혁의 중심지로 만들려고 했지요. 화성은 행궁과 장안문을 비롯한 4대문, 공심돈과 서장대 등 갖가지 시설들을 갖추고 있어, 조선 성곽 건축의 꽃이라고도 불려요.

화성을 둘러보기 전 꼭 가볼 곳이 있어요. 바로 '수원화성박물관'이랍니다. 정조에 대한 수많은 기록과 화성과 관련된 다양한 자료들이 전시되어 있는 곳이에요. 화성이 축조되는 과정과 화성 행차 장면들이 모형으로 만들어져 마치 당시 모습을 보는 듯해요.

- ●주소   경기 수원시 팔달구 정조로 일대
- ●홈페이지 http://www.swcf.or.kr
- ●전화번호 031)290-3600
- ●관람 시간 하절기(3~10월): 09:00 ~ 18:00, 동절기(11~2월): 09:00 ~ 17:00

수원 화성 추천 관람 코스

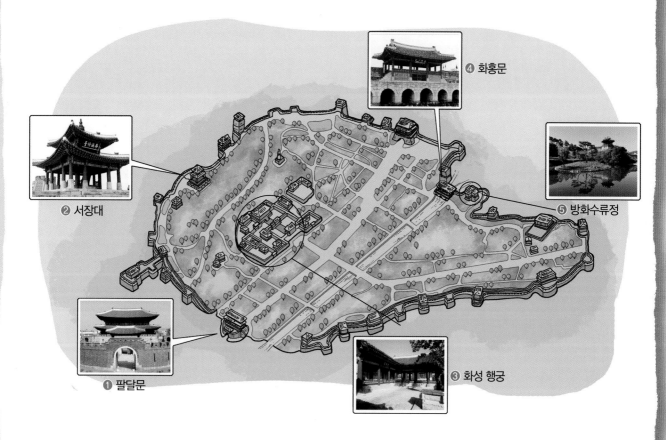

❶ **팔달문** 팔달문은 수원 화성의 남문이에요. 북문은 장안문이고요. 이곳에서부터 서쪽으로 답사를 시작해 볼까요?

❷ **서장대** 수원 시내가 한눈에 내려다보이네요. 이곳에서 군사 훈련을 지휘했대요. 동쪽에는 동장대가 있어요.

❸ **화성 행궁** 행궁은 정조가 사도 세자의 무덤인 현륭원에 행차할 때 머물던 곳이지요.

❹ **화홍문** 수원천이 흐르는 북쪽에 만든 수문이에요. 수문이 무지개 모양이에요.

❺ **방화수류정** 수원 화성의 동북쪽에 있는 누각으로, 이곳에서의 경치가 가장 아름답다고 해요.

답사 꿀팁!

수원 화성을 하루 만에 모두 둘러보려면 다리가 무척 아플 거예요. 천천히 걸으며 수원 화성의 아름다움을 느껴보면 좋겠지만 쉽지 않은 일이지요. 여기서 잠깐! 화성 어차를 이용하면 조금 편하게 답사를 즐길 수 있답니다.

VI 개항기

다른 컬러링이 궁금하다면? 스토리 북을 참고하세요!

1. 조선의 개항

1 조선의 상황

(1) 흥선 대원군의 등장

① 12살의 나이로 고종이 왕이 됨 ➡ 흥선 대원군이 대신 정치를 함

② 흥선 대원군: 경복궁을 다시 지음, 양반에게도 군포를 걷음, 서원 정리

(2) 수시로 찾아오는 이양선: 조선의 문을 열고, 무역할 것을 요구함

2 프랑스와 미국의 침입

(1) 프랑스군의 침입(병인양요)

① 배경: 천주교 신자와 프랑스 선교사의 살해

② 결과: 강화도 침입 ➡ 프랑스군이 후퇴하며 의궤를 포함한 도서 약탈

(2) 미군의 침입(신미양요)

① 배경: 제너럴 셔먼호 사건

② 결과: 강화도 침입 ➡ 조선군과 미군의 전투 ➡ 미군이 포기하고 돌아감

(3) 척화비: 신미양요 후 '서양 오랑캐가 쳐들어오면 반드시 싸워서 물리쳐야 한다.'라는 내용의 비석을 세움

3 강화도 조약의 체결

(1) 운요호의 침입

배경	흥선 대원군이 물러나고 고종이 직접 정치를 함, 조선의 개항 요구
침입	영종도에 상륙하여 대포를 쏘아 피해를 줌
의도	조선의 개항 요구

(2) 개항 반대

① 목적: 강화도 조약을 맺는 것에 반대

② 주장: 최익현은 일본은 서양과 똑같기 때문에 개항해서는 안 된다고 함

(3) 불평등한 강화도 조약

① 세 개의 항구 개항 ➡ 쌀과 콩 등을 헐값에 사서 실어가려는 의도

② 조선의 해안 측량 ➡ 조선 침략을 위한 정보 수집

③ 조선에서 죄를 지은 일본인을 일본이 재판 ➡ 일본인 보호 의도

(4) 일본에 보낸 수신사: 조선은 강화도 조약을 맺은 후 김기수를 대표로 보냄 ➡ 일본의 근대 문물을 살펴보고 돌아옴

서원
조선 중기 이후 학문 연구와 뛰어난 업적을 남긴 유학자들의 제사를 지내기 위해 세워진 교육기관

이양선
'모양이 다른 배'라는 뜻으로 무역을 요구하던 서양 배를 가리킨다.

척화비
화하는 것(和, 뜻이 맞아 사이가 좋은 것)을 척하는(斥, 물리치다) 생각을 담은 비석이라는 뜻이다.

수신사
조선이 일본에 파견한 외교 사절이다. 첫 번째로 파견된 수신사가 김기수였다.

4 갑신정변

(1) 개화를 둘러싼 대립

① 별기군: 특별한 기술과 교육을 받은 신식 군대

② 최익현 같은 양반: 서양의 무기와 기술은 필요 없다고 주장

③ 서양의 무기와 기술만 필요하다. ⟷ 서양의 종교와 정신도 필요하다.

(2) 김옥균이 꿈꾼 세상

① 김옥균 등의 주장: "일본을 모델로 개혁해야 발전한 나라가 될 수 있다."

② 과정: 우정총국이 문을 여는 날 김옥균 등이 반대 세력 제거 ➡ 김옥균 등이 관직 차지, 개혁 내용 발표 ➡ 청군의 간섭 ➡ 3일 만에 실패

> **김옥균 등의 주장**
> 서양의 종교와 정신까지 받아들여 일본처럼 빨리 개혁해야 한다고 주장하였다.

5 동학 농민 운동

(1) 점점 더 어려워지는 농민들의 생활

① 동학의 확산: 평등을 주장하는 동학이 널리 퍼짐

② 개항 이후: 일본인에게 헐값에 쌀을 팔고, 탐관오리의 수탈로 세금이 늘어나 농민들의 생활이 어려워짐

(2) 동학 농민 운동의 과정

> **동학 농민 운동**
> 전봉준과 그를 따르던 농민군이 잘못된 정치를 바로잡고, 일본 등 외세의 침략을 막아 내기 위해 함께 일어났던 사건이다.

| 전봉준의 등장: 전라도에서 부패한 관리를 벌주려 함 | ➡ | 전봉준 지지 세력 증가(동학을 믿지 않는 농민도 다수) | ➡ |

| 동학 농민군: 정부에서 보낸 군대와 싸워 승리 | ➡ | 청과 일본의 군대가 들어옴 → 농민군은 정부군과 화해 | ➡ |

| 농민군, 일본을 몰아내기 위해 다시 일어남 | ➡ | 농민군, 정부군과 일본군에게 크게 패함 | ➡ | 전봉준, 체포되어 서울로 끌려감 |

한국사 빈칸으로 확인하기

• 어린 나이로 고종이 왕이 되자 ❶ ☐☐☐☐ 이 권력을 잡았다.

• 일본은 조선의 개항을 요구하며 불평등 조약인 ❷ ☐☐☐☐☐ 을 맺었다.

• ❸ ☐☐☐ 은 김옥균이 중심이 되어 강력한 개화 정책을 요구했던 사건이다.

• ❹ ☐☐☐ 은 부패한 관리, 외세에 대항해 동학 농민 운동을 일으켰다.

> **정답**
> ❶ 흥선 대원군
> ❷ 강화도 조약
> ❸ 갑신정변
> ❹ 전봉준

학습 활동

01 다음 사다리 타기의 빈칸에 들어갈 용어를 쓰시오.

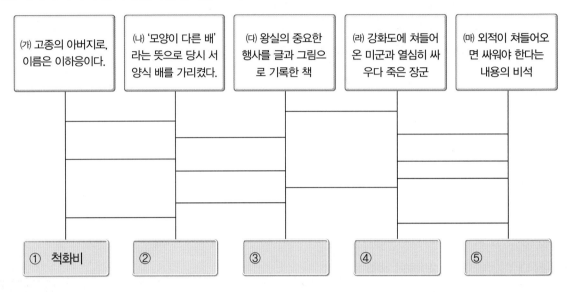

㈎ 고종의 아버지로, 이름은 이하응이다.	㈏ '모양이 다른 배'라는 뜻으로 당시 서양식 배를 가리켰다.	㈐ 왕실의 중요한 행사를 글과 그림으로 기록한 책	㈑ 강화도에 쳐들어온 미군과 열심히 싸우다 죽은 장군	㈒ 외적이 쳐들어오면 싸워야 한다는 내용의 비석

① 척화비   ②   ③   ④   ⑤

02 빈칸에 들어갈 용어를 오른쪽 표에서 찾아 쓰고, 해당 칸을 색칠하시오.

> **예**
> 전라도 지역에 나쁜 군수가 있어 농민들을 괴롭히자 (전봉준) 등이 농민군을 이끌고 벌주려 하였다. (전봉준)은/는 별명이 녹두 장군이었다.

(1) 서양의 개항 요구에 반대하였던 조선은 운요호 사건을 계기로 일본과 (　　　) 조약을 맺었다. 이 조약은 조선에게는 불평등한 것이었다.

(2) 일본의 강압으로 조약을 맺게 된 조선은 일본에 (　　　)라는 외교 사절을 파견하였다. 첫 번째로 김기수가 임명되어 그 일행이 일본의 근대 문물을 살피고 돌아왔다.

(3) 일본처럼 개혁하려고 하였던 (　　　) 등은 청을 몰아내고, 새로운 나라를 세우려 하였다. 그들은 우정총국이 문을 여는 날 반대 세력을 제거하였다.

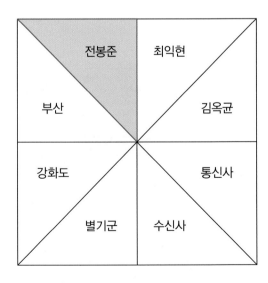

전봉준	최익현
부산	김옥균
강화도	통신사
별기군	수신사

03 오른쪽 글자판을 보고, 물음에 답하시오.

(1) 다음에서 설명하는 용어를 찾아 ○표 하며 지우시오.

최	강	화	도
익	녹	두	쌀
현	장	군	동
별	기	군	학

① 조선이 강화도 조약을 맺는 것에 대해 궁궐 앞에서 도끼를 들고 반대하는 글을 올렸던 사람

② 프랑스와 미국이 개항을 요구하며 침략한 곳

③ '사람이 곧 하늘이다.'라는 주장을 하며, 평등한 세상이 오기를 바랐던 종교

④ 조선이 개항 후에 만들어 특별한 기술을 훈련시킨 신식 군대

⑤ 일본이 개항 후에 조선에서 가장 많이 사 갔던 곡물

(2) 글자판에서 용어를 다 지우고 남는 글자와 관련 있는 사진을 고르시오.

㈎ 김옥균   ㈏ 고종의 아버지   ㈐ 전봉준   ㈑ 별기군

(　　　　　)

04 다음 글을 읽고, 옳은 용어에 ○표 하시오.

(1) 서양의 정신과 종교, 기술이 모두 필요하므로 일본을 거울삼아 개혁을 해야 한다고 주장한 사람은 (김옥균 , 최익현)이다.

(2) 강화도에 쳐들어와 개항을 요구하고, 왕실의 중요한 행사를 글과 그림으로 기록한 책 등을 훔쳐간 나라는 (미국 , 프랑스)(이었)였다.

(3) 조선이 개항 후 일본에 파견한 외교 사절인 (수신사 , 별기군)(으)로 처음 일본에 간 김기수는 일본의 발전된 모습을 보고 돌아왔다.

(4) 프랑스가 강화도에 침략한 구실은 조선이 (천주교 , 동학)을/를 믿는 사람들을 죽이고, 선교사를 살해한 사건 때문이었다.

(5) 미국이 강화도를 침략하였을 때 용감하게 싸웠던 장군은 (어재연 , 전봉준)이었으며, 안타깝게도 전쟁 중에 죽음을 맞이하였다.

(6) 강화도 조약이 불평등한 이유는 조약의 내용 중 조선에서 범죄를 저지른 일본인을 (일본 , 조선)이 재판하여 처벌하도록 하였기 때문이었다.

37회 초급 기출

1 (가)에 들어갈 내용으로 옳은 것은?

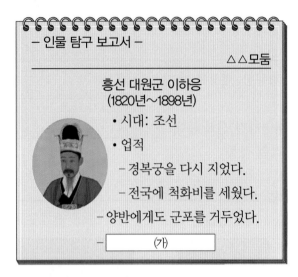

- 인물 탐구 보고서 -

△△모둠

흥선 대원군 이하응
(1820년~1898년)
- 시대: 조선
- 업적
  - 경복궁을 다시 지었다.
  - 전국에 척화비를 세웠다.
  - 양반에게도 군포를 거두었다.
  ─ (가)

① 삼별초를 조직하였다.
② 통감부를 설치하였다.
③ 서원을 대폭 정리하였다.
④ 한산도 대첩을 이끌었다.

39회 초급 기출

2 밑줄 그은 '이 사건'으로 옳은 것은?

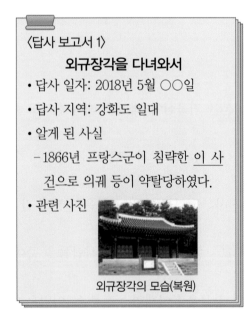

〈답사 보고서 1〉
외규장각을 다녀와서
- 답사 일자: 2018년 5월 ○○일
- 답사 지역: 강화도 일대
- 알게 된 사실
  - 1866년 프랑스군이 침략한 이 사건으로 의궤 등이 약탈당하였다.
- 관련 사진

외규장각의 모습(복원)

① 병인양요   ② 신미양요
③ 정묘호란   ④ 운요호 사건

36회 초급 기출

3 다음 자료에 대한 탐구 활동으로 가장 적절한 것은?

이달의 문화유산
어재연 장군의 '수(帥)' 자기

신미양요 때 미군에게 빼앗긴 '수(帥)'자가 쓰인 어재연 장군의 깃발이 2007년 우리나라에 돌아왔다.

① 집강소가 설치된 배경을 파악한다.
② 아관 파천이 일어난 원인을 조사한다.
③ 제너럴 셔먼호 사건의 영향을 살펴본다.
④ 강화도 조약의 불평등한 조항을 알아본다.

38회 초급 기출

4 (가)에 들어갈 내용으로 옳은 것은?

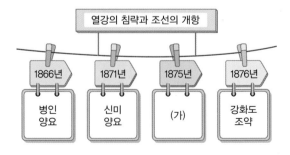

열강의 침략과 조선의 개항

1866년	1871년	1875년	1876년
병인양요	신미양요	(가)	강화도 조약

① 6·25 전쟁   ② 봉오동 전투
③ 운요호 사건   ④ 홍경래의 난

37회 초급 기출

5 다음 인물에 대한 설명으로 옳은 것은?

일본과 조약을 맺으면 우리의 땅과 집이 모두 황폐해지고 나라 또한 망할 것입니다.

최익현

① 이토 히로부미를 사살하였다.
② 항일 의병장으로 활약하였다.
③ 남북 연석 회의에 참석하였다.
④ 대한민국 임시 정부에서 활동하였다.

33회 초급 기출

6 다음 가상 일기를 통해 알 수 있는 사건으로 옳은 것은?

> 1882년 ○○월 ○○일
> 오늘 구식 군인들이 선혜청을 습격했다. 그 동안 별기군이라는 신식 군인에 비해 차별을 받아 왔고, 밀린 월급으로 받은 쌀에 겨와 모래가 섞여 있었던 것이 원인인 것 같다. 앞으로 상황이 어떻게 전개될지 궁금하다.

① 신미양요
② 을미사변
③ 임오군란
④ 아관 파천

39회 초급 기출

7 다음 인물이 주도하여 일으킨 사건으로 옳은 것은?

나는 박영효 등과 함께 우정총국 개국 축하연을 기회로 거사를 감행했어. 새로운 정치를 꿈꾸었지만 우리의 거사는 3일 만에 실패하고 말았지.

① 갑신정변
② 갑오개혁
③ 임오군란
④ 아관 파천

38회 초급 기출

8 밑줄 그은 '이 사람'으로 옳은 것은?

이 사진은 동학 농민군의 지도자인 이 사람이 재판을 받으러 가는 모습입니다. 그는 녹두 장군이라고 불리기도 하였습니다.

① 김옥균
② 김좌진
③ 유득공
④ 전봉준

핵심 정리

2. 자주독립 국가의 선포

1 갑오개혁과 을미사변

(1) **갑오개혁**: 신분제가 없어짐, 죄인의 부모 형제는 벌주지 않음, 과거제를 없 앰, 어린 나이에 결혼(조혼) 금지, 남편이 죽은 여자(과부)도 다시 결혼 가능

(2) **을미사변**: 일본은 조선 침략에 걸림돌이 된다고 생각한 명성 황후 제거

   ① 과정: '여우 사냥'이라는 비밀 작전 하에 일본 낭인들이 살해

   ② 단발령: 을미사변 이후 남자들의 상투를 자르게 함

2 독립 협회

(1) **〈독립신문〉**: 서재필이 주도, 조선이 독립국임과 개혁이 필요하다는 것을 널 리 알림

(2) **독립문**: 조선이 독립국임을 닐리 알리기 위해 왕실과 백성들의 성금으로 세움

(3) **백성들의 활약**

   ① 강연회와 토론회로 백성들을 깨우침

   ② 의회 설립 의지: 백성들의 대표를 정치에 참여시키려 함

(4) **활동**

• 다른 나라의 침략과 간섭으로부터 나라를 지키려 함 • 러시아가 부산 앞바다의 섬을 빌려달라고 요구

독립 협회는 종로에서 만민 공동회를 열어 반대 의견을 모음

• 정부, 러시아의 요구 거절, 군사 훈련을 위한 장교도 철수시킴 • 만민 공동회: 신분에 관계없이 연설 가능 → 평등 사회로 변화

3 대한 제국

(1) **러시아 공사관으로 옮긴 고종(아관 파천)**

배경	• 을미사변 이후 고종은 거의 궁궐에 갇혀 지냄 • 단발령에 반발하여 의병이 일어남
과정	고종이 거처를 러시아 공사관으로 옮김
영향	• 러시아와 일본의 세력 균형 • 러시아 · 영국 · 프랑스 등이 경제적 권리를 빼앗아감

명성 황후
고종이 왕이었을 때는 왕비라 고 불렀다. 살해되고 난 후 고종 이 황제의 자리에 올랐기 때문에 '명성 황후'라고 부른다.

낭인
일본의 떠돌이 무사

〈독립신문〉
한글판과 영문판의 두 가지로 발 행하였다.

의회
백성들의 대표로 구성되는 기구. 지금의 국회와 비슷한 것이다.

(2) 황제가 된 고종

① 배경: 고종이 경운궁(덕수궁)으로 돌아옴

② 목적: 자주독립 국가임을 확인

③ 선포: 왕 ➡ 황제, 조선 ➡ 대한 제국

(3) 새로운 개혁을 하다: 황제의 권한 강화, 새로운 공장과 회사(광업, 철도) 설립, 유학생을 보냄, 토지의 면적을 재고 누구의 땅인지 분명히 하는 문서를 만듦

4 근대 시설의 도입

(1) 전화: 궁궐에 처음 놓이게 됨, 전화 교환수가 연결, 왕과 통화 시에는 먼저 절을 하고 무릎을 꿇고 받음

(2) 전차: 서울의 서대문에서 청량리까지 운행

(3) 철도: 서울~인천에 처음 설치, 이후 서울~부산 등에 일본이 설치 ➡ 쌀 등의 물자를 실어 나르고, 전쟁을 위한 목적으로 설치함

(4) 전등: 경복궁에 전기가 처음 들어옴

(5) 서양식 건축물: 명동 성당, 덕수궁의 석조전 등

(6) 서양식 병원: 최초의 신식 병원인 광혜원(제중원)이 세워짐

(7) 서양 물건: 양복, 양산, 신사용 모자와 가방 등의 광고가 신문에 실림

(8) 근대 시설의 양면

① 근대 시설의 빛: 사람들의 생활을 편리하게 해 줌

② 근대 시설의 어둠: 일본 등이 대부분 침략을 목적으로 설치함

한국사 빈칸으로 확인하기

- 조선은 ❶ [　][　][　] 을 통해 과거제와 신분제를 폐지하였다.
- 서재필이 주도하여 만들어진 ❷ [　][　][　] 는 성금을 모아, 독립문을 건설하였다.
- 을미사변 이후 진행된 개혁에서 ❸ [　][　][　] 이 발표되자 이에 대한 반발이 심했다.
- 고종은 ❹ [　][　][　] 을 세우고 자주독립 국가임을 선언하였다.

정답
❶ 갑오개혁
❷ 독립 협회
❸ 단발령
❹ 대한 제국

01 ㈎~㈐에서 설명하는 건축물을 아래 사진과 옳게 연결하시오.

㈎ 고종이 황제로 즉위하는 기념식을 올렸던 곳이다.

㈏ 선교사 알렌의 청에 따라 문을 열었던 최초의 근대식 병원이다.

㈐ 친러 세력이 고종의 거처를 옮겼던 곳이다.

㈑ 고딕 양식으로 뾰족한 지붕이 특징이며 대표적인 근대 건축물이다.

㈒ 프랑스의 개선문을 본떠 왕실과 백성의 성금으로 세웠다.

 ①
 ②
 ③
 ④
 ⑤

02 다음에서 옳지 않은 용어에 밑줄을 긋고 옳게 바꾸시오.

예

독립 협회는 조선이 독립국임을 널리 알리기 위해 <u>환구단</u>을 세웠다.
└→ 독립문

(1) 일본이 조선 침략의 걸림돌이라고 생각한 명성 황후를 살해한 사건은 갑신정변이었다.

(2) 러시아 공사관으로 옮겨 갔던 고종은 경복궁으로 다시 돌아왔다.

(3) 서재필 등은 백성들을 깨우치기 위해서 한글판과 영문판으로 〈동아일보〉를 발행하였다.

(4) 고종은 을미사변 후 일본의 간섭으로 남자들의 상투를 자르는 태형령을 발표하였다.

(5) 우리나라에 세워진 최초의 신식 병원은 우정총국이었다.

(6) 신분제는 병인년에 있었던 개혁으로 폐지되었다.

03 사진의 모습이 (가)에서 (나)로 변하게 된 이유의 뒷부분을 완성하시오.

(가)  ➡ (나)

[이유]
(1) 을미년에 고종은 남자들의 (   ).
(2) 고종은 경운궁으로 돌아온 후 대한 제국을 선포하고, 왕에서 (   ).

04 글자를 조합하여 독립 협회의 활동과 관련된 용어 두 가지를 찾아 쓰시오.

독 동 립 공 독 민 문 만 립 회

(1) (   )   (2) (   )

05 글자를 조합하여 개화기에 들어온 근대 문물 다섯 가지를 찾아 쓰시오.

화 양 전 철 전 차 복 기 도 전

(1) (   )   (2) (   )   (3) (   )
(4) (   )   (5) (   )

06 빈칸에 들어갈 말을 채우시오.

(1) 조선은 ☐☐ 개혁으로 과거제를 없애고, 조혼을 금지하였다.

(2) 고종은 환구단에서 ☐☐의 자리에 오르는 기념식을 하였다.

(3) 독립 협회는 ☐☐☐☐☐를 열어 러시아가 부산 앞바다의 섬을 빌려달라는 요구를 막아냈다.

(4) ☐☐☐은 효에 어긋난다, 신체를 훼손하는 것이다 등의 이유로 양반들이 반대하였다.

(5) 서울에서 개통되었던 ☐☐는 서대문에서 청량리까지 운행되었다.

1 다음 개혁에 대한 설명으로 옳지 않은 것은?

 역사 돋보기
군국기무처를 중심으로 개혁 추진

김홍집 내각은 군국기무처를 중심으로 근대 국가로 나아가기 위한 개혁을 추진하였다. 그 결과 정치, 경제, 사회 등 각 분야에서 개혁이 이루어졌다.

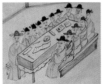
군국기무처 회의 모습

① 과거제를 폐지하였다.
② 별기군을 창설하였다.
③ 도량형을 통일하였다.
④ 신분제를 철폐하였다.

2 밑줄 그은 '이 단체'로 옳은 것은?

이것은 만민 공동회가 열리고 있는 모습이에요. 만민 공동회를 개최한 이 단체는 외세에 의한 이권 침탈을 막고 자주독립 의식을 확산시키려고 했어요.

① 신간회
② 신민회
③ 독립 협회
④ 국채 보상 기성회

3 밑줄 그은 '이 문화유산'으로 옳은 것은?

이 문화유산은 서재필의 주도로 자주독립의 의지를 보여 주기 위해 세워졌구나.

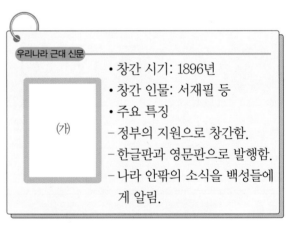
가상 현실 체험

① 대한문
② 독립문
③ 숭례문
④ 흥인지문

4 (가)에 들어갈 신문으로 옳은 것은?

우리나라 근대 신문

(가)

• 창간 시기: 1896년
• 창간 인물: 서재필 등
• 주요 특징
 - 정부의 지원으로 창간함.
 - 한글판과 영문판으로 발행함.
 - 나라 안팎의 소식을 백성들에게 알림.

①
만세보

②
독립신문

③
황성신문

④
대한매일신보

33회 초급 기출

5 (가)에 들어갈 내용으로 옳은 것은?

□□ 방송 특별 기획
(가)
– 고종, 환구단에서 황제 즉위식을 거행하다 –

① 위화도 회군
② 집현전 설치
③ 통신사 파견
④ 대한 제국 선포

23회 초급 기출

6 (가)에 들어갈 답변으로 옳은 것은?

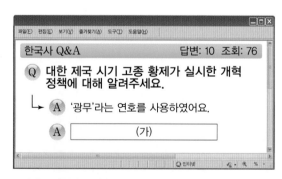

한국사 Q&A   답변: 10 조회: 76

Q 대한 제국 시기 고종 황제가 실시한 개혁 정책에 대해 알려주세요.

A '광무'라는 연호를 사용하였어요.

A   (가)

① 집강소를 설치하였어요.
② 호패법을 실시하였어요.
③ 강화도 조약을 체결하였어요.
④ 근대적 공장과 회사를 세웠어요.

34회 초급 기출

7 (가)에 들어갈 시설로 옳은 것은?

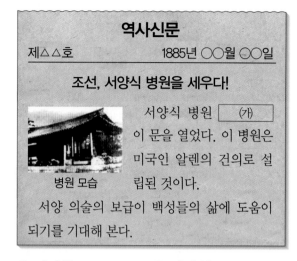

역사신문

제△△호   1885년 ○○월 ○○일

조선, 서양식 병원을 세우다!

서양식 병원 (가) 이 문을 열었다. 이 병원은 미국인 알렌의 건의로 설립된 것이다.

병원 모습

서양 의술의 보급이 백성들의 삶에 도움이 되기를 기대해 본다.

① 기기창   ② 광혜원
③ 박문국   ④ 전환국

32회 초급 기출

8 다음 사진전에 전시될 사진으로 적절하지 않은 것은?

》》 **근대 문물 사진전** 《《

개항 이후 처음 들어온 근대 문물의 모습이 담긴 사진을 특별 전시합니다.

• 장소: □□ 초등학교 강당
• 기간: 2016년 ○○월 ○○일~○○월 ○○일

①
기차

②
전화기

③
전신기

④
자명종

한눈에 보는 자료 특강 ● Ⅵ. 개항기

◇ 개항과 관련된 사건들

조선 말기, 서양 세력은 꾸준히 조선에 들어오려 했어요. 대표적인 세력이 프랑스와 미국이지요. 이후 일본에 의해 조선은 결국 나라의 문을 열었어요.

조선의 배와 모양이 달라 이양선이라고 불렀어요.

일본이 보낸 배예요.

이양선

조선왕조의궤

신미양요 때 쳐들어온 미군들

운요호 사건

병인양요 때 약탈당한 조선의 문화재예요.

◇ 개화를 향한 움직임

운요호 사건 이후 조선은 개화를 선택했어요. 이후 조선은 발전된 나라를 꿈꾸며 개화를 위한 다양한 시도를 했어요.

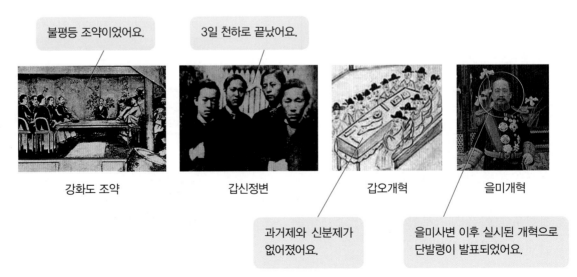

불평등 조약이었어요.

3일 천하로 끝났어요.

강화도 조약

갑신정변

갑오개혁

을미개혁

과거제와 신분제가 없어졌어요.

을미사변 이후 실시된 개혁으로 단발령이 발표되었어요.

◇ 개화기에 새롭게 들어온 물건들

개화 정책이 실시되면서 대한 제국 시기에는 수많은 서양식 물건이 들어왔고, 서양식 건물도
세워지게 되었어요.

경복궁에 처음 전등이 설치되었어요.

빠르게 움직이는 전차에
사람들은 깜짝 놀랐어요.

새로운 통신수단인 전화　　　전기의 사용　　　새로운 교통수단인 전차　　　서양식 건물인
　　　　　　　　　　　　　　　　　　　　　　　　　　　　　　　　　　　　명동 성당

◇ 독립 협회가 한 일들

우리의 힘을 키우기 위한 노력 중 대표적인 것이 독립 협회의 활동이에요.
독립 협회는 서재필이 처음 찍어낸 〈독립신문〉을 계속 만들고 독립문을 세우는 등 많은 일들
을 했어요. 또한 조선인들에게 주권을 지키는 일이 중요하다는 점을 알려 주었어요.

영문판으로도
만들어졌어요.

중국 사신을 맞이하던
자리에 세워졌어요.

신분에 관계 없이 참여할 수 있었어요.

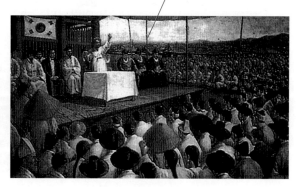

〈독립신문〉　　　　　　독립문　　　　　　　　　　　　만민 공동회

대한 제국의 역사를 만나러 가요!

정동과 대한 제국의 길

대한 제국 정치의 일번지로 불리는 정동은 어떤 곳일까요? 경운궁(덕수궁)을 비롯해 외국의 공사관과 근대식 학교 등이 모여 있는 곳이지요. 지금부터 대한 제국의 길을 걸으며 정동에서 펼쳐진 대한 제국의 역사를 만나볼까요?

★ 체험 포인트

❶ 정동에 있는 근대적 건축물들 살펴보기
❷ 정동이 왜 대한 제국 정치의 중심지가 되었는지 생각해 보기

정동은 우리 근대의 역사가 살아 숨 쉬는 곳이지요. 경운궁(덕수궁)을 비롯해, 외국 공사관, 근대식 학교, 그리고 교회와 성당 등 근대의 역사를 알려 주는 다양한 건축물들이 남아 있어요. 최근에는 정동 일대에 '대한 제국의 길'이라는 역사 탐방로가 새롭게 만들어지면서 대한 제국의 역사와 문화를 더 생생하게 만날 수 있는 공간으로 변화하고 있어요.

정동에 들어서면 가장 먼저 만날 수 있는 곳이 경운궁(덕수궁)이에요. 고종이 순종에게 왕위를 물려준 뒤 지내던 곳이지요. 이 궁궐에는 서양식 건축물인 석조전도 있어요. '배재학당역사박물관'은 정동에 근대 교육 기관이 많이 있었음을 보여 주지요. 정동 교회는 정동이 선교의 중심지였음을 보여 준답니다. 손탁호텔 터를 지나며 최초의 커피숍이 있던 호텔의 모습도 상상해 보세요.

경운궁(덕수궁) 옆 중명전은 훗날 을사늑약이 맺어진 곳이에요. 구 러시아 공사관은 고종이 을미사변 후 경복궁에서 이곳으로 몸을 피해 와 지낸 곳이에요.

정동을 한눈에 볼 수 있는 곳이 있어요. 바로 서울특별시청 서소문청사에 위치한 광무전망대랍니다. 덕수궁 석조전에 마련된 대한 제국 역사관도 꼭 들러보세요.

● 주소   서울 중구 세종대로 99 일대
● 홈페이지   덕수궁(www.deoksugung.go.kr)
● 전화번호   02)771-9951
● 교통편   서울 지하철 1,2호선 시청역
● 관람 시간 09:00 ~ 21:00(20:00까지 입장 가능)
● 휴궁일   매주 월요일

대한 제국의 길을 따라 정동 답사하기

❶ 환구단 고종이 황제 즉위식을 올린 곳이에요.

❷ 덕수궁 석조전 덕수궁 안에 있는 근대 서양식 궁중 건축물이에요.

❸ 대한문 덕수궁(경운궁)의 정문이에요. 원래 정문은 중화전 정면에 있었지요.

❹ 구 러시아 공사관 고종이 아관 파천을 했던 장소예요. 지금은 지하층과 탑옥 부분만 남아 있어요.

❺ 중명전 훗날 대한 제국이 일제에 의해 강제로 을사늑약이 체결된 아픔이 있는 곳이에요.

답사 꿀팁!

덕수궁 돌담길 중 일부 구간(영국대사관 직원 숙소 앞 ~ 영국대사관 후문까지의 약 100m)이 2017년에 개방되었어요. 이어서 2018년 10월 말 나머지 구간(영국대사관 후문 ~ 정문까지의 약 70m)까지 개방하여 드디어 일반인들에게 덕수궁 돌담길이 완전히 열렸어요.

Ⅶ 일제 강점기

1. 나라를 지키기 위한 노력

❶ 을사늑약의 체결

(1) 러·일 전쟁

목적	두 나라가 서로 한반도와 만주를 차지하려 함
시작	일본의 기습 공격
결과	일본의 승리

(2) 을사늑약

배경	러·일 전쟁에서의 승리 ➡ 일본은 대한 제국의 지배를 러시아 등에게 인정받음
과정	대신과 고종을 위협 ➡ 다섯 명의 대신들(을사오적)이 서명
내용	조선의 외교권을 빼앗음, 통감부 설치

을사오적
을사늑약에 도장을 찍은 이완용 등 다섯 명의 대신이다.

❷ 을사늑약에 대한 저항

(1) 을사늑약에 대한 저항

① 민영환 등: 스스로 목숨을 끊음

② 장지연: 신문에 '시일야방성대곡'이라는 글을 씀

③ 나철, 오기호 등: 오적을 암살하기 위한 단체 조직

④ 상인: 가게 문을 닫아 반대의 뜻 표시

⑤ 학생: 학교에 가지 않는 것으로 저항의 뜻 표시

시일야방성대곡
'이날에 목 놓아 큰 소리로 운다.' 는 뜻. 황성 신문에 실렸던 논설 제목이다.

(2) 의병

① 최익현 부대: 전라도에서 의병을 일으킴 ➡ 정부의 군대와 싸울 수 없다며 스스로 잡혀감 ➡ 쓰시마 섬으로 끌려가 죽음

② 신돌석: 평민 출신의 의병 대장, 태백산 호랑이라는 별명

(3) 헤이그 특사

헤이그
네덜란드의 정치 중심지로 1907년에 만국 평화 회의가 열렸다.

목적	만국 평화 회의에서 을사늑약의 불법성과 일본의 침략 상황을 알리기 위해
특사	이상설, 이준, 이위종
결과	일본의 반발로 회의에 참석하지 못함

특사
특별한 임무를 위해 외국에 파견되었던 사람을 가리킨다.

(4) 군대 해산: 일본이 특사 파견을 구실로 고종 위협

① 내용: 고종 퇴위 ➡ 순종 즉위

② 순종: 일본과 새 조약 맺음 ➡ 부속 조약으로 대한 제국의 군대 강제 해산

③ 해산 군인: 의병에 참여 ➡ 의병 운동 활발

3 나라를 지키기 위한 노력

(1) 국채 보상 운동

　① 배경: 일본에 의해 나라 빚이 늘어남

　② 내용: 여자(반지, 비단치마, 머리카락 냄), 남자(술, 담배 끊고 모은 돈을 냄)

(2) 역사 연구: 우리의 정신인 역사를 지켜야 독립 가능 ➡ 《을지문덕전》, 《이순신전》 등을 통해 애국심을 기르게 함

(3) 안중근 의거

　① 네 번째 손가락을 잘라 피로써 이토 히로부미의 처단을 맹세함

　② 하얼빈에서 이토 히로부미 사살

4 일본의 식민지로 전락

(1) 경복궁에 걸린 일장기: 대한 제국이 일본의 식민지가 됨

(2) 독도는 우리 땅: 일본이 러·일 전쟁 중 독도를 주인 없는 땅이라며 불법으로 시마네 현에 포함시킴

5 만주와 일본, 미국으로 떠난 사람들

(1) 만주로 간 사람들

　① 경제적으로 살기 어려웠던 사람들 ➡ 만주에서 농사를 지으며 생활

　② 이회영 등 독립운동 지도자 ➡ 무관 학교 설립

(2) 일본, 미국으로 간 사람들

　① 일본: 유학생, 노동자 ➡ 관동 대지진 때 많은 한인이 살해됨

　② 미국: 사탕수수 농장의 노동자로 일함, 독립운동 자금을 모아서 보냄

국채
나라가 지고 있는 빚을 말한다. 대한 제국은 당시 일본에게 많은 돈을 빌렸었다.

이토 히로부미
을사늑약을 강요하는 등 대한 제국의 침략에 앞장섰다. 첫 번째 통감으로 우리의 정치와 외교 등을 간섭하였다.

무관 학교
우리 민족이 많이 살았던 만주(간도)에 세웠다. 독립군을 기르는 것이 목적이었으며, 정식 이름은 '신흥 무관 학교'이다.

한국사 빈칸으로 확인하기

● 러·일 전쟁에서 승리한 일본은 강압적으로 조선과 ❶ ☐☐☐☐ 을 맺었다.

● 고종 황제는 일제의 만행을 알리기 위해 네덜란드에서 열리는 만국 평화 회의에 ❷ ☐☐☐☐☐ 를 보냈다.

● 우리 민족은 일제에 진 빚을 갚고자 ❸ ☐☐☐☐☐☐ 을 펼쳤다.

● ❹ ☐☐☐ 은 하얼빈 역에서 이토 히로부미를 사살하였다.

정답
❶ 을사늑약
❷ 헤이그 특사
❸ 국채 보상 운동
❹ 안중근

01 다음 사건을 일어난 순서대로 나열하시오.

(가) 러·일 전쟁	(나) 고종의 강제 퇴위	(다) 대한 제국 수립	(라) 을사늑약 맺음	(마) 헤이그 특사 파견

(   ) → (   ) → (   ) → (   ) → (   )

02 다음 서술의 내용이 옳으면 번호에 ○표 하시오. 그리고 ○ 표시한 번호를 아래 [글자 판]에서 색칠하여 역사 용어를 만들어 보시오.

내용	번호
러·일 전쟁에서는 일본이 승리하였다.	①
을사늑약으로 대한 제국은 외교권을 빼앗겼다.	2
해산 군인 중 일부는 무기를 들고 의병에 참여하였다.	3
을사늑약에 반발하여 의병을 일으키는 사람들도 있었다.	4
순종은 환구단에서 대한 제국 수립을 선포하고, 황제 즉위식을 올렸다.	5
고종은 을사늑약이 불법임을 알리기 위해 헤이그에 특사를 파견하였다.	6
헤이그 특사는 이상설, 이준, 이위종이었다.	7
을사늑약에 서명한 다섯 명의 대신을 을사오적이라고 불렀다.	8
일본은 러·일 전쟁 중에 불법적으로 독도를 시마네현에 편입시켰다.	9
안창호는 만주 하얼빈에서 이토 히로부미를 처단하였다.	10

1	2	3	4	5	6	7	8	9	10
한	임	정	대	운	국	부	민	시	동

역사 용어: (   )

03 다음 설명에 따라 문제를 풀어보시오.

(1) 빈칸에 들어갈 낱말에서 붉은색 칸의 글자를 찾아 넣어 새로운 낱말을 완성하시오.

첫 번째 글자 열쇠	두 번째 글자 열쇠	세 번째 글자 열쇠
을사늑약 이후 일본의 침략이 심해지자 사람들에게 애국심이 중요하다는 것을 강조해야 했어요. 그래서 임진왜란 때 일본을 물리쳤던 ① ☐☐☐ 장군의 이야기를 역사책으로 써서 읽게 했어요.	대한 제국이 일본에 진 빚이 늘어나자 이를 갚으려는 ② ☐☐ ☐☐ 운동이 일어났어요. 여자들은 반지나 비단 치마 등을 바쳤고, 남자들은 술, 담배를 끊고 모금 운동에 참여했어요.	을사늑약 이후에 강원도와 경상도에서 유명한 의병 대장은 신돌석이었어요. 평민 출신의 의병 대장이었던 그가 용맹스럽게 싸운다고 해서 얻은 별명이 태백산 ③ ☐☐☐ 였어요.

☐ ☐ ☐

(2) 완성된 낱말의 인물이 했던 일을 〈보기〉의 단어를 넣어 한 문장으로 쓰시오.

> **보기**
>
> 애국심   위인전   을지문덕   고구려

( )

04 다음 지도에 해당하는 내용을 〈보기〉에서 골라 빈칸에 써넣으시오.

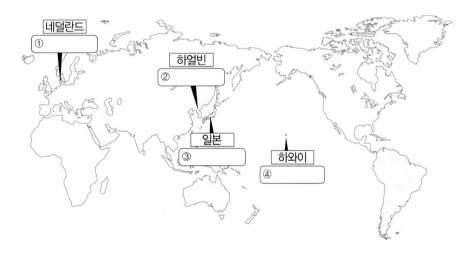

네덜란드 ①
하얼빈 ②
일본 ③
하와이 ④

> **보기**
>
> 안중근 의거   헤이그 특사   관동 대지진 사건   독립운동 자금 보냄

35회 초급 기출

1 밑줄 그은 '조약'이 체결된 시기를 연표에서 옳게 고른 것은?

이곳은 일제가 우리나라의 외교권을 빼앗기 위해 강제로 조약을 체결한 현장입니다.

중명전

1871		1882		1895		1904		1910
	(가)		(나)		(다)		(라)	
신미양요		임오군란		을미사변		러·일 전쟁		국권 피탈

① (가)   ② (나)   ③ (다)   ④ (라)

40회 초급 기출

2 (가)에 들어갈 내용으로 적절한 것은?

이달의 역사 인물

(가)

평민 출신 의병장
신돌석
(1878~1908)

① 개항에 반대하는 상소문을 올리다

② 동양 척식 주식회사에 폭탄을 투척하다

③ 태백산 일대에서 일본군에 맞서 싸우다

④ 헤이그에서 일제 침략의 부당성을 세계에 알리다

34회 초급 기출

3 다음 외교 사절에 해당하는 인물로 옳지 않은 것은?

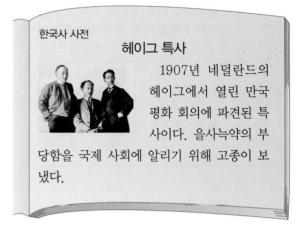

한국사 사전

헤이그 특사

1907년 네덜란드의 헤이그에서 열린 만국 평화 회의에 파견된 특사이다. 을사늑약의 부당함을 국제 사회에 알리기 위해 고종이 보냈다.

① 이준   ② 김옥균
③ 이상설   ④ 이위종

34회 초급 기출

4 밑줄 그은 '의병'에 대한 설명으로 옳은 것은?

광무 황제께서 일제에 의해 강제로 물러나셨다는 소식 들었나?

그럼, 그래서 의병들이 연합 부대를 만들어 서울을 향해 진공 작전을 폈다지.

① 나선 정벌에 나섰다.
② 행주 대첩을 이끌었다.
③ 곽재우가 중심이 되었다.
④ 해산당한 군인들이 합류하였다.

38회 초급 기출

5 (가)에 들어갈 민족 운동으로 옳은 것은?

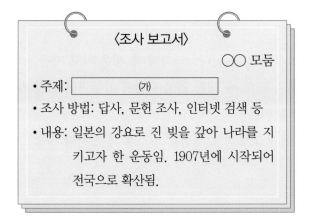

〈조사 보고서〉

○○ 모둠

• 주제:　　　　(가)

• 조사 방법: 답사, 문헌 조사, 인터넷 검색 등

• 내용: 일본의 강요로 진 빚을 갚아 나라를 지
키고자 한 운동임. 1907년에 시작되어
전국으로 확산됨.

① 국채 보상 운동
② 문자 보급 운동
③ 6·10 만세 운동
④ 민립 대학 설립 운동

35회 초급 기출

6 (가)에 들어갈 단체로 옳은 것은?

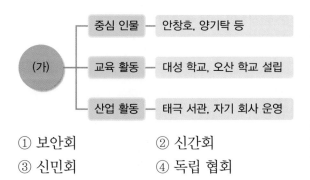

중심 인물 ── 안창호, 양기탁 등

(가)　　교육 활동 ── 대성 학교, 오산 학교 설립

산업 활동 ── 태극 서관, 자기 회사 운영

① 보안회　　　　② 신간회
③ 신민회　　　　④ 독립 협회

35회 초급 기출

7 (가)에 들어갈 인물로 옳은 것은?

이달의 인물

(가)　역사학자이며 독립운동가이다.
다양한 역사책과 을지문덕전, 이
순신전 등 나라를 구한 인물들의
위인전을 써서 우리 민족의 애국
심을 높이기 위해 노력하였다.

① 김구　　　② 신채호

③  윤봉길　　④  이회영

33회 초급 기출

8 다음 인물에 대한 설명으로 옳은 것은?

이달의 역사 인물

안중근 (1879~1910)

활동

• 학교를 세워 교육 운동에 헌신
• 연해주에서 의병장으로 활약
• 동지들과 함께 단지회 조직

① 하얼빈에서 이토 히로부미를 처단하였다.
② 샌프란시스코에서 스티븐스를 저격하였다.
③ 청산리 전투에서 일본군을 크게 무찔렀다.
④ 도쿄에서 일본 국왕을 향해 폭탄을 던졌다.

2. 나라를 되찾기 위한 노력

1 헌병 경찰이 다스리다

(1) 무자비한 일본의 통치

    ① 조선 총독부: 일제가 우리 민족을 다스리기 위해 세운 최고 기관

    ② 헌병 경찰: 공포 분위기 조성 ➡ 재판 없이 사람을 가두거나 처벌 가능

    ③ 교사도 제복 입고 칼 착용

(2) 태형 실시 ➡ 우리 민족에게 고통과 수치심을 주기 위해 실시한 형벌

2 3·1 운동

(1) 3·1 운동의 준비

배경	윌슨의 민족 자결주의 주장
과정	일본과 만주에서의 독립 선언
내용	민족 대표와 학생들이 비밀리에 만세 운동 준비

(2) 3·1 운동의 전개

    ① 민족 대표: 태화관에서 독립 선언식을 함

    ② 학생과 시민: 탑골 공원에서 독립 선언식 ➡ 전국에 확대(큰 도시 → 작은 도시 → 농촌) ➡ 외국으로 확대(만주와 미국까지 퍼져 나감)

(3) 화성 제암리 사건: 화성 제암리에서 만세 시위 ➡ 일본군은 주민들을 교회에 가두고 불을 지른 후 총을 쏘아 살해

(4) 유관순의 독립운동: 서울에서 만세 시위에 참여 ➡ 휴교령으로 고향에 내려감 ➡ 아우내 장날의 만세 운동 계획 ➡ 4월 1일의 시위에서 체포됨 ➡ 서대문 형무소에 갇힘(고문) ➡ 순국

3 대한민국 임시 정부

(1) 상하이에 세워진 임시 정부: 독립운동의 중심이 될 단체 필요

과정	외교에 적절한 장소로 상하이 선택 ➡ 후에 이동
체제	대통령 중심제(이승만)

(2) 대한민국 임시 정부의 활동

    ① 〈독립신문〉 발행: 독립운동에 관련된 소식을 전함

    ② 독립 공채 발행: 독립운동 자금 마련

    ③ 한인 애국단 조직: 이봉창(일왕 암살 시도), 윤봉길(일본 고위 관리 처단)

태형
죄를 지으면 엎드리게 해서 엉덩이를 막대기로 때리던 벌이다. 당시 일본은 조선인들에게 태형을 실시하였다.

민족 자결주의
어느 민족이나 자기 민족의 문제를 스스로 결정할 수 있다는 것으로 미국 대통령이었던 윌슨이 주장하였다.

독립 공채
임시 정부가 독립 후 쓰여 있는 금액을 지불할 것을 약속하고 판매한 증명서이다.

한인 애국단
김구가 대한민국 임시 정부에 활기를 불어넣기 위해 조직한 단체이다. 이봉창과 윤봉길이 대표 단원이었다.

④ 한국광복군 조직: 임시 정부의 군대

(3) **한국광복군의 활동**: 외국군과 함께 일본군과의 전투에 참여, 미군과 국내 진공 작전 비밀리에 전개 ➡ 일본의 항복으로 실천하지 못함

4 청산리 대첩과 일본의 탄압

(1) **청산리 대첩**: 일본군의 대규모 부대 파견 ➡ 김좌진과 홍범도 등의 부대, 청산리로 이동 ➡ 일본군에 크게 승리

(2) **일본이 강요한 일들**: 일본어 사용하기, 신사 참배하기, 일본식으로 이름 바꾸기, 전쟁터의 군인, 일본군 위안부, 탄광의 노동자로 끌고감

5 나라를 되찾기 위한 노력

(1) **실력을 기르기 위한 노력**

물산 장려 운동	국산품 애용 → 경제적 실력 기르기
한국어 교육	학생과 학자들이 한글 강습회 실시
민립 대학 설립 운동	우리 힘으로 대학을 세우려 함

(2) **광주 학생 항일 운동**

① 배경: 기차 안에서 일본인 남학생이 한국인 여학생 희롱

② 전개: 한일 학생 간의 다툼 ➡ 일본 경찰의 차별적 처벌 ➡ 광주 학생들의 시위 ➡ 전국으로 확산

③ 11월 3일(시위 시작일): 학생 독립운동 기념일로 지정

신사
일본 전통 신앙을 바탕으로, 신들에게 제사를 지내기 위해 세워진 건물

일본식으로 이름 바꾸기
한국인의 성과 이름을 쓰지 못하게 함으로써 한국인을 일본인으로 만들려고 하였다.

한국사 빈칸으로 확인하기

- 우리 민족을 다스리기 위해 일본은 최고 기관으로 ❶☐☐☐☐☐를 세웠다.

- ❷☐·☐☐☐은 평화로운 만세 운동으로 일제에 대항한 사건이었다.

- 3·1 운동 후 체계적인 독립운동을 위해 상하이에 대한민국 ❸☐☐☐☐를 세웠다.

- 1929년 광주에서는 학생들이 중심이 되어 ❹☐☐☐☐☐☐☐☐이 일어났다.

정답
❶ 조선 총독부
❷ 3·1 운동
❸ 임시 정부
❹ 광주 학생 항일
운동

01

끝말잇기 놀이 중 (가) 단어에 해당하는 인물에 대한 설명을 〈보기〉에서 찾아 번호를 쓰시오.

보기

① 일본에서 일왕을 암살하기 위해 폭탄을 던졌다.

② 3·1 운동 때 아우내 장터의 시위를 주도하였다.

③ 대한민국 임시 정부의 첫 번째 대통령이었다.

(   )

02

다음 퍼즐의 빈칸을 채워 완성하시오.

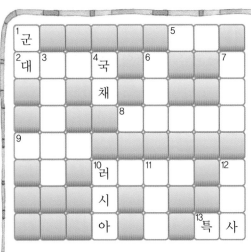

[가로 열쇠]

2 고종이 조선의 나라 이름을 이것으로 바꿈

5 서재필 등이 창간한 신문의 이름. ○○ 신문

8 고종의 아버지, 이름 이하응

9 흥선 대원군 때 다시 지은 궁궐

10 러시아와 일본 사이의 전쟁

13 고종이 헤이그에 보낸 세 사람을 부르는 말

[세로 열쇠]

1 일본에 의해 강제로 해산당함

3 대한민국 임시 정부가 조직한 군대

4 나라가 진 빚

6 우리와 모양이 달랐던 서양 배를 가리키는 말

7 1881년 창설되어 특별한 기술을 훈련받은 신식 군대

10 고종이 임시로 거처를 옮겼던 공사관. ○○○ 공사관

11 별명이 녹두 장군. 동학 농민군을 이끌고 외세의 침략을 막으려 함

12 개항 후에 조선이 일본에 보냈던 외교 사절

03 타임머신을 타고 일제 강점기로 갔습니다. 다음 사진을 보고 초등학생인 내가 독립을 위해 할 수 있는 일과 관련된 사진을 고르고, 그 아래에 구체적인 활동을 쓰시오.

 물산 장려 운동	 ㈎ 한글 교육	 ㈏ 3·1 운동
㉠ 조선에서 만든 물건 사기, 일본 물건 사지 않기, 물산 장려 운동을 알리는 포스터 그리기 등		

04 〈보기〉의 힌트를 참고해서 말주머니 ㈎~㈐를 채우시오.

> **보기**
> ㈎ 김구, 단체, 윤봉길, 이봉창, 폭탄
> ㈏ 대한민국 임시 정부, 군대, 중국군과 합동 작전, 미군과 비밀 작전
> ㈐ 일본이 사용 금지, 강습회, 우리말

37회 초급 기출

1 밑줄 그은 '이 운동'으로 옳은 것은?

이 운동은 1919년에 일어났어. 전국적으로 많은 사람들이 독립 만세를 외치며 시위에 참여했지.

그 영향으로 중국 상하이에 대한민국 임시 정부가 수립되었어.

① 3·1 운동
② 국채 보상 운동
③ 물산 장려 운동
④ 광주 학생 항일 운동

39회 초급 기출

2 다음 탐구 주제에 대한 모둠별 발표 제목으로 적절하지 <u>않은</u> 것은?

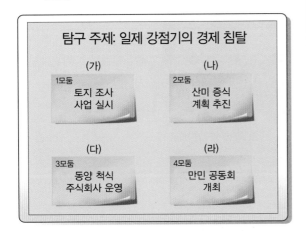

탐구 주제: 일제 강점기의 경제 침탈

(가)	(나)
1모둠 토지 조사 사업 실시	2모둠 산미 증식 계획 추진

(다)	(라)
3모둠 동양 척식 주식회사 운영	4모둠 만민 공동회 개최

① (가)
② (나)
③ (다)
④ (라)

35회 초급 기출

3 (가)에 들어갈 민족 운동으로 옳은 것은?

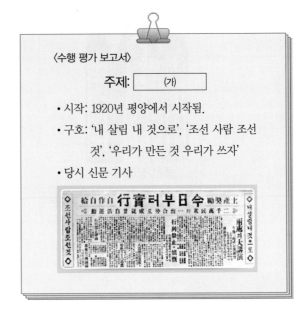

〈수행 평가 보고서〉

주제: (가)

• 시작: 1920년 평양에서 시작됨.
• 구호: '내 살림 내 것으로', '조선 사람 조선 것', '우리가 만든 것 우리가 쓰자'
• 당시 신문 기사

① 국채 보상 운동
② 문자 보급 운동
③ 물산 장려 운동
④ 민립 대학 설립 운동

38회 초급 기출

4 밑줄 그은 '이 운동'으로 옳은 것은?

이 운동은 1929년에 시작되었어. 학생들은 민족 차별 철폐와 식민지 교육 반대를 내세우며 시위를 벌였지.

오늘날의 학생 독립운동 기념일을 정하는 데에 영향을 주었어.

① 3·1 운동
② 새마을 운동
③ 물산 장려 운동
④ 광주 학생 항일 운동

39회 초급 기출

5 (가)에 들어갈 단체로 옳은 것은?

독립 의지를 널리 알린 단체, (가)

- 목차 -

① 신간회 ② 독립 협회
③ 한국광복군 ④ 한인 애국단

39회 초급 기출

6 다음 상황이 나타난 시기에 볼 수 있는 모습으로 적절하지 <u>않은</u> 것은?

일본식 성명으로 바꾸지 않으면 입학할 수 없습니다.

네? 뭐라구요?

아! 이제 우리의 성과 이름까지 빼앗기는구나.

① 대동법 시행에 반대하는 지주
② 공출로 가마솥을 빼앗기는 농부
③ 일본군 '위안부'로 끌려가는 여성
④ 황국 신민 서사를 암송하는 학생

40회 초급 기출

7 밑줄 그은 '이 단체'로 옳은 것은?

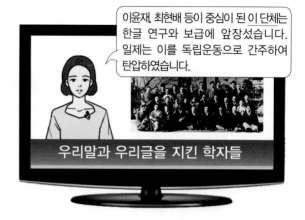

이윤재, 최현배 등이 중심이 된 이 단체는 한글 연구와 보급에 앞장섰습니다. 일제는 이를 독립운동으로 간주하여 탄압하였습니다.

우리말과 우리글을 지킨 학자들

① 대한 광복회 ② 조선어 학회
③ 한국 애국단 ④ 조선 물산 장려회

40회 초급 기출

8 밑줄 그은 '이 인물'로 옳은 것은?

이것은 색동회를 조직하고 어린이날을 만든 이 인물의 활동을 기념하여 세워졌습니다.

① 김상옥

② 방정환

③  윤동주

④ 이회영

◇ 을사늑약에 대한 저항

일제는 조선을 식민지화하기 위해 우선 외교권부터 빼앗았어요. 이 내용을 담은 치욕적인 문서가 을사늑약이에요. 고종 황제의 도장 없이 강제로 체결된 을사늑약은 우리 민족의 큰 저항을 불러일으켰어요.

을사늑약의 불법성을 알리기 위해 고종이 네덜란드로 보낸 특사예요.

민영환의 자결

헤이그 특사 파견

신돌석

민영환은 을사늑약에 반대하여 스스로 목숨을 끊었어요.

◇ 일제에 저항하는 사람들

우리 민족은 일제의 침략에 대항하여 주권을 수호하기 위해 다양한 민족 운동을 전개하였어요.

의병 대장이었던 안중근은 조선 침략의 주범인 이토 히로부미를 총으로 쏘아 처단하였어요.

국채 보상 운동

일본에 진 빚을 갚자는 운동이에요.

안중근 의사의 이토 히로부미 사살

◇ 3·1 운동

우리 민족은 일제의 침략에 저항하고자 3·1 운동을 벌였어요. 하지만 일제는 평화 시위마저 총 칼로 짓밟는 만행을 저질렀지요.

민족 대표 33인 중 29명이 모여 독립 선언식을 했어요.

유관순은 나이 어린 여학생이었지만 독립을 위해 애쓰다 죽었어요.

민족 대표의 독립 선언

만세 운동이 시작된 탑골 공원

유관순

◇ 대한민국 임시 정부의 활동

3·1 운동 이후 우리 민족은 체계적으로 독립운동을 전개할 필요성을 느끼고 대한민국 임시 정 부를 세웠어요. 이후 임시 정부는 우리나라의 독립을 위해 많은 일을 했답니다.

국내외의 독립운동 소식을 알렸어요.

〈독립신문〉 발행

독립운동 자금을 모았어요.

독립 공채 발행

김구가 한인 애국단을 창설했어요.

한인 애국단 소속의 윤봉길

대한민국 임시 정부 소속의 군대예요.

한국광복군 창설

독립운동과 민주화 운동의 현장을 찾아서

서대문형무소 역사관

일제 강점기, 수많은 독립운동가들이 갇혔던 곳이 있어요. 바로 서대문형무소예요.
광복 이후에는 민주화 운동을 벌인 분들이 갇히기도 했고요. 우리 함께
독립과 민주화를 향한 숨결을 느낄 수 있는 서대문형무소 역사관으로 떠나볼까요?

★ 체험 포인트

❶ 서대문형무소에 갇혔던 독립운동가 알아보기
❷ 서대문형무소 역사관의 시설 살펴보기

일제 강점기 수많은 독립 운동가들이 갇혀있던 곳인 '서대문형무소 역사관'을
찾아가면 왠지 모르게 마음이 엄숙해져요. 모진 고문 속에서도 독립을 외친 분
들의 마음이 느껴져서이지요.

'서대문형무소 역사관'의 원래 이름은 경성 감옥이었어요. 1908년 일제가 만들
어 독립운동가들을 가두었지요. 광복 이후에는 서울 구치소라고 불렸는데 김대
중 대통령을 비롯하여 민주화 운동을 벌인 수많은 사람들이 갇혔던 곳이기도 해
요. 지금은 '서대문형무소 역사관'으로 변해 우리의 아픈 역사를 살펴볼 수 있도
록 되어 있어요.

일제 강점기 이곳에 갇힌 대표적인 사람은 김구, 유관순, 안창호, 이육사 등이에
요. 이들이 갇혔던 곳을 돌아보며 독립운동가들이 얼마나 힘겨운 생활을 했는지
알아보세요. 전시관에서부터 시작해 격벽장, 옥사, 사형장에 있는 통곡의 미루나
무까지 살펴보며 우리 역사의 아픔과 독립운동가들의 숭고한 마음을 느껴보세요.

● 주소 　　　서울시 서대문구 통일로 251
● 홈페이지　　http://www.sscmc.or.kr/newhistory/index_culture.asp
● 전화번호　　02)360-8590
● 교통편 　　　서울 지하철 3호선 독립문역
● 관람 시간　　여름철(3~10월) 09:30 ~ 18:00
　　　　　　　겨울철(11~2월) 09:30 ~ 17:00
● 휴관일 　　　매주 월요일(월요일이 공휴일인 경우 다음날 휴관), 매년 1월 1일,
　　　　　　　설·추석 당일

서대문형무소 역사관 살펴보기

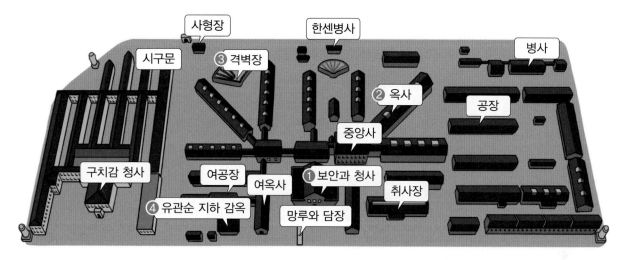

1930년대 서대문형무소 배치도

❶ 보안과 청사 서대문 형무소의 중심 건물로 전시관으로 이용되고 있어요.

❷ 옥사 옥사는 죄수들이 갇힌 곳인데, 중앙 간수소를 중심으로 부채꼴 모양이에요. 죄수들을 한눈에 감시하고 통제하기 편하도록 만들었지요.

❸ 격벽장 수감자들이 운동하던 곳인데, 서로 대화를 하지 못하게 하고 감시하기 편하도록 부채꼴 모양으로 만들었어요.

❹ 유관순 지하 감옥 유관순이 갇혔던 지하 감옥이에요. 유관순 굴로도 불렸지요.

답사 꿀팁!

수형 기록표가 전시되어 있는 전시 공간은 독립운동가들을 기억하고 추모하는 공간이에요. 이곳에서 당시 독립운동가들의 마음을 느껴보세요!

VIII 대한민국

핵심 정리

1. 광복과 대한민국 정부 수립

1 8·15 광복

(1) **시기**: 1945년 8월 15일

(2) **배경**:

① 제2차 세계 대전에서 일본의 패망이 직접적 원인

② 우리 민족의 독립을 위한 끊임없는 투쟁의 결과

③ 카이로 회담, 포츠담 회담을 통한 연합국의 한국에 대한 독립 약속

2 광복 후 우리 민족의 지도자

(1) **여운형**

① 광복 후 조선 건국 준비 위원회를 통해 치안과 질서를 유지함

② 국내에서 건국을 준비함

(2) **이승만**

① 미국에서 외교 활동을 통한 독립운동을 함

② 1945년 10월 귀국, 미국의 지원을 받으며 정치 활동을 벌임

(3) **김구**

① 대한민국 임시 정부의 주석으로 활동

② 한인 애국단 결성

③ 중국 중경(충칭)에서 개인 자격으로 귀국

3 미군정 시기

(1) **시기**: 미군 상륙(1945년 9월 8일) 후 ~ 대한민국 정부 수립(1948년 8월 15일)까지

(2) **내용**: 38도선 남쪽(남한)을 직접 통치 ⇔ 38도선 북쪽(북한)은 소련이 통치

① 정부 자격을 주장하는 남한 지역의 정치 세력(인민 공화국, 임정 등) 불인정

② 소련과의 대립으로 반공 정책을 펼침

③ 미국에 협조적인 정치 세력을 지원함

4 신탁 통치를 둘러싼 갈등

(1) **시기**: 모스크바 3국 외무 장관 회의 후 시작됨

(2) **내용**: 모스크바 3국 외무 장관 회의의 결정 내용을 놓고 갈등 ➡ 특히 '5년간 신탁 통치의 실시'가 갈등의 원인이 됨

카이로 회담
1943년 11월 이집트의 카이로에서 개최된 회담. 이 회담에 모인 미국, 영국, 중국의 대표는 한국의 독립을 처음으로 약속하였다.

포츠담 회담

1945년 독일의 항복 이후, 독일의 베를린 교외인 포츠담에서 열린 회담. 이 회담에서 미국, 영국, 소련의 대표가 만나 전후 문제를 논의하였고, 한국의 독립을 재확인하였다.

주석
국무 회의에 참석하는 사람 중 가장 높은 위치를 부르는 말

반공
공산주의를 반대하는 것으로 당시 소련은 공산주의의 대표 국가였다.

신탁 통치
특정 국가가 일정 지역을 대신 통치하는 정치 체제

신탁 통치 반대 운동: 신탁 통치를 식민 통치로 인식하여 적극 반대

⇕ (대립)

모스크바 3국 외무 장관 회의 결정 지지 운동: 신탁 통치에 대한 찬성과 반대보다는
통일 정부 수립에 관심을 두어 지지

(3) 이후의 과정: 2차에 걸친 미·소 공동 위원회를 열어 정부 수립 논의

① 정부 수립에 관한 다양한 의견을 정리하지 못함

② 미국은 유엔 총회에 한국의 정부 수립 문제를 상정(올림): 소련은 반대

5 김구가 38도선을 넘은 이유

(1) 배경: 유엔에서 남북 총선거 결정 ➡ 유엔 한국 임시 위원단의 남북한 방문
결정 ➡ 소련, 위원단의 북한 지역 방문 거부 ➡ 유엔, 남한만의 총선거 결정

(2) 김구, 김규식: 남한만의 총선거 반대, 남북 지도자 회의 개최

6 대한민국 정부 수립

(1) 5·10 총선거(1948년 5월 10일): 남녀 성인이 1표씩 행사한 최초의 보통 선
거, 국회 의원 선출(제헌 국회 구성)

(2) 헌법 공포(1948년 7월 17일, 제헌절)

(3) 대한민국 정부 수립(1948년 8월 15일): 이승만 대통령 취임(1948년 7월 24일)

① 광복한 지 3년 만인 광복절에 정부 수립 (3·1 운동 및 임시 정부 계승)

② 유일한 합법 정부로 유엔의 승인을 받음 ➡ 북한도 1948년 9월 9일에 정
부 수립(북한의 정식 국호: 조선 민주주의 인민 공화국)

> 미·소 공동 위원회
> 모스크바 3국 외무 장관 회의의 결정을 논의하기 위해 미국과 소련의 양국 대표가 모인 대표자 회의. 1차, 2차에 걸쳐 열렸으나, 미국과 소련의 입장 차이로 결국 아무런 성과를 내지 못했다.

한국사 빈칸으로 확인하기

- 일제가 제2차 세계 대전에서 패망하면서 우리 민족은 ❶ ☐☐ 을 맞았다.

- ❷ ☐☐☐ 은 조선 건국 준비 위원회를 조직해 치안과 질서를 유지하며 독립을
준비하였다.

- 모스크바 3국 외상 회의에서는 우리나라의 ❸ ☐☐☐☐ 를 결정하였다.

- ❹ ☐☐ 는 남한만의 총선거에 반대한 대표적인 인물이다.

정답
❶ 광복
❷ 여운형
❸ 신탁 통치
❹ 김구

01 1945년 8월 15일, 광복은 우리 민족 전체의 기쁨이었습니다. 당시 광복을 싫어했을 사람들은 어떤 사람들이었을지 생각해 보고 써 보시오.

02 다음 인물 카드와 인물에 대한 설명을 옳게 연결하시오.

(1)

• (가)
- 이름: 김구 (1876~1949)
- 호는 백범
- 독립운동가, 임정 주석

• ㉠
- 미국 국제정치학 박사
- 외교를 통한 독립운동
- 5·10 총선거 지지

(2)

• (나)
- 이름: 여운형 (1886~1947)
- 호는 몽양
- 독립운동가, 정치가

• ㉡
- 〈조선중앙일보〉 사장
- 광복 후 조선 건국 준비 위원회 결성

(3)

• (다)
- 이름: 이승만 (1875~1965)
- 호는 우남
- 독립운동가, 초대 대통령

• ㉢
- 대한민국 임시 정부를 이끔
- 한국 애국단 결성
- 통일 정부 수립에 헌신

03 다음 지도는 광복 전에 어느 강대국이 작성한 지도입니다. 물음에 답하시오.

(1) 빨간색으로 표시된 부분과 관련이 깊은 나라의 이름을 쓰시오.
( )

(2) 파란색으로 표시된 부분과 관련이 깊은 나라의 이름을 쓰시오.
( )

(3) 두 선의 경계가 되는 위도는 어디인지 쓰시오.
( )

04 다음은 대한민국 정부 수립 선포식을 담은 사진입니다. 물음에 답하시오.

(1) 당시 걸린 현수막에 적힌 위 글자를 쓰시오.
□□□□ □□ 수립 국민 축하식
(2) 이 건물은 일제 강점기에 어떤 용도로 사용되었는지 쓰시오.
( )
(3) 빈칸에 들어갈 알맞은 말을 쓰시오.

정부 수립 이후 우리는 □□□(으)로부터 정치 권력을 넘겨받았어요.

( )

38회 초급 기출

1 (가)에 들어갈 내용으로 옳은 것은?

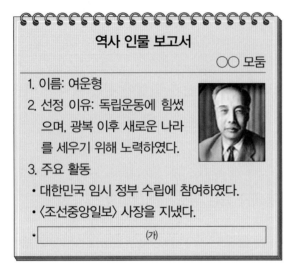

역사 인물 보고서

○○ 모둠

1. 이름: 여운형
2. 선정 이유: 독립운동에 힘썼으며, 광복 이후 새로운 나라를 세우기 위해 노력하였다.
3. 주요 활동
• 대한민국 임시 정부 수립에 참여하였다.
• 〈조선중앙일보〉 사장을 지냈다.
• _____(가)_____

① 청산리 대첩을 이끌었다.
② 한인 애국단을 조직하였다.
③ 이토 히로부미를 저격하였다.
④ 조선 건국 준비 위원회를 조직하였다.

33회 초급 기출

2 선생님의 질문에 대한 학생의 대답으로 옳지 <u>않은</u> 것은?

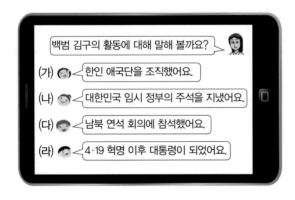

백범 김구의 활동에 대해 말해 볼까요?

(가) 한인 애국단을 조직했어요.
(나) 대한민국 임시 정부의 주석을 지냈어요.
(다) 남북 연석 회의에 참석했어요.
(라) 4·19 혁명 이후 대통령이 되었어요.

① (가)　　　　② (나)
③ (다)　　　　④ (라)

35회 초급 기출

3 (가)에 들어갈 내용으로 옳은 것은?

1945년 12월에 개최된 [(가)]에서는 조선 임시 민주 정부 수립과 미·소 공동 위원회 설치, 신탁 통치 문제 등을 협의하였습니다.

① 포츠담 회담
② 카이로 회담
③ 파리 강화 회의
④ 모스크바 삼국 외상 회의

39회 초급 기출

4 다음 상황이 나타난 시기를 연표에서 옳게 고른 것은?

우리는 이번 모스크바 삼국 외상 회의의 결정을 절대적으로 지지한다!

한마음으로 똘똘 뭉쳐 신탁 통치를 반대한다!

1919	1926	1945	1960	1987
(가)	(나)	(다)	(라)	
3·1 운동	6·10 만세 운동	8·15 광복	4·19 혁명	6월 민주 항쟁

① (가)　　　　② (나)
③ (다)　　　　④ (라)

27회 초급 기출

5 다음 가상 뉴스의 회의 내용으로 적절한 것은?

1945년 12월 모스크바에서 미국, 영국, 소련의 외무 장관이 한국 문제를 협의하여 결정하였습니다.

① 유엔군 파견을 결정하였다.
② 정전 협정 체결을 합의하였다.
③ 남북한 총선거 실시를 채택하였다.
④ 임시 민주 정부 수립과 신탁 통치를 결의하였다.

36회 초급 기출

6 다음 회의가 있었던 시기를 연표에서 옳게 고른 것은?

- 장소: 덕수궁 석조전
- 내용: 모스크바 삼국 외상 회의에서 합의한 내용을 미국과 소련이 논의함.
- 관련 사진

제1차 회의   제2차 회의

1945	1960	1972	1988	2000
(가)	(나)	(다)	(라)	

8·15 광복 / 장면 내각 수립 / 10월 유신 선포 / 서울 올림픽 개최 / 6·15 남북 공동 선언

① (가)   ② (나)
③ (다)   ④ (라)

26회 초급 기출

7 연표의 (가)에 들어갈 사진으로 적절한 것은?

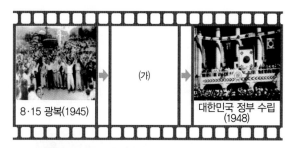

8·15 광복(1945)   (가)   대한민국 정부 수립 (1948)

①
5·10 총선거

②
새마을 운동

③
6·25 전쟁

④
카이로 회담

37회 초급 기출

8 (가)에 들어갈 내용으로 옳은 것은?

한국사 스피드 퀴즈

1948년 5·10 총선거로 구성된 국회에서 제정하여 7월 17일에 공포한 이 법은?

(가)

① 단발령   ② 유신 헌법
③ 제헌 헌법   ④ 조선 태형령

2. 민족의 상처, 6·25 전쟁

냉전(cold war)
제2차 세계 대전 이후 미국을 중심으로 한 자본주의 진영과 소련을 중심으로 한 공산주의 진영과의 이념의 대립을 묘사한 용어

남침
북쪽에서 남쪽을 침범했다는 의미. 북한의 공격으로 전쟁이 시작되었음을 의미한다.

유엔군(국제 연합군)
국제 평화에 대한 위협과 침략을 막고자 국제 연합에 가입된 국가들끼리 조직한 평화 유지 군대

인천 상륙 작전
1950년 9월 15일 유엔군 사령관 맥아더의 지휘 아래 인천에 상륙한 작전. 이 작전의 성공으로 국군과 유엔군은 반격의 기회를 잡았다.

1 전쟁 전의 국제 상황

(1) 냉전: 공산주의(소련을 중심으로 함) ←→ 자본주의(미국을 중심으로 함)

(2) 한반도 주변 국가의 상황

① 남한: 대한민국 수립(자본주의)

② 북한: 조선 민주주의 인민 공화국 수립(공산주의)

③ 중국 본토: 중화 인민 공화국 수립(공산주의)

④ 타이완 섬: 중화민국(타이완, 자본주의)

(3) 애치슨 라인: 미국 국무장관 애치슨이 발표한 미국의 방어선, 자본주의 진영의 보호선 ➡ 한반도가 제외됨

2 6·25 전쟁의 발발

- 1950년 6월 25일 새벽에 북한의 남침으로 전쟁 시작
- 북한군, 3일 만에 수도 서울 점령
- 유엔은 북한의 침략 행위 비판, 유엔군 파병
- 국군과 유엔군이 낙동강 전선 방어
- 부산을 임시 수도로 정함

3 인천 상륙 작전과 중국의 참전

(1) 인천 상륙 작전

- 1950년 9월 15일 인천 상륙 작전
- 1950년 9월 28일 서울을 되찾음
- 1950년 10월 1일 38도선을 넘어 북진 시작
- 국군과 유엔군, 10월 20일 평양 점령

(2) 중국의 참전

- 1950년 10월 25일, 중국군 참전
- 중국군의 참전으로 국군과 유엔군 후퇴
- 국군은 38도선 남쪽으로 후퇴, 서울을 다시 빼앗김(1951년 1·4 후퇴)

1·4 후퇴
1951년 1월 4일, 중국군의 도움을 받은 북한군에게 다시 서울을 빼앗긴 사건

4 정전 협정과 전쟁이 남긴 상처

- 서울을 다시 되찾은 뒤, 38도선 근처에서 남과 북이 치열하게 다툼
- 정전 논의 후 2년 만인 1953년 7월 27일 정전 협정이 맺어지며 사실상 전쟁 종료
- 이산가족, 전쟁고아, 남과 북의 막대한 인명 및 재산 피해 ➡ 남과 북의 증오감이 더욱 커짐

정전 협정
유엔군 총사령관과 북한군 최고 사령관, 중국군 사령관이 6·25 전쟁의 중단을 합의한 협정

한국사 빈칸으로 확인하기

- 자본주의와 공산주의가 극심하게 대립하던 상황을 ❶ ☐☐ 이라고 한다.
- 미국은 ❷ ☐☐☐ 라인을 발표하며 미국의 방어선에서 우리나라를 제외시켰다.
- 1950년 북한의 남침으로 ❸ ☐·☐☐ ☐☐ 이 일어났다.
- 유엔군은 ❹ ☐☐☐☐☐☐ 을 펼쳤고, 이후 국군과 유엔군은 서울을 되찾을 수 있었다.

정답
❶ 냉전
❷ 애치슨
❸ 6·25 전쟁
❹ 인천 상륙 작전

01 다음은 6·25 전쟁의 전개 과정을 나타낸 지도입니다. 일어난 순서대로 기호를 나열하시오.

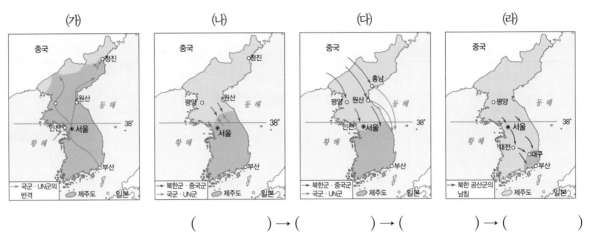

(   ) → (   ) → (   ) → (   )

02 다음 두 지도에 그어진 경계선의 이름을 빈칸에 써넣으시오.

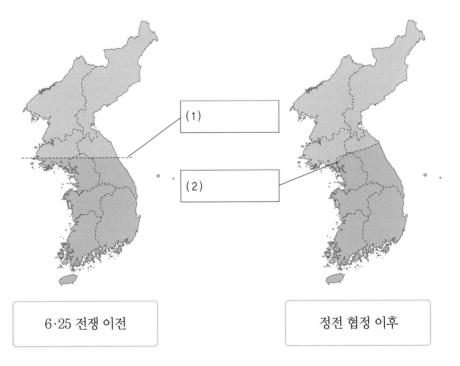

(1)

(2)

6·25 전쟁 이전   정전 협정 이후

03 〈보기〉는 6·25 전쟁에 참여해 한국을 도운 국가들을 나열한 것입니다. 〈예시〉를 보고 참전 국가를 소개하는 국가 소개 카드를 만들어 보시오.

보기

오스트레일리아, 벨기에, 캐나다, 콜롬비아, 에티오피아, 프랑스, 그리스, 룩셈부르크, 네덜란드,
뉴질랜드, 필리핀, 남아프리카 공화국, 태국, 터키, 영국, 미국, 덴마크, 인도, 이탈리아, 노르웨이, 스웨덴

〈예시〉

터키

- 대륙: 아시아
- 종교: 이슬람교
- 수도: 앙카라
- 특징
  - 우리를 형제의 나라로 생각하고 있음
  - 성 소피아 성당, 블루 모스크

미국

- 대륙:
- 종교:
- 수도: 워싱턴 D.C.
- 특징
  - 가장 많은 군대를 한국에 파견
  -

(   )

- 대륙:
- 종교:
- 수도:
- 특징
  -
  -

(   )

- 대륙:
- 종교:
- 수도:
- 특징
  -
  -

29회 초급 기출

1 다음 기획전에서 볼 수 있는 사진으로 옳은 것은?

특별 기획전 **"그땐 그랬지"**

우리 박물관에서는 6·25 전쟁 당시의 학교 생활 모습을 담은 사진전을 마련하였습니다.
- 장소: ○○ 박물관
- 기간: 2015년 ○○월 ○○일~○○월 ○○일

①
천막 학교에서 공부하는 학생들

②
창고 신민 서시를 암송하는 학생들

③
육영공원에서 외국어 수업을 받는 학생들

④
산업화로 과밀화된 도시 학교의 2부제 수업 모습

39회 초급 기출

2 (가)~(다)를 일어난 순서대로 옳게 나열한 것은?

6·25 전쟁, 어떻게 전개되었나
북한군 남침 / 중국군 참전 / 정전 협정 체결 / 인천 상륙 작전

① (가)-(나)-(다) ② (가)-(다)-(나)
③ (다)-(가)-(나) ④ (다)-(나)-(가)

36회 초급 기출

3 (가) 전쟁에서 있었던 사실로 옳은 것은?

사진으로 보는 ___(가)___
북한군의 침입 / 흥남 철수 / 정전 협정 체결

① 베트남에 국군을 파병하였다.
② 7·4 남북 공동 성명을 발표하였다.
③ 인천 상륙 작전으로 서울을 되찾았다.
④ 청산리에서 김좌진 부대가 승리하였다.

34회 초급 기출

4 (가)에 들어갈 학생의 대답으로 옳지 않은 것은?

1950년 6월 25일 북한이 북위 38도선을 넘어 쳐들어왔어요. 이 전쟁에 대해 말해 볼까요?
(가)

① 백마고지에서 치열한 전투가 있었어요.
② 정부는 부산을 임시 수도로 정하였어요.
③ 인천 상륙 작전으로 서울을 되찾았어요.
④ 봉오동 전투에서 홍범도 부대가 승리하였어요.

32회 초급 기출

5 (가)~(다)를 일어난 순서대로 옳게 나열한 것은?

6 · 25 전쟁의 전개 과정

(가) 1 · 4 후퇴 / (나) 정전 협정 체결 / (다) 인천 상륙 작전

① (가)-(나)-(다) ② (가)-(다)-(나)
③ (다)-(가)-(나) ④ (다)-(나)-(가)

40회 초급 기출

6 (가) 시기에 볼 수 있는 장면으로 옳지 <u>않은</u> 것은?

한국 현대사 연표

1945.8.15 ──── (가) ──── 1948.8.15

8 · 15 광복 / 대한민국 정부 수립

① 덕수궁에서 열린 제2차 미 · 소 공동 위원회

② 판문점에서 열린 정전 협정 조인식

③ 5 · 10 총선거 때 투표하는 유권자들

④ 남북 협상을 위해 38도선을 넘는 김구 일행

21회 중급 기출

7 다음 자료를 통해 알 수 있는 전쟁에 대한 설명으로 옳지 <u>않은</u> 것은?

정전 60주년 기념 사진전

이 사진은 전쟁으로 폐허가 된 서울의 모습을 촬영한 것입니다.
이번 전시회는 이러한 동족 상잔의 비극이 불러온 참혹함을 상기하며 평화를 다짐하는 계기가 될 것입니다.

○○박물관

① 유엔군이 참전하였다.
② 38도선 확정의 계기가 되었다.
③ 북한의 남침으로 전쟁이 시작되었다.
④ 중국군의 개입으로 서울이 다시 함락되었다.
⑤ 한국이 불참한 가운데 정전 협정이 체결되었다.

35회 중급 기출

8 다음 노래의 배경이 된 사건으로 옳은 것은?

굳세어라 금순아
눈보라가 휘날리는 바람 찬 흥남 부두에
목을 놓아 불러 봤다 찾아를 봤다
금순아 어디로 가고 길을 잃고 헤매었더냐
피눈물을 흘리면서 1 · 4 이후 나 홀로 왔다

① 6 · 25 전쟁
② 12 · 12 사태
③ 5 · 16 군사 정변
④ 베트남 국군 파병
⑤ 한일 회담 반대 시위

3. 민주주의의 시련과 발전

1 민주주의를 밝힌 횃불, 4·19 혁명

(1) **배경**: 이승만 정부의 연이은 헌법 개정 + 정부통령 선거에서 이승만(대통령)과 이기붕(부통령)이 부정한 방법으로 당선됨(3·15 부정 선거)

(2) **4·19 혁명의 전개 과정**

> 3·15 부정 선거 ➡ 전국에서 부정 선거 반대 시위 ➡ 4월 19일 중고생과 대학생, 시민들이 대규모 시위 ➡ 경찰, 시민들을 향해 발포 ➡ 초등학생들까지 시위대에 가세 ➡ 대학 교수들의 시국 선언 ➡ 이승만 대통령이 하야 성명 발표

(3) **결과 및 의의**: 이승만이 대통령직에서 물러남
  ① 국회는 헌법을 고쳐 대통령이 나라를 대표하고 나라 살림은 국무총리가 하도록 함
  ② 독재 정권에 맞서 국민 스스로의 힘으로 민주주의를 지켜 냄

2 5·16 군사 정변과 유신 체제

(1) **5·16 군사 정변과 한일 협정**
  ① 1961년 5월 16일, 박정희가 군대를 동원하여 정권을 잡았음
  ② 박정희는 강력한 경제 성장을 우선시하며, 개인의 자유와 민주주의 억압
  ③ 한일 협정: 일본과 국교를 다시 재개하며 많은 사람들의 비판을 받았음

(2) **유신 체제(1972년 10월 ~ 1979년 10월)**
  ① 유신 헌법: 박정희 대통령의 독재를 위하여 만들어진 헌법
  ② 박정희는 장기 집권을 위해 대통령을 세 번까지 할 수 있도록 헌법을 고침
  ③ 국가 안보와 지속적인 경제 성장을 구실로 유신을 선포하고 헌법을 고쳤으며, 이를 반대하는 사람들을 탄압하였음

(3) **유신 체제의 사회 모습**
  ① 장발 단속과 미니스커트 길이 검사
  ② 국민 통제를 위한 야간 통행 금지
  ③ 정부의 마음에 들지 않는 노래를 금지곡으로 지정 ➡ 문화 통제

(4) **유신 체제의 몰락**
  ① 학생, 노동자, 종교인 등 유신 반대 운동에 참여: 함석헌, 김대중 등 주도
  ② 부마 민주 항쟁: 부산과 마산 지역에서 유신 반대 운동이 일어남
  ③ 10·26 사태: 박정희 대통령의 서거

이승만 정부의 헌법 개정
이승만 대통령에게 유리하게 헌법을 계속해서 바꾸어 이승만 대통령이 장기 독재를 할 수 있는 길을 마련하였다.

정부통령 선거
대통령과 부통령을 함께 뽑는 선거

함석헌
독재 반대 운동과 민주화 운동에 힘을 기울인 기독교 지식인

서거
세상을 떠남

3 5 · 18 민주화 운동과 6월 민주 항쟁

(1) 신군부의 쿠데타(12·12 사태, 1979): 전두환 등 일부 군인들이 쿠데타를 일으켜 권력 장악

쿠데타
무력으로 정치 권력을 빼앗는 일

(2) 5 · 18 민주화 운동

① 배경: 전두환과 일부 군인(신군부 세력)들이 정변을 일으켜 정권 장악

② 과정: 1980년 5월 18일 광주에서 민주화와 신군부 퇴진을 요구하는 시위가 일어남

③ 결과: 전두환을 중심으로 하는 일부 군인들은 군대를 동원하여 민주화 시위를 폭력적으로 진압하였고, 많은 희생자가 발생하였음

(3) 전두환 정권

① 간접 선거로 대통령이 된 전두환이 헌법을 고쳐 1981년 또 대통령에 취임

② 전두환 대통령은 언론을 통제하고 민주주의를 요구하는 국민들을 위협하였음 ➡ 임기 내내 국민들의 저항에 시달림

③ 전두환은 국민의 눈과 귀를 가리기 위해 야간 통행 금지 해제, 중고생 두발 및 교복 자율화, 프로야구 출범 등을 실시함

(4) 6월 민주 항쟁

① 배경: 전두환은 언론을 통제하고, 국민들의 민주화 요구를 탄압하였음

② 과정: 1987년 6월, 국민들이 대통령 직선제 개헌과 민주화를 요구하며 전국에서 대규모 시위를 벌였음

③ 결과: 대통령 직선제 등 국민들의 요구를 담은 6 · 29 민주화 선언을 발표하였고, 국민들은 선거를 통해 대통령을 직접 선출할 수 있게 되었음

한국사 **빈칸**으로 **확인**하기

- 이승만 정권의 3·15 부정 선거에 맞서 **❶** ☐ · ☐☐☐ 이 일어났다.

- **❷** ☐☐☐☐ 은 박정희 정부가 독재를 위해 만든 헌법이다.

- 광주에서는 전두환 정부의 독재에 맞서 **❸** ☐ · ☐☐ ☐☐☐ ☐☐ 이 일어났다.

- **❹** ☐☐☐☐☐ 으로 대통령 직선제가 이루어졌다.

정답
❶ 4·19 혁명
❷ 유신 헌법
❸ 5·18 민주화
　 운동
❹ 6월 민주 항쟁

01 다음은 우리나라 현대사의 사건들을 담은 사진입니다. 이 사건들이 일어난 순서대로 번호를 나열하시오.

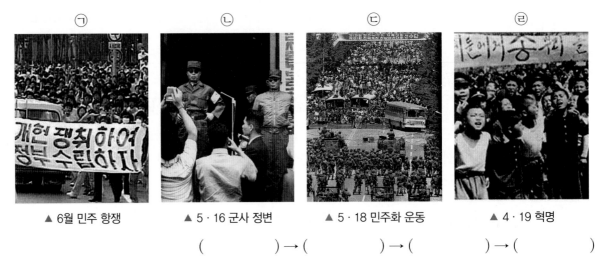

㉠	㉡	㉢	㉣
▲ 6월 민주 항쟁	▲ 5 · 16 군사 정변	▲ 5 · 18 민주화 운동	▲ 4 · 19 혁명

(   ) → (   ) → (   ) → (   )

02 다음 사다리 타기의 빈칸에 들어갈 알맞은 용어를 쓰시오.

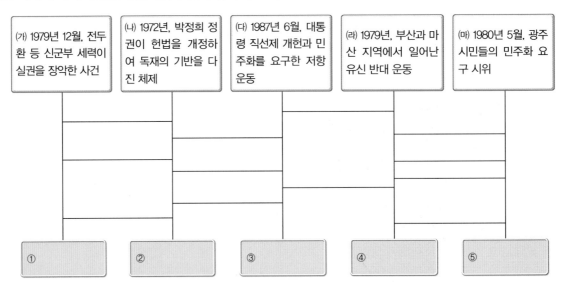

(가) 1979년 12월, 전두환 등 신군부 세력이 실권을 장악한 사건

(나) 1972년, 박정희 정권이 헌법을 개정하여 독재의 기반을 다진 체제

(다) 1987년 6월, 대통령 직선제 개헌과 민주화를 요구한 저항 운동

(라) 1979년, 부산과 마산 지역에서 일어난 유신 반대 운동

(마) 1980년 5월, 광주 시민들의 민주화 요구 시위

①   ②   ③   ④   ⑤

03 다음은 민주화 운동 관련 사진입니다. 사진 뒷면에는 사진과 관련 있는 민주화 운동의 내용을 정리해 놓았습니다. 사진 뒷면의 빈칸에 들어갈 말을 쓰시오.

〈예시〉

(1)

〈사진 뒷면〉
• 관련 민주화 운동: 4·19 혁명
• 시기: 1960년
• 민주화 운동의 이유
  − 이승만 대통령의 장기 독재
  − 3·15 부정 선거
• 결과: 이승만 대통령의 장기 독재 몰락

(2)

〈사진 뒷면〉
• 관련 민주화 운동: (   )
• 시기: 1980년
• 민주화 운동의 이유
  − 신군부가 불법적으로 정치 권력 장악
  − 공수 부대를 투입해 평화 시위를 전개하
    는 학생과 시민들을 살해함
• 의의: 부당한 국가의 폭력에 저항함

〈사진 뒷면〉
• 관련 민주화 운동: 6월 민주 항쟁
• 시기: 1987년
• 민주화 운동의 이유
  − 경찰의 고문으로 한 대학생 사망
  − 전두환 정부에 대한 저항
• 결과: (   )

38회 초급 기출

1 (가)에 들어갈 사건으로 옳은 것은?

특강 주제: 대한민국의 정치 발전과 민주주의

1960년에 일어난 ___(가)___ 은/는 3·15 부정 선거와 이승만 독재 정권에 반대하는 학생과 시민들이 시위에 나서며 전개되었습니다. 이 사건은 민주주의를 한 단계 더 발전시킨 자랑스러운 역사입니다.

① 4·19 혁명
② 12·12 사태
③ 5·18 민주화 운동
④ 3선 개헌 반대 운동

34회 초급 기출

2 다음 민주화 운동의 결과로 옳은 것은?

3.15 부정 선거는 무효다

① 5·10 총선거가 실시되었다.
② 이승만 대통령이 하야하였다.
③ 2·8 독립 선언서가 발표되었다.
④ 미·소 공동 위원회가 개최되었다.

32회 초급 기출

3 (가)에 들어갈 사건으로 옳은 것은?

민주주의를 위한 노력, 세계 기록 유산으로 등재되다

1980년 광주에서 신군부에 저항한 ___(가)___ 와/과 관련된 기록물 일체가 유네스코 세계 기록 유산으로 등재되었다. 이 기록물에는 진압군과 중앙 정부 자료, 재판 기록, 시민 성명서, 사진, 필름, 국회 청문회 회의록 등이 있다.

① 부마 항쟁
② 4·19 혁명
③ 6월 민주 항쟁
④ 5·18 민주화 운동

37회 초급 기출

4 (가)~(다)를 일어난 순서대로 옳게 나열한 것은?

1960~80년대 민주화 운동

(가) 6월 민주 항쟁 (나) 3선 개헌 반대 운동 (다) 4·19 혁명

① (가)-(나)-(다)
② (가)-(다)-(나)
③ (다)-(가)-(나)
④ (다)-(나)-(가)

5

38회 중급 기출

다음 대화에 나타난 민주화 운동에 대한 설명으로 옳은 것은?

'서울의 봄' 이후 광주에서 시민군이 결성되었던 이유에 대해 알고 싶어요.

공수 부대가 집단 발포를 하자 시민들이 스스로를 지키기 위해 무장하고 저항했던 것입니다.

① 4·13 호헌 조치에 저항하였다.

② 3·15 부정 선거가 발단이 되어 일어났다.

③ 박종철과 이한열의 희생으로 확산되었다.

④ 굴욕적인 한일 회담의 중단을 요구하였다.

⑤ 신군부가 계엄령을 전국으로 확대한 것에 반대하였다.

6

27회 초급 기출

다음과 같은 결과를 가져온 사건으로 옳은 것은?

1987년 대통령을 국민의 손으로 직접 뽑아야 한다는 국민적 요구에 따라, 국민이 직접 대통령을 선출하는 선거가 실시되었다.

① 4·19 혁명

② 6월 민주 항쟁

③ 10월 유신 선포

④ 3선 개헌 반대 운동

7

40회 초급 기출

다음 가상 영화의 소재가 된 사건으로 가장 적절한 것은?

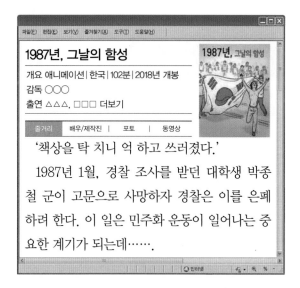

1987년, 그날의 함성

개요 애니메이션 | 한국 | 102분 | 2018년 개봉
감독 ○○○
출연 △△△, □□□ 더보기

줄거리 | 배우/제작진 | 포토 | 동영상

'책상을 탁 치니 억 하고 쓰러졌다.'

1987년 1월, 경찰 조사를 받던 대학생 박종철 군이 고문으로 사망하자 경찰은 이를 은폐하려 한다. 이 일은 민주화 운동이 일어나는 중요한 계기가 되는데…….

① 4·19 혁명   ② 부마 항쟁

③ 6월 민주 항쟁   ④ 3선 개헌 반대 운동

8

31회 초급 기출

(가)~(다)를 일어난 순서대로 옳게 나열한 것은?

사진으로 보는 민주화 운동

(가)	(나)	(다)
5·18 민주화 운동	4·19 혁명	6월 민주 항쟁

① (가)-(나)-(다)

② (가)-(다)-(나)

③ (나)-(가)-(다)

④ (나)-(다)-(가)

4. 경제 성장과 사회·문화의 변화

신발 공장

경부 고속 국도

새마을 운동 마크

독일에 간 광부

서아시아에 파견된 한국 노동자

1 전쟁의 폐허 속에서 일어서다

(1) 의무 교육의 실시

  ① 먹을 것이 부족한 시절에도 천막 학교를 지어 초등학교 의무 교육 시작

  ② 문맹률을 낮추며 '한강의 기적'을 이룬 일꾼들을 키워냄

(2) 경제 성장

  ① 6·25 전쟁 이후 국토가 폐허로 변함

  ② 미국의 경제 원조: 밀, 보리, 면화 등 농산물과 소비재

  ③ 삼백 산업: 밀가루, 설탕, 면직물 등 생산

  ④ 미국의 경제 원조가 줄어든 1950년대 말부터 경제가 다시 어려워짐

2 수출만이 나라를 위하는 길이다

(1) 한강의 기적: 1962년부터 경제 개발 5개년 계획 실시

1, 2차 경제 개발 5개년 계획	신발·의류·가발 산업
3, 4차 경제 개발 5개년 계획	철강·석유 화학·기계 산업

(2) 베트남 파병과 경부 고속 국도 개통

  ① 1960년대 중반 미국의 요청으로 베트남에 군대 파견

  ② 미국으로부터 군사 원조 확대와 경제적 이득을 얻음

  ③ 경부 고속 국도 건설: 경제 발전의 기반 마련

(3) 새마을 운동

  ① 3대 정신: 근면, 자조, 협동

  ② 낙후된 농촌을 발전시키기 위해 전개

  ③ '우리도 한 번 잘 살아보자'는 운동으로 확산

(4) 세계를 누비는 우리 국민들

  ① 독일에 파견되었던 광부와 간호사

  ② 베트남에 파견된 병사와 근로자

  ③ 서아시아의 건설 현장을 누비는 건설 노동자

3 도시로 몰려든 사람들

(1) 열악한 근로 환경: 장시간 노동, 낮은 임금, 열악한 작업 환경 ➡ 전태일 등
   이 노동 운동을 벌임

(2) 도시의 주택 문제

　① 도시로 몰린 사람들로 인한 주택 문제

　② 건설 비리와 빠른 성장만 강조하던 시대 분위기

　③ 시민 아파트인 '와우 아파트' 1개동 붕괴

(3) 도시로의 집중

　① 도시: 폭발적인 인구 증가 ➡ 주택 문제, 교통 문제, 환경 문제 등

　② 농어촌: 인구 감소 ➡ 도시와의 소득 격차, 문화 및 의료 시설 부족

(4) 의료 보험 제도 실시

　① 1963년 법 제정, 1977년 직장 의료 보험 제도 실시

　② 전 국민으로 대상 확대(1989년), 국민건강 보험으로 이름 변경(2000년)

４ IMF 체제 이후 우리 사회

(1) 경제 협력 개발 기구(OECD)에 가입: 1996년 김영삼 정부 때 가입

(2) IMF(국제 통화 기금) 체제: 1997년 김영삼 정부 말 외환 위기 발생 ➡ IMF로부터 구제 금융을 받음

(3) 금 모으기 운동과 IMF 체제 극복(김대중 정부)

　① 금 모으기 운동을 통해 외환 위기 극복에 동참

　② IMF 체제 극복 후 휴대 전화, 액정 표시 장치(LCD) 등 첨단 산업 발전

(4) 대중문화의 발달

　① 라디오 ➡ 텔레비전(1960년대) ➡ 컬러텔레비전(1980년대)

　② 민영 방송 SBS 개국(1991) ➡ 케이블 TV(1995) ➡ 디지털 방송(2013)

전태일 동상(청계천)

IMF(International Monetary Fund)
1945년에 설립되어 현재 전 세계 188개국이 가입되어 있다. 외환 시세 안정, 자금 대여 등의 역할을 수행하고 있다.

한국사 빈칸으로 확인하기

● 6·25 전쟁의 폐허 속에서도 경제 발전을 이룩한 우리 경제를 세계는 ❶□□□□ □이라고 불렀다.

● ❷□□□□□은 낙후된 농촌을 발전시키기 위한 활동을 활발히 하였다.

● 계속 발전하던 우리 경제는 1997년 말에 ❸□□□□를 겪으며 급속히 추락하였다.

● IMF 구제 금융에서 벗어나기 위해 우리 민족은 ❹□□□□ 운동을 벌였다.

정답
❶ 한강의 기적
❷ 새마을 운동
❸ 외환 위기
❹ 금 모으기

학습 활동

01 다음은 수출액의 증가를 표시한 그래프입니다. 해당 시기에 맞는 사진을 〈보기〉에서 찾아 기호를 써넣으시오.

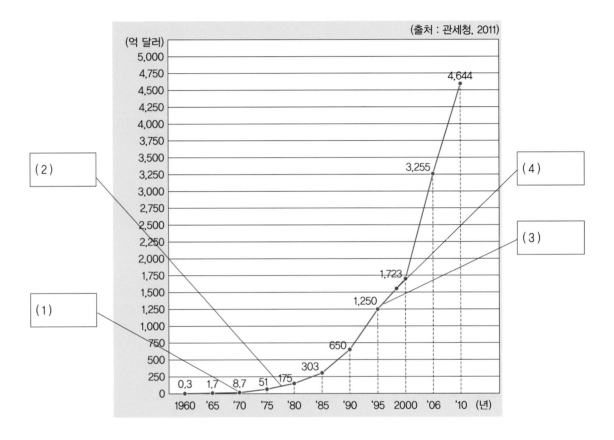

(2)

(1)

(4)

(3)

(출처 : 관세청, 2011)

(가) 100억 불($) 수출 기념

(나) 경부 고속 국도 개통

(다) 금 모으기 운동

(라) OECD 가입

02 **관련 있는 것끼리 연결하시오.**

(1)	삼백 산업	• • (가)	철강, 석유 화학, 기계
(2)	제1, 2차 경제 개발 계획	• • (나)	밀가루, 설탕, 면직물
(3)	제3, 4차 경제 개발 계획	• • (다)	신발, 의류, 가발
(4)	새마을 운동	• • (라)	김영삼 정부 때 이루어짐
(5)	OECD 가입	• • (마)	근면, 자조, 협동

03 **다음 자료의 (가) 시기와 (나) 시기에 있었던 일들을 〈보기〉에서 찾아 각각 써넣으시오.**

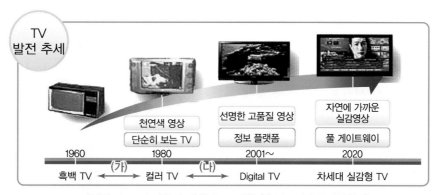

디지털 TV로의 전환과 미래의 TV 예측 (출처 : 방송통신위원회)

> **보기**
> • 1, 2차 경제 개발 계획 • 베트남 파병 • 88 서울 올림픽 개최
> • IMF 구제 금융 요청 • 경부 고속 국도 건설 • 한·일 월드컵 개최

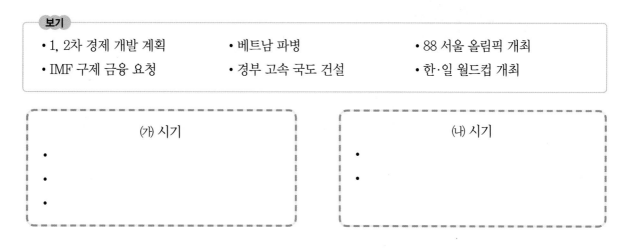

도전! 한국사능력검정시험

36회 중급 기출

1 다음 사건이 있었던 정부 시기의 경제 상황으로 옳은 것은?

전태일 동상

1970년 11월 13일 서울 평화 시장 재단사 전태일(당시 22세)이 열악한 노동 조건에 항거하여 "근로 기준법을 준수하라.", "우리는 기계가 아니다."라고 외치며 분신하였다.

① 금융 실명제를 실시하였다.
② 경부 고속 국도를 건설하였다.
③ 경제 협력 개발 기구(OECD)에 가입하였다.
④ 칠레와 자유 무역 협정(FTA)을 체결하였다.
⑤ 국제 통화 기금(IMF)에서 구제 금융을 지원 받았다.

30회 초급 기출

2 다음 우표가 발행된 시기를 연표에서 옳게 고른 것은?

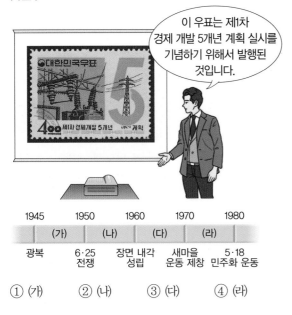

이 우표는 제1차 경제 개발 5개년 계획 실시를 기념하기 위해서 발행된 것입니다.

1945		1950		1960		1970		1980
	(가)		(나)		(다)		(라)	

광복 / 6·25 전쟁 / 장면 내각 성립 / 새마을 운동 제창 / 5·18 민주화 운동

① (가)   ② (나)   ③ (다)   ④ (라)

33회 초급 기출

3 (가)에 들어갈 용어로 옳은 것은?

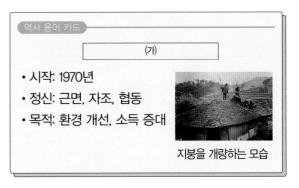

역사 용어 카드

(가)

· 시작: 1970년
· 정신: 근면, 자조, 협동
· 목적: 환경 개선, 소득 증대

지붕을 개량하는 모습

① 새마을 운동   ② 물산 장려 운동
③ 애국 계몽 운동   ④ 민립 대학 설립 운동

29회 중급 기출

4 (가)에 들어갈 사진으로 가장 적절한 것은?

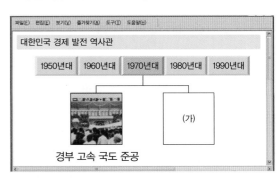

대한민국 경제 발전 역사관

| 1950년대 | 1960년대 | 1970년대 | 1980년대 | 1990년대 |

경부 고속 국도 준공

(가)

① 금 모으기 운동

② 경부 고속 철도 개통

③  수출 100억 달러 달성

④ 한미 자유 무역 협정(FAT) 타결

⑤  경제 협력 개발 기구(OECD) 가입

28회 초급 기출

5 (가)에 들어갈 사진으로 옳은 것은?

사진으로 보는 1990년대의 대한민국

| 금융 실명제가 실시되다 | (가) | 외환 위기가 발생하다 |

①
호주 제도가 폐지되다

②
6월 민주 항쟁이 일어나다

③
지방 자치 제도가 전면 시행되다

④
제24회 서울 올림픽이 개최되다

37회 초급 기출

6 밑줄 그은 '정부' 시기의 경제 상황으로 옳은 것은?

□□박물관 특별전 **독일로 간 한국 노동자들**

경제 개발 5개년 계획 추진을 위해 외화가 필요했던 정부는 독일과 협정을 체결하여 광부를 파견하였습니다. 또한 광부뿐만 아니라 많은 간호사도 고국을 떠나 독일로 건너갔습니다.

독일로 간 그들의 삶을 따라가 봅시다.

• 기간: 2017년 ○○월 ○○일~○○월 ○○일
• 장소: □□박물관 기획 전시실

① 3저 호황으로 수출이 증가
② 베트남 전쟁 참전에 따른 특수
③ 국제 협력 개발 기구(OECD)에 가입
④ 국제 통화 기금(IMF)의 관리를 받음
⑤ 개성 공단 건설로 남북 경제 교류 활발

25회 중급 기출

7 다음 사건이 있었던 시기를 연표에서 옳게 고른 것은?

우리나라가 29번째 회원국으로 OECD에 가입하였습니다. 이를 통해 우리나라는 GNP 및 무역 규모 세계 13위의 경제 역량에 걸맞는 국제적 지위를 확보하게 되었습니다.

OECD(경제 협력 개발 기구) 가입

1965	1977	1988	1997	2005	2011
(가)	(나)	(다)	(라)	(마)	
한일 협정 국회 비준	수출 100억 달러 달성	서울 올림픽 개최	IMF 구제 금융 요청	수출 3천억 달러 달성	한미 FTA 국회 비준

① (가) ② (나) ③ (다) ④ (라) ④ (마)

40회 초급 기출

8 (가)에 들어갈 내용으로 옳은 것은?

친구1 어제, 오전 9시 30분
#역사의_한_장면
지방 자치 제도가 전면 실시된 1990년대에는 어떤 일들이 있었을까?

👍좋아요 | 💬댓글 달기 | ➤공유하기

친구2 대통령 긴급 명령으로 금융 실명제를 전격 실시했어.

친구3
(가)

① 농지 개혁법이 제정되었어.
② 경부 고속 국도를 개통했어.
③ 한·일 월드컵 축구 대회를 개최했어.
④ 국제 통화 기금에 구제 금융을 요청했어.

1 1인 지배 체제, 북한

(1) 김일성: 1인 지배 체제 완성, 국가 최고 지위인 주석에 올라 절대적 권력 행사

(2) 김정일과 김정은: 김일성의 아들과 손자로 북한에서 절대적인 권력 행사, 3대째 권력을 계승하고 있으며, 김정은이 현재 북한의 통치자

(3) 북한: 조선 민주주의 인민 공화국

　① 국기(인공기), 국화(목란)

　② 집단 체조 아리랑: 개인보다 집단이 중요한 북한 사회의 모습을 잘 보여 줌

인공기

2 통일을 위한 남북한의 노력

(1) 이산가족의 아픔과 만남

　① 이산가족: 6·25 전쟁으로 남북에 떨어져서 살아가는 가족

　② 1985년 이산가족 고향 방문

　③ 이산가족 상봉: 2000년 이후로는 비교적 활발하게 이루어졌으나 여러 차례 중단되기도 함

(2) 탁구 단일 대표팀 KOREA

한반도기

　① 남북 단일팀 KOREA, 세계 탁구 선수권 대회 참가(1991년 4월)

　② 남북한 동시 UN 가입(1991년 9월)

　③ 남북이 서로의 체제 인정, 상호 불가침에 합의(1991년 12월)

(3) 7·4 남북 공동 성명(1972년): 남북한이 분단 이후 최초로 통일에 대해 논의함

(4) 남북한이 함께 만나 통일에 대해 논의

　① 제1차 남북 정상 회담(2000년): 6·15 남북 공동 선언 발표

　② 남북한이 통일에 대한 긍정적인 논의와 신뢰 회복

불가침
서로 침범하지 않음

(5) 제1차 남북 정상 회담 이후의 남북 관계

　① 경의선 등 남북한 간의 철도 건설

　② 금강산 육로 관광, 개성 관광, 육로로 진행된 제2차 남북 정상 회담(2007년)

3 세계적으로 높아진 대한민국의 위상

(1) 88 서울 올림픽 개최와 스포츠 강국 대한민국

호돌이

　① 1948년 첫 올림픽 출전(제14회 런던 올림픽)

　② 1986년 아시안 게임 성공 개최

　③ 1988년 서울 올림픽 성공 개최로 전 세계에 달라진 한국의 모습을 알림

(2) 국민 스포츠 야구와 2002년 월드컵

① 1980년대 초 프로야구(1982)와 프로축구(1983)가 시작됨

② 야구: 국민 스포츠로 자리매김, 700만 관중 시대, 베이징 올림픽 금메달

③ 2002년 한·일 월드컵 때 4강, 길거리 응원 문화 ➡ 전 세계에 확산

(3) 한류와 K-POP

① 한류: 한국의 대중문화가 해외에서 유행

② 종류: 드라마, 영화, K-POP

③ 전 세계로 확산, 한국의 상품과 문화, 한국어 등도 인기를 끌고 있음

(4) 높아진 국제 위상만큼 국제 지원 활동에 참여

① 한국 국제 협력단(KOICA): 개발 도상국가들의 경제·사회 발전 지원

② 유엔 평화 유지군: 세계 여러 지역의 분쟁 해결에 기여

4 독도 그리고 동북아시아의 역사 갈등

(1) 독도를 지키기 위한 활동: 1945년 8월 15일 독립 이후 독도를 되찾음

① 1952년 평화선을 발표하여 우리 땅임을 대내외에 발표함

② 독도 명예 주민증: 독도에 다녀온 뒤 60일 안에 독도관리사무소에 신청

③ 반크(VANK) 등 여러 시민 단체에서 독도 지킴이 활동을 함

(2) 일본의 역사 교과서 왜곡

① 일본군 위안부, 난징 대학살 등 일본의 전쟁 범죄를 삭제, 대폭 축소

② 일본 내 역사 및 사회 교과서 전체에 걸쳐 진행중임

2002년 한·일 월드컵

유엔 평화 유지군

독도 지킴이 활동

한국사 빈칸으로 확인하기

● ☐☐☐은 북한에서 권력을 잡은 후 1인 지배 체제를 굳혔다.

● 2000년 김대중 대통령은 북한을 방문하여 ❷☐·☐☐☐☐☐☐☐을 발표하였다.

● 우리나라는 꾸준히 올림픽에 참여하다 1988년에 ❸☐☐☐☐을 개최하면서 스포츠 강국으로 성장하였다.

● 러·일 전쟁 당시에 일본이 빼앗아 간 ❹☐☐는 광복 직후 우리 영토가 되었다.

정답
❶ 김일성
❷ 6·15 남북 공동 선언
❸ 서울 올림픽
❹ 독도

01 다음 사진을 일어난 순서대로 나열하시오.

(가)   (나)   (다)   (라)

제1차 남북 정상 회담   남북 탁구 단일팀   이산가족 고향 방문   개성 공단의 시작

(   ) → (   ) → (   ) → (   )

02 다음 사진의 공연과 관계 깊은 나라에 대해 살펴보고 카드의 뒷면을 채워 넣으시오.

〈카드의 앞면〉   〈카드의 뒷면〉

- 국가 이름 :
- 국화 :
- 특징
  - 3대째 권력을 세습하고 있음
  -
  -
  -

03 다음 독도 사진을 보고, 주요 지명을 써넣으시오.

04 다음 노래 가사를 읽고, 물음에 답하시오.

> 울릉도 동남쪽 뱃길 따라 이백리 외로운 ㉠ <u>섬 하나</u> 새들의 고향
> 그 누가 아무리 ㉡ <u>자기네 땅</u>이라고 우겨도 독도는 우리 땅

(1) 독도 사진을 보고 ㉠의 가사가 틀린 이유를 써 보시오.

(   )

(2) ㉡을 주장하는 나라의 이름을 쓰시오.

(   )

(3) ㉡ 나라의 학생들에게 편지를 써 보시오.

35회 초급 기출

1 (가)~(다)를 일어난 순서대로 옳게 나열한 것은?

평화 통일을 위한 노력

(가) 7·4 남북 공동 성명 발표

(나) 남북 기본 합의서 채택

(다) 6·15 남북 공동 선언 발표

① (가)-(나)-(다)
② (가)-(다)-(나)
③ (나)-(가)-(다)
④ (다)-(가)-(나)

33회 초급 기출

2 (가)에 들어갈 내용으로 옳은 것은?

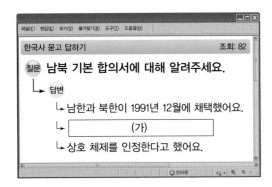

파일(F) 편집(E) 보기(V) 즐겨찾기(A) 도구(T) 도움말(H)

한국사 묻고 답하기　　　　　　조회: 82

질문 남북 기본 합의서에 대해 알려주세요.

↳ 답변
　↳ 남한과 북한이 1991년 12월에 채택했어요.
　↳ 　　　　　(가)
　↳ 상호 체제를 인정한다고 했어요.

① 6·25 전쟁을 멈추기로 합의했어요.
② 신탁 통치를 실시하기로 합의했어요.
③ 남북 사이의 화해와 교류·협력을 합의했어요.
④ 미·소 공동 위원회를 설치하기로 합의했어요.

37회 초급 기출

3 (가)에 들어갈 대회로 옳은 것은?

이것은 1988년 개최된 ㅤ(가)ㅤ의 마스코트인 호돌이와 대회 휘장입니다.

① 서울 올림픽 대회
② 인천 아시아 경기 대회
③ 한·일 월드컵 축구 대회
④ 대구 세계 육상 선수권 대회

30회 초급 기출

4 (가)에 들어갈 사진으로 옳은 것은?

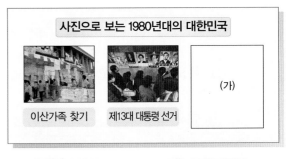

사진으로 보는 1980년대의 대한민국

이산가족 찾기　　제13대 대통령 선거　　(가)

①
서울 올림픽 개최

②
금강산 관광 시작

③
경부 고속 국도 개통

④
한·일 월드컵 축구 대회 개최

40회 초급 기출

5 다음 자료에 해당하는 시기의 통일 노력으로 옳은 것은?

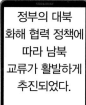
최초로 이루어진 남북 정상 회담의 결과 6·15 남북 공동 선언이 발표되었다.

정부의 대북 화해 협력 정책에 따라 남북 교류가 활발하게 추진되었다.

김대중 대통령은 한반도 평화를 위한 노력을 인정받아 노벨 평화상을 수상하였다.

① 개성 공단 조성 합의
② 남북 기본 합의서 채택
③ 남북 조절 위원회 설치
④ 남북한 유엔 동시 가입

38회 초급 기출

6 (가)에 들어갈 사진으로 옳은 것은?

시간 순으로 보는 남북한의 화해와 협력

남북 기본 합의서 채택(1991) → (가) → 제2차 남북 정상 회담 개최(2007)

①
경부 고속 국도 개통

②
6월 민주 항쟁 전개

③
7·4 남북 공동 성명 발표

④
시드니 올림픽 남북한 선수단 동시 입장

34회 초급 기출

7 (가)에 들어갈 사진으로 옳은 것은?

사진으로 보는 2000년대의 대한민국

남북한 정상의 만남 | 시드니 올림픽 남북한 선수단 동시 입장 | (가)

①
경부 고속 국도 개통

②
한·일 월드컵 축구 대회 개최

③
남북 기본 합의서 채택

④
국제 통화 기금(IMF) 지원 협정 체결

31회 초급 기출

8 밑줄 그은 ㉠의 내용으로 옳지 않은 것은?

독도의 날 기념 행사

반갑다, 독도야!

• 기간: ○○○○년 ○○월 ○○일~○○일
• 장소: □□ 시청 광장
• 행사 내용
  ㉠독도 역사 바로 알기
  독도 명예 주민증 신청하기
  독도 우표 전시회

① 세종실록지리지에 우산이라 기록되어 있다.
② 이종무가 왜구를 소탕하기 위해 정벌한 곳이다.
③ 안용복이 일본에 가서 우리 땅임을 확인하였다.
④ 대한 제국 칙령 제41호에서 우리 영토임을 분명히 하였다.

한눈에 보는 자료 특강 ● VIII. 대한민국

◇ 광복 후의 한반도

일제가 패망하고 우리 민족도 광복을 맞았어요. 이후 남한에서는 선거를 통해 국회 의원을 뽑고 헌법을 정하는 등 새 정부를 수립하기 위해 노력하였어요.

이승만, 김구를 비롯한 독립
운동가들이 귀국했어요.

모스크바 3국 외무 장관 회의에서
신탁 통치를 결정했어요.

| 이승만 | 신탁 통치 반대 운동 | 5·10 총선거 | 대한민국 정부 수립 |

◇ 6·25 전쟁

광복의 기쁨도 잠시, 남과 북에는 각각 정부가 수립되면서 우리 민족은 두 개의 나라로 분열하였어요. 그러던 중 북한은 소련과 중국의 지원을 받아 6·25 전쟁을 일으켰지요.

국군과 유엔군은 낙동강
근처까지 쫓겨갔어요.

유엔군의 도움으로
서울을 되찾았어요.

6 · 25 전쟁의 발발 　부산을 임시 수도로 정함　서울 수복　중국군의 참전

중국군이 참전한 후 우리 국군은 후퇴하여 다시
서울을 빼앗겼어요. 이를 1·4 후퇴라고 부르지요.

◇ 민주주의의 발전

정부 수립 후 우리나라는 몇 차례의 어려움이 있었지만 꾸준히 민주주의를 발전시켜 나갔어요. 그 대표적인 예가 4·19 혁명, 5·18 민주화 운동, 6월 민주 항쟁이랍니다.

초등학생들도 시위에 참여했어요.

신군부에 저항하며 민주주의를 요구했어요.

4·19 혁명

5·18 민주화 운동

6월 민주 항쟁

대통령을 국민의 손으로 뽑게 되었어요.

◇ 눈부신 경제 성장

우리 민족은 6·25 전쟁으로 잿더미가 된 속에서도 부지런히 일했어요. 그 결과 세계가 깜짝 놀랄 만큼 경제 성장을 이루었답니다.

6·25 전쟁 후 물자가 귀했던 1950년대, 미국이 밀, 사탕수수 등을 지원해 주었어요

1997년에 시작된 IMF 체제를 극복하기 위해 전 국민이 금을 모았어요.

우리나라는 1990년대부터 세계의 어려운 나라들을 돕고 있어요.

대한제분

100억 달러 수출 달성

금 모으기 운동

한국 국제 협력단(KOICA)

목숨으로 민주주의를 지켜낸 민주화 운동

5·18 민주화 운동 기록관

5·18 민주화 운동 당시 광주 시민들이 모인 가장 대표적인 역사의 현장이
바로 금남로예요. 그곳에 당시의 역사를 한눈에 볼 수 있는
5·18 민주화 운동 기록관이 있어요. 지금부터 기록관을 돌아보며
민주주의를 지켜내려 했던 광주 시민들을 만나볼까요?

★ 체험 포인트

❶ 5·18 민주화 운동에 대해 파악하기
❷ 민주주의를 지키려는 다양한 노력 알아보기

우리 현대사에서 수많은 사람들이 희생당하며 꼭 지켜내고자 한 것이 있어요.
바로 민주주의랍니다. 1980년 5월 광주 시민들은 계엄군의 무자비한 폭력에 맞
서 민주주의를 지켜내기 위해 시민군이 되어 싸웠어요. 당시 시민군 활동의 중
심 무대가 되었던 곳이 바로 금남로 거리와 전남 도청이에요. 현재 전남 도청은
국립 아시아문화전당이 되었고, 금남로에 있던 광주 가톨릭센터 건물은 5·18
민주화 운동 기록관으로 쓰이고 있어요.

2011년 5·18 민주화 운동 기록물들이 유네스코 세계 기록 유산에 등재되었
고, 이후 2015년 이 기록관은 문을 열었어요. 이곳에서는 5·18 민주화 운동 당
시의 기록물들을 만날 수 있어요. 당시 광주 시민들이 어떻게 하나가 되어 계엄
군에 맞섰는지도 잘 알 수 있지요. 또한 역사를 기억한다는 것의 의미를 되새겨
볼 수 있고요.

기록관을 돌아보고 난 뒤 금남로 거리를 걸으며 그날의 일들을 떠올려보세요.
그리고 광주 시민들이 목숨 바쳐 지키고자 했던 것이 무엇인지도 생각해 보세요.

● 주소　　　광주 동구 금남로 221
● 홈페이지　www.518archives.go.kr/
● 전화번호　062)613-8294
● 교통편　　광주 지하철 금남로 4가역
● 관람 시간　09:00 ~ 18:00(17:30까지 입장 가능)
● 휴관일　　매주 월요일, 1월 1일, 추석과 설 연휴

돋보기

5·18 민주화 운동 기록관 살펴보기

옛 전남 도청 앞 금남로에 있는 5·18 민주화 운동 기록관이에요.

1층 로비 모습이에요. 계엄군이 쓴 총알이 관통한 옛 광주 은행 본점 유리창이 전시되어 있어요.

시민군들에게 주먹밥을 해줄 때 사용한 양은 함지박이에요.

당시 초등학교 6학년이었던 김현경 어린이가 쓴 일기장이 전시되어 있어요.

고등학생이었던 주소연 학생의 일기장은 '한국판 안네의 일기'로 불리는데, 유네스코 세계 기록 유산에 등재되어 있어요.

답사 꿀팁!

5·18 민주화 운동 기록관은 앞으로도 더 많은 기록과 기억들로 채워질 거예요. 어떤 것들로 채워지면 좋을지도 함께 생각해 보아요.

MEMO

정답 및 해설

정답 및 해설

V
조선 후기

1 조선 사회의 새로운 움직임

학습 활동 활동 북 8~9쪽

01 (1) 대동법 (2) 쌀, 무명, 동전 / 토지
02 통신사
03 (1) 모내기법 (2) ① ○ ② ○ ③ ×
04 (1)-(다)-ⓒ (2)-(나)-ⓙ (3)-(가)-ⓒ

01 대동법

특산물을 공물로 내는 제도를 개선하기 위해 조선에서는 대동법을 실시했어요. 대동법은 특산물을 공물로 내는 대신 토지를 기준으로 쌀, 무명, 동전으로 내도록 하는 제도예요.

02 통신사

임진왜란 이후 조선은 일본과 교류를 끊었어요. 그러나 일본 정부의 지속적인 요청으로 조선은 일본으로 통신사를 파견했어요. 통신사는 일본 정부의 권위를 높여 주고 조선의 선진 문물을 일본에 전해 주는 외교 사절단 역할을 하기도 했어요.

03 모내기법

그림에 나타난 농사법은 모내기법이에요. 모내기법을 이용하면 힘을 덜 들이고도 생산량을 늘릴 수가 있었어요. 그래서 한 사람이 넓은 땅을 농사짓는 것이 가능해졌어요.

04 효종, 허준, 안용복

효종은 명에 대한 의리를 지키고 청에 복수를 하자는 북

벌 운동을 추진했어요.

허준은 주변에서 쉽게 구할 수 있는 약초를 이용하여 병을 치료할 수 있는 방법을 기록해 놓은 《동의보감》을 편찬했어요.

안용복은 일본에 건너가 울릉도와 독도 지역이 우리 영토임을 확인받고 돌아왔어요. 이후 조선 정부는 19세기에 울릉도에 관리를 보내어 다스리도록 했어요.

도전! 한국사능력검정시험 활동 북 10~11쪽

| 1 ③ | 2 ① | 3 ④ | 4 ③ |
| 5 ④ | 6 ① | 7 ④ | 8 ② |

1 통신사

제시된 자료는 조선 후기에 일본 정부의 요청으로 파견된 외교 사절단인 ③ 통신사 행렬 재현 축제 포스터입니다.

오답 거르기

① 연행사는 조선 후기 청에 보낸 사신단입니다.
② 영선사는 중국의 근대 문물을 배우기 위해 파견된 유학생과 사절단입니다.
④ 조사 시찰단은 개항 이후 일본에 파견된 외교 사절단으로 일본에서 근대 문물을 배워오도록 하였습니다.

2 동의보감

(가)에 들어갈 책은 조선 시대 허준이 지은 의학서입니다. 우리 땅에서 자라고 쉽게 구할 수 있는 약재를 소개해 백성을 구하고자 편찬한 이 의학서는 ① 동의보감입니다.

오답 거르기

② 마과회통은 정약용이 지은 홍역 치료법이 담긴 의학서입니다.
③ 의방유취는 세종 대에 편찬된 의학서입니다.
④ 향약집성방은 조선 세종 대에 편찬된 의학서로 우리나

라에서 나는 약재인 향약을 소개하고 있습니다.

3 조선 후기 경제의 성장

조선 후기 상업이 발달하면서 부유한 상인들이 생겨났는데, 이들 중 일본과의 무역을 주도한 상인은 내상입니다. 내상이 근거지로 삼아 주로 활동하던 지역은 동래로 ④ (라) 지역입니다.

`오답 거르기`

① (가) 의주는 만상의 활동 근거지입니다.
② (나) 개성은 송상의 활동 근거지입니다.
③ (다) 한성은 시전 상인 또는 경강 상인이 주로 활동했던 지역입니다.

4 조선 후기 상업의 발달

제시된 자료는 조선 시대 전국 장시를 무대로 활동한 ③ 보부상과 관련된 축제 포스터입니다. 보부상은 봇짐장수와 등짐장수를 아울러 일컫던 상인입니다.

`오답 거르기`

① 객주는 숙박업을 하며 상인들의 물건을 맡아 대신 팔아 주던 중간 상인이에요.
② 공인은 대동법이 시행되면서 등장한 상인으로 나라에서 필요한 물건을 대던 상인이에요.
④ 경강 상인은 조선 후기 한강을 중심으로 활동하던 상인이에요.
⑤ 시전 상인은 수도 한성의 시장에서 세금을 내고 허가를 받아 상업 활동을 하던 상인이에요.

5 조선 후기의 사회 변화

제시된 책은 조선 시대 사회와 경제라는 책입니다. ④ 건원중보는 고려 시대의 화폐입니다.

`오답 거르기`

① 동의보감 편찬, ② 담배와 고추 재배, ③ 균역법 실시는 모두 조선 후기의 모습입니다.

6 대동법

제시된 기사는 ① 대동법 시행에 대한 자료입니다. 대동법은 광해군 때 경기도에 처음으로 시행되었으며, 공물로 특산물을 내는 대신 토지를 기준으로 쌀, 동전, 무명을 내게 하는 세금 제도입니다. 이후 대동법은 전국적으로 확산되었습니다.

`오답 거르기`

② 사창제는 촌락에 사창을 설치하여 곡물을 빌려주는 제도입니다.
③ 호패법은 조선 태종 대에 16세 이상의 남자들이 호패를 가지고 다니도록 한 제도입니다.
④ 호포제는 가구(집)를 기준으로 군포를 내도록 한 제도입니다.

7 대동법

제시된 자료는 대동법이 김육의 노력으로 충청도에 확대 시행된 것을 기리기 위해 세워진 비석입니다. 대동법은 ④ 특산물 대신 쌀이나 베, 돈 등으로 납부하게 한 제도입니다.

`오답 거르기`

① 금난전권을 폐지한 것은 상인들의 자유로운 활동을 보장하기 위해서입니다.
② 환곡의 폐단을 바로잡기 위해 사창제를 실시하였습니다.
③ 군포 부담을 1인당 1필로 줄여 준 것은 균역법입니다.

8 효종의 북벌 정책

제시된 자료는 ② 효종이 북벌을 추진하던 시기에 청이 러시아를 정벌하고자 조선의 조총 부대 파병 요청에 대해 논의를 하는 가상 대화 장면입니다.

`오답 거르기`

① 인조는 광해군을 몰아내고 왕이 되었습니다.
③ 광해군은 중립 외교를 펼쳤습니다.
④ 연산군은 조선 시대의 대표적인 폭군으로 알려진 왕입니다.

2 새로운 문물의 도래

학습 활동
활동 북 14~15쪽

01 (1) ① × ② ○

(2) 예 지구는 둥글고 자전을 해. 중국이 항상 세상의 중심이 아니야. 지구가 자전하다보면 우리도 세상의 중심이 될 수 있어.

02 (1)-(다) (2)-(나) (3)-(가)

03 유득공, 〈대동여지도〉

04 (1) ① (가) ② (나), (다)

(2) 예 신하들은 편을 나누어 싸우지 말고, 힘을 모아 백성들이 잘사는 나라를 만들기 위해 노력하라.

01 〈곤여만국전도〉

〈곤여만국전도〉는 조선 후기에 중국을 통해 전래된 세계 지도예요. 〈곤여만국전도〉는 중국 중심의 생각에서 벗어나는 데 영향을 주었어요.

02 실학

박제가는 북학의를 저술하였고, 박지원은 《열하일기》를 썼어요. 정약용은 《목민심서》와 《경세유표》를 저술하였어요.

03 우리나라에 대한 관심

유득공은 발해의 역사를 우리 역사에 포함시킨 《발해고》를 썼어요. 김정호는 우리나라 곳곳을 실제로 둘러보고 여러 지도를 참고해 〈대동여지도〉를 만들었어요.

04 영조와 정조의 개혁 정치

영조는 신하들이 편을 나누어 대립하는 문제를 해결하기 위해 탕평책을 실시하였어요. 이를 위해 성균관에 탕평비를 세우기도 했죠. 영조의 손자이자 사도 세자의 아들인 정조는 왕실 도서관인 규장각을 통해 인재를 길러냈고, 새로운 계획 도시인 수원 화성을 건설했어요. 강화도의 용흥궁은 철종이 왕위에 오르기 전에 살았던 곳입니다.

도전! 한국사능력검정시험
활동 북 16~17쪽

| 1 ③ | 2 ① | 3 ④ | 4 ② |
| 5 ① | 6 ① | 7 ③ | 8 ④ |

1 곤여만국전도

제시된 자료는 천주교 선교사인 마테오 리치가 제작한 ③ 곤여만국전도입니다. 세계를 둥글게 표현한 이 지도는 당시 사람들이 중국 중심의 생각에서 벗어나는 데 영향을 주었습니다.

오답 거르기

① 팔도총도는 조선 전기에 제작된 우리나라 지도입니다.

② 대동여지도는 조신 후기에 김징호가 만든 지도입니다.

④ 혼일강리역대국도지도는 조선 전기에 제작된 우리나라 최초의 세계 지도입니다.

2 서학의 전래

제시된 자료는 천주교에 대한 조선 정부의 탄압을 보여주는 장면입니다. 조선 정부는 천주교가 제사를 거부하고 신분 질서를 어지럽히는 종교로 판단하여 탄압을 하였습니다. 천주교는 ① 서학이라고도 불렸습니다.

오답 거르기

② 연등회를 중요시한 것은 불교입니다.

③ 고려 후기에 전래된 것은 성리학입니다.

④ 최제우에 의해 창시된 것은 동학입니다.

3 실학의 발달

자료는 조선 후기 실학자인 ④ 홍대용에 대한 설명입니다. 그는 혼천의를 제작하였고, 청에 가서 여러 가지 천문 기구를 구경하고 청의 학자들과 교류하였으며 귀국 후 의산문답을 저술하였습니다.

오답 거르기

① 김정호는 대동여지도를 만들었고, ② 박제가는 북학의를 썼으며, ③ 유형원은 반계수록을 썼습니다.

---

4 상업 중심의 개혁론

자료는 박제가의 ② 북학의를 소개하고 있는 문화유산 카드입니다. 북학의에서 박제가는 생산을 늘리기 위해 소비의 중요성을 강조하였습니다.

오답 거르기

① 발해고는 유득공, ③ 목민심서는 정약용, ④ 자산어보는 정약전이 쓴 책입니다.

5 정약용의 사상

제시된 자료는 목민심서, 경세유표 등을 쓴 정약용이 유배 생활을 보낸 다산 초당의 모습입니다. 정약용은 ① 거중기를 고안하여 수원 화성을 쌓았습니다.

오답 거르기

② 자격루는 장영실이 발명하였습니다.

③ 홍길동전은 허균이 저술하였습니다.

④ 동국대지도는 조선 후기 정상기가 만든 동국지도와 유사한 조선 전도입니다.

6 균역법

제시된 자료는 영조의 ① 균역법 실시를 보도한 신문 기사입니다. 영조는 백성들의 군포 부담을 덜어주고자 군포를 종전의 2필에서 1필로 줄였습니다.

오답 거르기

② 대동법은 지방의 특산물로 바치던 공물을 토지에 따라 쌀로 바치게 한 세금 제도입니다.

③ 영정법은 풍년과 흉년에 상관없이 일정량의 토지세를 내도록 한 제도입니다.

④ 진대법은 고구려의 빈민을 구제하기 위한 제도로 봄에 곡식을 빌려주고 가을에 갚게 한 제도입니다.

7 정조의 개혁 사상

정조의 주요 업적으로는 규장각 기능 강화, 장용영 설치, ③ 탕평책 실시 등이 있습니다.

오답 거르기

① 대마도를 정벌한 것은 고려 시대 박위와 조선 세종 때 이종무가 한 일입니다.

② 순수비는 진흥왕이 영토를 넓히고 세운 비석입니다.

④ 헤이그에 특사를 파견한 것은 을사늑약의 부당함을 알리기 위해 고종이 한 일입니다.

8 수원 화성

제시된 자료는 파괴된 수원 장안문과 복원된 수원 장안문의 사진과 이에 대한 설명입니다. 파괴된 장안문의 복원이 가능하였던 이유는 수원 화성의 축조 과정을 글과 그림을 정리한 ④ 화성성역의궤 덕분입니다.

오답 거르기

① 동의보감은 허준이 만든 의학서입니다.

② 악학궤범은 성종 때 성현이 만든 음악 관련 서적입니다.

③ 삼강행실도는 세종 때 만들어진 책으로 우리나라와 중국의 충신, 효자, 열녀 등에 대한 내용을 글과 그림으로 엮어 만든 책입니다.

3 피어나는 조선의 서민 문화

학습 활동
활동 북 20~21쪽

01 (1) (가), (나)

(2) (다), (마), (바)

(3) ① 효(孝) ② 부모님께 효도하라는 가르침을 담았다.

02 (1) 탈춤(탈놀이) (2) 양반

03 (가) 청화 백자 (나) 떡살 (다) 나전 칠기 (라) 조각보

01 조선 후기 회화

조선 후기에는 백성들의 삶을 그린 풍속화가 유행하였어

요. 대표적인 풍속화가로는 신윤복과 김홍도가 있어요. 그리고 민화도 유행하였어요. 민화에는 백성들의 소망이 담겨 있었어요.

(가), (나) – 민화

(다), (마), (바) – 김홍도의 풍속화

(라) – 신윤복의 풍속화

02 탈춤

탈춤은 탈을 쓴 사람들이 춤을 추며 공연을 하는 것이었어요. 탈춤의 공연 내용은 양반을 비꼬아 표현한 내용도 포함하고 있어요.

03 조선 시대 생활용품

조선 시대의 대표적인 생활용품에는 청화 백자, 떡살, 나전 칠기, 조각보 등이 있어요.

도전! 한국사능력검정시험
활동 북 22~23쪽

| 1 ④ | 2 ② | 3 ③ | 4 ② |
| 5 ② | 6 ① | 7 ① | 8 ③ |

1 탈놀이

제시된 자료는 학생들이 조선 후기 탈놀이에 대해 발표하고 있는 모습입니다. ④ 소리꾼이 북을 치고 고수와 함께 이야기를 풀어나가는 것은 판소리에 대한 설명입니다.

2 판소리

제시된 자료는 ② 판소리에 대한 설명입니다. 판소리는 노래와 이야기를 엮어서 연출하는 것으로 신재효에 의해 체계적으로 정리된 우리나라의 무형 문화유산입니다.

오답 거르기

① 별신굿은 마을에서 무당이 제사지내며 하는 굿입니다.

③ 사물놀이는 꽹과리, 징, 장구, 북 등 네 가지의 악기로 연주하는 것입니다.

④ 산대놀이는 종이, 나무 등으로 만든 탈을 쓰고 광대들이 음악에 맞추어 춤과 몸짓을 하면서 노래를 부르는 것입니다.

3 서민 문화의 발달

제시된 풍속화, 한글 소설, 민화는 조선 후기 ③ 서민 문화 발달과 관련된 주요 내용입니다.

오답 거르기

① 성리학은 인간의 도리와 우주의 질서를 연구하는 학문으로 고려 말 원에서 들여온 학문입니다.

② 과학 기술은 조선 세종 시기에 발전하였습니다.

④ 조선 후기 서민 문화의 발달은 사회·경제적 변화와 서민들의 의식 성장에 의한 것으로, 서양 문물의 수용과는 관련이 없습니다.

4 민화

제시된 자료에서처럼 조선 후기 민화 특별전에서 볼 수 있는 그림은 민화 작품인 ② 작호도입니다. 민화는 서민들의 정서와 소망을 담고 있는 것으로 그린 사람을 잘 알 수는 없습니다.

오답 거르기

① 미인도는 조선 후기 화가인 신윤복의 그림입니다.

③ 고사관수도는 조선 초기 화가인 강희안의 그림입니다.

④ 인왕제색도는 조선 후기 화가인 정선의 그림입니다.

5 조선 후기의 문화

제시된 자료는 조선 후기 회화 특별전 초대장입니다. 이 전시회에서 볼 수 있는 그림으로 적절하지 않은 것은 ② 몽유도원도입니다. 몽유도원도는 조선 전기 안견의 그림으로 조선 후기 회화 특별전에는 적절하지 않습니다.

6 김홍도의 풍속화

제시된 자료는 단원 김홍도의 풍속화 작품집입니다. 이 작품집에 들어갈 그림으로 적절한 것은 김홍도의 작품인 ① 논갈이입니다.

7 신윤복의 풍속화

제시된 자료의 (가)에 들어갈 문화유산은 신윤복의 작품입니다. 신윤복은 주로 양반들의 풍류와 여성들의 생활 모습을 그렸는데 대표적인 그림으로는 ① 미인도가 있습니다.

8 청화 백자

제시된 자료의 (가)에 들어갈 문화유산은 조선 시대에 유행한 도자기입니다. 흰 바탕에 푸른색 안료로 그림을 그린 것은 ③ 백자 청화 매죽문 항아리입니다.

4 조선 시대 여성의 삶

학습 활동
활동북 26~27쪽

01 (1) 예 나라에 돈이나 곡식을 내는 사람에게 이름을 적어 주기 위해서이다.
   (2) ① 증가할 것이다 ② 낮아질 것이다
02 (1) ○ (2) ○ (3) ○ (4) ×
03 (1) (가) 신사임당 (나) 허난설헌 (다) 김만덕
   (2) (가)
   (3) ③

01 공명첩

공명첩은 이름이 비어 있는 관직 임명장으로, 양반이 아닌 사람도 관청에 많은 돈이나 곡식을 내면 공명첩을 통해 양반이 될 수 있었어요. 조선 후기에는 공명첩의 발급으로 양반의 수는 증가하였지만, 양반의 권위는 예전 같지 않았어요.

02 조선 후기 여성들의 삶

조선 후기에는 성리학이 널리 퍼졌고, 성리학은 여성들의 생활에 많은 영향을 주었죠. 성리학은 남자와 여자 사이의 다름을 강조했고, 여성에게는 결혼하여 자식을 잘 기르는 것이 강조되었어요. 양반 여성들은 재혼을 하면 자식들이 불이익을 받기도 했기 때문에 사실상 재혼을 하기란 힘들었어요. 상민 여성은 집안일뿐 아니라 농사일도 해야 했어요.

03 조선 시대 여성

(가)는 신사임당, (나)는 허난설헌, (다)는 김만덕이에요. 신사임당은 율곡 이이를 잘 길러낸 훌륭한 어머니이자, 시와 그림에 능한 예술가였어요. 허난설헌은 글재주가 뛰어난 여성으로 중국에까지 이름을 떨쳤어요. 김만덕은 자신의 재산을 풀어 제주에서 어려움을 겪는 백성을 도왔죠.

1 조선 후기 신분 제도

조선 시대 중인에 대한 설명으로 옳지 않은 것은 ④ 가축을 잡아 고기를 파는 백정에 대한 내용입니다.

조선 시대에 백정은 중인이 아니라 양인이었으며, 아픈 사람을 치료하는 의관, 통역하는 역관, 도화서 화원은 모두 중인에 속했습니다.

2 공명첩

㈎에 들어갈 이 임명장은 ④ 공명첩입니다. 공명첩은 벼슬을 받는 사람의 이름을 비워둔 임명장을 말합니다. 조선 후기에는 신분 상승 수단으로 공명첩이 이용되었습니다.

3 조선 후기 신분 제도

제시된 자료는 아들이 어머님께 편지를 쓴 것입니다. 이 아들은 고을의 책임자로 농업과 교육을 장려하는 등의 임무를 담당하고 있는 ① 수령입니다.

오답 거르기

② 역관은 번역, 통역 등을 담당하는 사람입니다.

③ 암행어사는 왕의 명령을 받아 지방으로 몰래 다니며 백성들을 살피고, 지방의 수령을 감찰하는 관리입니다.

④ 포도대장은 조선 시대 경찰 기관인 포도청의 책임자입니다.

4 암행어사

제시된 자료는 왕과 암행어사가 대화를 나누는 장면입니다. 관리를 암행어사로 임명할 때 주는 물건은 ③ 마패입니다. 마패는 암행어사의 신분증명서로 말이 그려져 있습니다.

오답 거르기

① 홍패는 과거에 급제한 사람에게 주던 합격 증서입니다.

② 호패는 16세 이상의 남자들이 가지고 다니던 일종의 신분증명서입니다.

④ 공명첩은 벼슬을 받는 사람의 이름을 비워 둔 임명장입니다.

5 조선 후기의 신분제

제시된 자료는 ③ 노비에 대한 질문에 친구들이 설명을 하는 장면입니다. 조선 시대 노비는 가장 낮은 천민 신분으로, 나라 또는 개인의 재산으로 여겨졌으며 매매나 상속이 가능하였습니다.

오답 거르기

① 역관은 통역을 담당하던 사람들로 중인에 속하였습니다.

② 백정은 신분은 양인이지만 천한 취급을 받았던 사람들입니다.

④ 향리는 지방 관청의 행정적인 일을 맡아 하던 하급 관리입니다.

6 신사임당

오만 원권에 등장하는 인물은 신사임당입니다. 신사임당은 ④ 초충도를 그렸습니다.

오답 거르기

①은 어몽룡, ②는 신윤복, ③은 정선, ⑤는 김정희의 그림입니다.

7 허난설헌

제시된 인물 카드에 해당하는 인물은 ④ 허난설헌입니다. 허난설헌은 홍길동전을 쓴 허균의 누나로, 그녀의 작품들은 중국과 일본에서 높은 평가를 받았습니다. 허난설헌의 시문집으로는 난설헌집이 있습니다.

① 김만덕은 조선 후기에 활동했던 상인입니다.
② 유관순은 3·1 운동 당시 만세 운동을 벌인 인물입니다.
③ 신사임당은 조선의 여성 화가입니다.

8 김만덕

제시된 조사 보고서는 조선 시대 여성인 김만덕에 대한 것입니다. 조사 내용은 김만덕의 활동에 대한 내용으로 ㈎에 들어갈 내용은 ④ 흉년으로 굶주린 제주 백성들에게 쌀을 나눠 주었다는 것입니다.

① 황룡사 구층 목탑은 선덕 여왕이 세웠습니다.
② 서로 군정서 대원으로 활동하며 항일 투쟁을 벌인 여성 독립운동가는 남자현입니다.
③ 아우내 장터에서 만세 운동을 주도한 것은 유관순입니다.

5 농민의 함성이 조선을 뒤덮다

학습 활동
활동 북 32~33쪽

01 (1) 환곡 (2) 세도

02 (1)-㈎ (2)-㈐ (3)-㈏

03 (1) 홍경래

(2) ① ○ ② ○ ③ ✕

(3) 진주에 ○표

(4) 예 나쁜 관리들을 엄격하게 벌한다. 백성들의 세금을 통합하여 한 가지 세금만 내도록 한다. 등

01 세도 정치

세도 정치 시기에는 왕과 외척 관계를 맺은 몇몇 가문이 권력을 독차지하였어요. 그러자 이 가문들의 부정부패가 심해졌고, 세금 제도에서 문제점이 나타났어요. 그중에서 백성들을 가장 괴롭혔던 제도가 환곡이에요. 환곡은 봄에 관청에서 곡식을 빌려주고, 가을에 약간의 이자를 더하여 갚게 한 제도였는데, 강제로 빌려주고 높은 이자를 받는 등 문제점이 많았어요.

02 새로운 사상의 유행

조선 후기에는 새로운 사상과 종교가 유행했어요. 천주교는 조선 후기에 전래되어 서학이라는 이름으로 연구되었어요. 최제우는 동학을 창시했는데, 모든 인간이 하늘과 같다는 주장을 했어요. 미륵불이 이 세상에 나타나 사람들을 구원할 것이라는 미륵 신앙도 유행하였어요.

03 농민 봉기

세도 정치 시기에는 농민 봉기가 많이 일어났어요. 평안도 지역에서는 지역 차별과 세도 정치의 부정부패에 대항하여 홍경래가 난을 일으켰어요. 1862년 진주 지역에서도 백성을 수탈하는 관리에 반발하여 봉기가 일어났는데, 이 사건을 계기로 농민 봉기가 전국적으로 확대되었어요.

도전! 한국사능력검정시험
활동 북 34~35쪽

1 ④	2 ④	3 ②	4 ②
5 ④	6 ③	7 ③	8 ③

1 동학의 탄생

제시된 카드의 ㈎에 들어갈 인물은 조선 후기 새로운 종교를 창시한 ④ 최제우입니다. 그는 1824년 경주의 몰락 양반 가문에서 태어나 서학에 대응하기 위해 동학을 창시하였습니다. 그러나 최제우는 1864년 백성들의 마음을 흩뜨린다는 죄로 체포되어 처형되었습니다.

① 원효는 신라 시대에 불교를 일반 백성들에게 널리 퍼뜨린 승려입니다.

② 김대건은 우리나라 최초의 천주교 신부가 된 사람입니다.

③ 조광조는 조선 중종 때 뛰어난 인재를 천거(추천)하는 현량과 실시를 주장하는 등 새로운 정치를 하자고 했던 인물입니다.

2 동학

제시된 자료는 동학에 대한 내용을 정리한 것입니다. 동학을 창시한 사람은 경주 몰락 양반 출신인 최제우이고, 동학 사상은 사람이 곧 하늘이라는 인내천 사상입니다. 동학의 경전은 동경대전이고, 동학과 관련된 주요 사건은 동학 농민 운동이므로 ④ 묘청의 난은 (라)의 내용으로 적절하지 않습니다. 고려 시대에 활동했던 묘청은 풍수지리 사상을 바탕으로 서경(평양)으로 도읍을 옮기자고 주장했습니다.

3 동학의 특징

제시된 자료는 동학에 대한 역사 탐구 내용입니다. 동학은 최제우가 창시한 종교입니다. (가)에 알맞은 책은 동학 포교를 위해 지은 가사집인 ② 용담유사입니다.

① 농사직설은 세종 때 정초 등이 지은 농사에 관한 책입니다.

③ 목민심서는 정약용이 지은 것으로, 수령이 지켜야 할 도리를 밝힌 책입니다.

④ 천주실의는 마테오 리치가 지은 천주교 교리책입니다.

4 세도 정치 시기 백성의 삶

세도 정치 시기에 백성들에게 가장 큰 부담이 되는 것으로 (가)에 들어갈 제도는 ② 환곡입니다. 세도 정치 시기에 탐관오리들은 환곡을 제멋대로 운영하여 백성들을 괴롭혔습니다.

① 납속은 국가에서 부족한 재정을 보충하기 위해 개인에게 돈이나 곡식을 받는 대신 그 대가로 신분을 상승하게 해 주는 등 여러 가지 특혜를 주던 제도입니다.

③ 과전법은 조선 초기의 토지 제도입니다.

④ 호패법은 조선 시대 16세 이상의 남성들이 신분증명서와 같은 호패를 몸에 지니고 다니도록 한 제도입니다.

5 진주 농민 봉기

제시된 자료는 백낙신의 부정에 맞서 일어난 농민 봉기를 기념하기 위해 세운 진주 농민 항쟁 기념탑입니다. 이 봉기 이후 농민들의 저항은 삼남 지방으로 확산되었는데, 이후 정부에서는 삼정의 문란을 해결하기 위해 임시 관청인 ④ 삼정이정청을 설치했습니다.

① 탁지아문은 갑오개혁 이후 설치된 기구로 호조를 대신해 나라살림을 맡았습니다.

② 별기군은 개항 이후 개화 정책이 추진되면서 1881년에 만들어진 신식 군대입니다.

③ 집강소는 동학 농민 운동 당시 동학 농민군이 설치해 스스로 고을을 다스리던 자치 기구입니다.

⑤ 의회식 중추원 관제는 독립 협회가 설치를 주장하여 마련된 것입니다.

6 홍경래의 난

제시된 대화는 평안도 지역에 대한 차별 때문에 일어난 홍경래의 난에 대한 이야기입니다. 홍경래의 난은 ③ 세도 정치 시기에 일어났습니다.

① 사화는 훈구파와 사림파 간의 대립으로 인한 다툼으로 조선 중기에 일어난 일입니다.

② 권문세족이 등장한 것은 고려 후기의 일입니다.
④ 문벌 귀족은 고려 전기의 지배층입니다.

7 홍경래의 난

제시된 자료의 학생이 생각하는 사건은 ③ 홍경래의 난 (1811년)입니다. 홍경래의 난은 세도 정치의 문제점을 지적하고 평안도 지역에 대한 차별에 반대하여 일어난 사건입니다.

오답 거르기

① 만적의 난은 고려 무신 집권기에 최충헌의 노비가 일으킨 봉기입니다.
② 이자겸의 난은 고려 중기 문벌 귀족인 이자겸이 왕의 자리를 노리고 일으킨 난입니다.
④ 망이·망소이의 난은 고려 무신 집권기에 공주 명학소에서 일어난 봉기입니다. 명학소는 숯을 만들던 특수 행정 구역으로, 망이와 망소이 형제는 특수 행정 구역에 대한 차별을 없애달라며 봉기하였습니다.

8 농민 봉기

제시된 자료는 1862년 임술 농민 봉기의 계기가 되었던 진주 농민 봉기 당시의 상황을 구성한 연극 대본입니다. 진주 농민 봉기는 경상우병사 백낙신의 횡포에 맞서 유계춘을 중심으로 진주 지역의 농민들이 일으킨 사건입니다.

VI
개항기

1 조선의 개항

학습 활동
활동 북 44~45쪽

01 ② 어재연 ③ 흥선 대원군 ④ 의궤 ⑤ 이양선
02 (1) 강화도 (2) 수신사 (3) 김옥균
03 (1) ① 최익현 ② 강화도 ③ 동학 ④ 별기군 ⑤ 쌀
　(2) (다) 전봉준
04 (1) 김옥균 (2) 프랑스 (3) 수신사 (4) 천주교 (5) 어재연 (6) 일본

01 주요 용어와 내용 파악

개항 이후 펼쳐진 역사에 등장하는 주요 인물과 역사 용어를 파악하고 연결하세요.

02 역사 용어의 파악

전봉준과 김옥균 등의 활동을 이해하고, 일본에 파견되었던 수신사의 역할과 강화도 조약의 의미를 이해하고 풀어 보세요.

03 개항 전후의 사실 이해

최익현, 전봉준과 관련된 사실을 파악하고, 동학의 의미를 찾아보세요. 그리고 개항 후에 설치되었던 신식 군대와 개항으로 일본으로 빠져나간 곡물을 찾으세요. 또 남은 글자인 녹두 장군이 누구를 의미하는지도 잘 생각해 보세요.

04 유사 용어의 구별

개항 전후에 등장한 두 인물의 특징을 구별하여 파악하고, 역사 용어를 정확히 파악하여 선택하세요.

1 흥선 대원군

제시된 자료는 흥선 대원군에 대한 인물 탐구 보고서입니다. 탐구 보고서 내용은 흥선 대원군의 업적에 대한 내용으로 (가)에 들어갈 내용은 ③ 서원을 대폭 정리하였다는 것입니다. 그는 경복궁을 다시 짓고, 전국에 척화비를 세웠으며, 양반에게도 군포를 내도록 하였습니다.

오답 거르기

① 삼별초를 조직한 것은 고려 시대의 일입니다. 삼별초는 최씨 정권의 사병 부대로 고려 정부가 몽골에 항복하려하자 강화도, 진도, 제주도로 옮겨가며 끝까지 저항하였습니다.
② 통감부는 일본이 강제로 을사늑약을 맺은 후 대한 제국의 외교권을 빼앗고 설치한 관청입니다.
④ 한산도 대첩을 이끈 사람은 임진왜란 때 이순신으로, 학익진 전법을 사용하여 일본군을 크게 물리쳤습니다.

2 병인양요

제시된 자료는 강화도에 있는 외규장각에 대한 답사 보고서입니다. 조선은 1866년 프랑스군의 침략을 받은 ① 병인양요 때 외규장각 의궤를 약탈당했습니다.

오답 거르기

② 신미양요는 1871년에 미국이 강화도에 침략한 사건을 말합니다.
③ 정묘호란은 1627년 후금(훗날 청)이 조선을 침략한 사건입니다.
④ 운요호 사건은 1875년 일본의 군함이 강화도에 침입하여 조선군과 충돌한 사건으로, 강화도 조약 체결의 구실이 되었습니다.

3 신미양요

제시된 자료는 신미양요 때 미군에게 빼앗긴 어재연 장군의 '수'자기에 대해 소개한 것입니다. 신미양요를 알기 위해 해야 할 탐구 활동은 그 원인이 되었던 ③ 제너럴 셔먼호 사건의 영향을 살펴보는 것입니다. 미국은 제너럴 셔먼호 사건을 구실로 강화도에 침략하여 신미양요를 일으켰기 때문입니다.

오답 거르기

① 집강소는 동학 농민 운동 때 설치된 것으로 농민들이 고을을 스스로 다스리던 기구입니다.
② 아관 파천은 을미사변 후 고종이 러시아 공사관으로 피신한 사건입니다.
④ 강화도 조약은 운요호 사건이 계기가 되어 맺어진 조약으로 조선이 맺은 최초의 근대적 조약입니다.

4 운요호 사건

제시된 자료는 조선의 개항 과정에서 일어난 사건을 순서대로 나열한 것입니다. 강화도 조약이 체결되는 데 배경이 된 (가)에 들어갈 사건은 ③ 운요호 사건입니다.

오답 거르기

① 6·25 전쟁은 1950년 북한의 남침으로 일어난 사건입니다.
② 봉오동 전투는 1920년 홍범도가 이끄는 독립군이 일본군에게 큰 승리를 거둔 사건입니다.
④ 홍경래의 난은 세도 정치 시기인 1811년 평안도 지방에 대한 차별에 불만을 가진 홍경래가 중심이 되어 일으킨 사건입니다. 당시 봉기에 농민, 상인, 광산 노동자 등이 참여하였습니다.

5 최익현의 활동

제시된 자료는 최익현이 궁궐 앞에서 일본과 조약을 맺는 것을 반대하는 상소를 올리는 모습입니다. 이후 최익현은 을사늑약이 맺어지자 거세게 반대하며 ② 항일 의병장으로 활약하였습니다.

① 이토 히로부미를 사살한 사람은 안중근 의사입니다.

③ 남북 연석 회의에 참여하여 통일 정부 수립을 위한 노력을 한 사람은 김규식과 김구입니다.

④ 대한민국 임시 정부에서 활동한 사람은 김구와 안창호, 박은식 등입니다.

6 임오군란

제시된 자료는 구식 군인이 일으킨 사건에 대한 가상 일기입니다. 구식 군인들은 개항 후 만들어진 별기군이란 신식 군인에 비해 차별 대우를 받았습니다. 이들의 불만은 1882년 ③ 임오군란으로 폭발했습니다.

① 신미양요는 1871년에 미국이 강화도를 침략한 사건입니다.

② 을미사변은 1895년 일본에 의해 우리나라의 국모(명성 황후)가 죽임을 당한 사건입니다.

④ 아관 파천은 1896년 고종이 일본의 감시를 피해 러시아 공사관으로 간 사건입니다.

7 갑신정변

제시된 자료의 인물은 김옥균입니다. 김옥균 등은 새로운 정치를 꿈꾸며 우정총국 개국 축하연을 기회로 1884년에 ① 갑신정변을 일으켰습니다. 하지만 갑신정변은 3일 만에 실패하고, 김옥균은 일본으로 망명했습니다.

② 갑오개혁은 1894년에 시작된 우리나라 최초의 근대적 개혁입니다.

③ 임오군란은 1882년 구식 군인들이 신식 군인인 별기군과의 차별 대우에 불만을 품고 일으킨 사건입니다.

④ 아관 파천은 을미사변 이후 1896년 고종이 러시아 공사관으로 비밀리에 몸을 피한 사건입니다.

8 전봉준

제시된 자료에서 녹두 장군이라 불리며 동학 농민군을 이끈 지도자는 ④ 전봉준입니다. 전봉준은 동학 농민 운동이 실패한 후 부하의 배신으로 체포되어 한성으로 끌려가 재판을 받고 처형당했습니다.

① 김옥균은 급진 개화파의 일원으로 갑신정변(1884년)을 일으킨 인물입니다.

② 김좌진은 독립군 부대를 이끌며 청산리 대첩(1920년)에서 일본군에 크게 승리를 거두었습니다.

③ 유득공은 발해고라는 책을 써서 통일 신라와 발해가 있던 시기를 남북국 시대라고 불러야 한다고 주장했습니다.

2 자주독립 국가의 선포

학습 활동 활동 북 50~51쪽

01 (나)-⑤ (다)-④ (라)-② (마)-③

02 (1) 갑신정변 → 을미사변

　　(2) 경복궁 → 경운궁(덕수궁)

　　(3) 〈동아일보〉 → 〈독립신문〉

　　(4) 태형령 → 단발령

　　(5) 우정총국 → 광혜원

　　(6) 병인년 → 갑오년

03 (1) 상투를 자르게 하는 단발령을 내렸다

　　(2) 황제가 되었다

04 (1) 만민 공동회 (2) 독립문

05 (1) 전화 (2) 전차 (3) 철도 (4) 양복 (5) 전기 (답은 순서대로 쓰지 않아도 됨.)

06 (1) 갑오 (2) 황제 (3) 만민 공동회 (4) 단발령

　　(5) 전차

01 근대 건축물의 특징 파악

환구단, 명동 성당, 독립문, 러시아 공사관, 광혜원 등 근

대 건축물의 특징을 알고 해당하는 사진과 연결하세요. 그리고 이 중 현재 남아 있지 않은 건축물(광혜원)도 찾아 보세요.

02 역사적 사실의 이해

먼저 역사적 사실을 올바로 이해하고, 각 문장에서 옳지 않은 용어를 찾아 고쳐보세요. 예를 들어 명성 황후를 살해한 사건은 을미사변이에요. 그리고 고종이 러시아 공사관에서 돌아온 곳은 경복궁이 아니라 경운궁(현재의 덕수궁)이죠. 서재필 등이 발행한 신문은 〈독립신문〉이고, 최초의 신식 병원은 광혜원(제중원)이에요. 신분제가 폐지된 것은 갑오개혁이에요.

03 대한 제국 수립 전후 사실의 이해

㈎는 고종이 조선의 왕으로 있었을 때의 모습이고, ㈏는 머리를 자르고, 서양식 군복을 입고 대한 제국 황제였을 때의 모습입니다.

04 독립 협회의 활동 파악

독립 협회는 성금을 모아 독립문을 세우고, 만민 공동회를 개최하였어요.

05 근대 문물 파악

개화기에는 전기와 전화가 사용되기 시작하였고, 전차와 철도가 다니기 시작했어요. 그리고 남자들은 양복을 입게 되었어요.

06 주요 역사 용어 이해

갑오개혁의 주요 내용과 환구단을 세운 의미를 파악하세요. 그리고 독립 협회가 만민 공동회를 열었던 이유를 이해하고, 양반들이 단발령에 반대한 이유를 생각해 보세요. 서울에서 개통되었던 전차는 서대문에서 청량리까지 다녔어요.

1 갑오개혁

제시된 자료는 군국기무처를 중심으로 추진된 갑오개혁에 대한 내용입니다. 갑오개혁에서 추진된 개혁이 아닌 것은 ② 별기군을 창설하였다는 것입니다. 별기군은 일본 교관에 의해 훈련받던 군대로 1881년에 개화 정책으로 만들어진 신식 군대입니다.

갑오개혁은 1894년 김홍집 내각을 중심으로 조선을 근대적 사회로 만들기 위해 추진된 개혁입니다. 이때 과거제 폐지, 도량형 통일, 신분제 철폐 등이 이루어졌습니다. 그 결과 정치, 경제, 사회 등의 각 분야에서 개혁이 이루어졌습니다.

2 독립 협회

제시된 자료는 외세의 이권 침탈을 막으려고 노력했던 단체에 대한 설명입니다. 만민 공동회를 개최한 '이 단체'는 ③ 독립 협회입니다. 독립 협회는 만민 공동회를 여는 등 외세에 의한 이권 침탈을 막고 자주독립 의식을 확산시키려고 노력했습니다.

오답 거르기

① 신간회는 1927년에 만들어진 항일 운동 단체입니다.
② 신민회는 1907년 안창호, 양기탁 등이 나라를 지키기 위해 만든 비밀 민족 운동 단체입니다.
④ 국채 보상 기성회는 1907년 일본에게 진 빚을 갚기 위한 운동인 국채 보상 운동을 위해 만들어진 단체입니다.

3 독립 협회의 활동

제시된 상황은 한 학생이 가상현실 체험으로 문화유산을 보고 있는 것입니다. 서재필의 주도로 자주독립의 의지를 보여 주기 위해 세워진 이 문화유산은 ② 독립문입니다.

독립문은 중국 사신을 맞던 영은문을 헐고 그 앞자리에 세웠습니다.

오답 거르기

① 대한문은 덕수궁의 정문입니다.
③ 숭례문은 한양 도성의 남쪽 대문으로 국보 제1호입니다.
④ 흥인지문은 한양 도성의 동쪽 대문으로 보물 제1호입니다. 서쪽 대문은 돈의문, 북쪽 대문은 숙정문(숙청문)입니다.

4 독립신문

제시된 자료는 우리나라 근대 신문에 대한 내용입니다. ㈎에 들어갈 신문은 1896년 서재필이 정부의 지원으로 창간한 ② 독립신문입니다. 독립신문은 한글판과 영문판으로 발행되었습니다.

오답 거르기

① 만세보는 1906년 천도교에서 창간한 일간 신문입니다.
③ 황성신문은 1898년 남궁억 등이 창간한 일간 신문입니다.
④ 대한매일신보는 1904년에 양기탁과 베델이 함께 창간한 일간 신문으로, 국채 보상 운동의 중심적인 역할을 하였습니다.

5 대한 제국 선포

제시된 자료는 고종이 환구단에서 황제 즉위식을 거행했다는 내용과 황궁우 및 환구단의 사진입니다. ㈎에 들어갈 내용으로 옳은 것은 ④ 대한 제국 선포입니다.

오답 거르기

① 위화도 회군은 1388년 요동 정벌에 나섰던 이성계가 압록강 위화도에서 군대를 돌려 개경으로 돌아온 사건입니다.
② 집현전은 고려 시대에도 있었지만 이름뿐이었고, 조선 세종 대에 실질적인 학문 연구 기관으로 확대 개편되었습니다.

③ 통신사는 임진왜란 이후 일본에 보낸 외교 사절단입니다.

6 광무개혁

제시된 자료는 대한 제국 시기 고종 황제가 실시한 광무개혁에 대해 묻고 답하는 것입니다. 광무개혁의 주요 내용은 ④ 근대적 공장과 회사를 세웠다는 것입니다. 또한 '광무'라는 독자적인 연호를 사용하였습니다.

오답 거르기

① 집강소는 동학 농민 운동 때 설치된 농민들의 자치 기구입니다.
② 호패법은 태종이 실시한 제도로 16세 이상의 남자들이 신분증명서와 같은 호패를 지니고 다니도록 한 것입니다.
③ 강화도 조약은 1876년 조선이 일본과 맺은 근대적 조약입니다. 이 조약은 조선이 외국과 맺은 최초의 근대적 조약으로, 조선에게 불리한 내용이 담긴 불평등 조약이었습니다.

7 개화기에 세워진 기관들

제시된 자료는 조선에 최초로 세워진 서양식 병원에 대한 내용입니다. 미국인 알렌의 건의로 설립된 ㈎에 들어갈 서양식 병원은 ② 광혜원입니다. 광혜원은 서양 의술의 보급을 위해 세워진 병원입니다. 광혜원은 문을 연 지 12일 만에 제중원으로 이름을 바꾸었습니다. 제중원은 '대중을 널리 구하는 집'이라는 뜻을 담고 있습니다.

오답 거르기

① 기기창은 개항 후 처음 만들어진 기관으로 근대 무기를 만들기 위해 세워진 것입니다.
③ 박문국은 신문을 발행하고 책을 펴내기 위해 만들어진 기관입니다.
④ 전환국은 새롭게 근대적인 화폐를 만들기 위해 세워진 기관입니다. 광혜원, 기기창, 박문국, 전환국은 모두 근대적 기관들입니다.

8 근대 문물의 수용

제시된 자료는 개항 이후 처음 들어온 근대 문물을 소개하는 사진전에 대한 것입니다. 개항 이후 기차, 전화기, 전신기 등이 처음 우리나라에 들어왔습니다. 이 사진전에 전시될 사진으로 적절하지 않은 것은 ④ 자명종입니다. 자명종이 우리나라에 처음 들어온 것은 조선 후기 인조 때입니다. 기록에는 자명종이 매시간 스스로 종을 울리며 소리를 냈다는 이야기가 있습니다.

VII
일제 강점기

1 나라를 지키기 위한 노력

학습 활동

01 (다) → (가) → (라) → (마) → (나)

02 대한민국 임시 정부

03 (1) ① 이순신 ② 국채 보상 ③ 호랑이 → 신채호
   (2) 예) 애국심을 기르기 위해 고구려를 지켰던 을지문덕의 위인전을 써서 널리 읽게 하였다.

04 ① 헤이그 특사 ② 안중근 의거 ③ 관동 대지진 사건
   ④ 독립운동 자금 보냄

01 주요 사건의 흐름 파악

러·일 전쟁과 고종의 강제 퇴위, 대한 제국 수립, 을사늑약 체결, 헤이그 특사 파견 사실을 흐름에 따라 순서대로 배열하세요.

02 정확한 역사적 사실의 이해

대한 제국 수립을 선포한 것은 고종이며, 만주 하얼빈에서 이토 히로부미를 처단한 것은 안중근이에요.

03 역사 용어의 파악

이순신과 신돌석의 활동을 파악하고, 국채 보상 운동의 의미를 이해하세요. 그리고 신채호가 위인전을 써서 사람들에게 읽게 함으로써 애국심을 기르게 하였다는 것을 알아 두세요.

04 주요 사건이 일어난 위치 파악

네덜란드와 하얼빈, 일본, 그리고 하와이에서 있었던 주요 사건을 이해하고, 지도에서 위치를 파악하세요.

1 ④	2 ③	3 ②	4 ④
5 ①	6 ③	7 ②	8 ①

1 을사늑약

제시된 자료는 일제가 우리나라의 외교권을 빼앗아간 을사늑약이 맺어진 장소인 중명전에 대해 문화 관광 해설사가 소개하는 장면입니다. 연표에서 을사늑약이 맺어진 시기는 러·일 전쟁(1904년)과 국권 피탈(1910년) 사이인 ④ ㈜ 시기입니다. 중명전은 덕수궁에 딸린 서양식 건축물로 황실 도서관이었습니다.

2 의병 신돌석

제시된 자료는 평민 출신 의병장인 신돌석에 대한 것입니다. ㈎에 들어갈 내용으로 적절한 것은 ③ '태백산 일대에서 일본군에 맞서 싸우다.'입니다. 신돌석은 평해 등지를 중심으로 의병 활동을 벌였으며, 태백산 호랑이로 불렸습니다.

오답 거르기

① 개항에 반대하는 상소문을 올린 대표적 인물은 최익현입니다.

② 일본이 한국에 세운 회사인 동양 척식 주식회사에 폭탄을 투척한 사람은 의열단원인 나석주입니다.

④ 헤이그에서 일제 침략의 부당성을 세계에 알린 사람은 헤이그 특사로 파견된 이상설, 이준, 이위종입니다. 하지만 이들은 일제의 방해로 만국 평화 회의 장소에 들어가지 못해 제대로 활동하지 못했습니다.

3 헤이그 특사

제시된 자료는 헤이그 특사에 대한 것입니다. 헤이그 특사는 네덜란드에서 열린 만국 평화 회의에 참석해 을사늑약의 부당성을 국제 사회에 알리기 위해 고종 황제가 보낸 외교 사절로 이준, 이상설, 이위종입니다. 헤이그 특

사에 해당하지 않는 인물은 ② 김옥균입니다. 김옥균은 급진 개화파로 1884년 갑신정변을 주도한 인물입니다.

4 정미의병

제시된 상황은 고종 황제가 강제 퇴위 당한 후 일어난 의병 항쟁에 대해 가상 대화를 나누는 장면입니다. 이때 일어난 의병은 정미의병으로 ④ 해산당한 군인들이 합류하여 서울로 진격하여 공격하는 작전(서울 진공 작전)을 펼쳤습니다.

오답 거르기

① 나선 정벌은 조선이 청을 도와 러시아를 정벌한 사건으로 조선 효종 때 일입니다.

② 행주 대첩을 이끈 사람은 임진왜란 때 활약한 권율입니다. 이때 신기전 등의 무기가 사용되었습니다.

③ 곽재우는 임진왜란 때 활약한 의병장으로 홍의 장군으로 불리며 일본군에 맞서 싸웠습니다.

5 국채 보상 운동

제시된 조사 보고서는 1907년에 시작되어 전국적으로 확산된 민족 운동에 대한 것입니다. 일본에게 진 빚을 갚아 나라를 지키고자 한 이 운동은 ① 국채 보상 운동입니다. 국채 보상 운동은 국채 보상 기성회가 중심이 되어 이끌었습니다.

오답 거르기

② 문자 보급 운동은 문자를 가르쳐 우리 민족의 실력을 키우기 위해 실시된 것입니다.

③ 6·10 만세 운동은 순종의 장례가 치러진 1926년에 일어난 민족 운동입니다.

④ 민립 대학 설립 운동은 우리 민족 스스로 대학을 세우고자 실시한 운동인데 일본의 방해로 중단되었습니다.

6 신민회

제시된 자료의 ㈎에 들어갈 단체는 ③ 신민회입니다. 신

민회는 안창호, 양기탁이 중심이 되어 비밀리에 조직된 단체로 오산 학교와 대성 학교를 세워 교육 활동을 펼쳤습니다. 또 자기 회사와 태극 서관도 세워 민족 산업을 일으키려고 했습니다.

오답 거르기

① 보안회는 일제의 황무지 개간에 반대하는 운동을 펼쳤습니다.

② 신간회는 민족주의자와 사회주의자가 함께 만든 독립운동 단체입니다.

④ 독립 협회는 독립문을 세우고, 독립신문을 발행하는 등 우리 민족의 자주독립 의식을 높이고 나라를 지키기 위한 운동을 펼쳤습니다.

7 신채호

제시된 자료의 (가)에 들어갈 인물은 역사학자이며 독립운동가입니다. 을지문덕전, 이순신전을 비롯하여 다양한 역사책을 쓴 인물은 ② 신채호입니다.

오답 거르기

① 김구는 대한민국 임시 정부의 주석으로 활동한 인물입니다.

③ 윤봉길은 한인 애국단원으로 가입해 상하이 홍커우 공원에서 일제에게 폭탄을 던졌습니다.

④ 이회영은 집안의 전 재산을 바쳐 독립운동을 펼친 인물입니다. 그는 만주에서 신흥 강습소(훗날 신흥 무관 학교)를 세워 독립군을 길러냈습니다.

8 안중근의 활동

제시된 자료는 안중근과 그의 활동을 소개하는 내용입니다. 안중근은 1909년 ① 하얼빈에서 이토 히로부미를 처단하였습니다. 이토 히로부미는 을사늑약을 주도한 인물입니다.

오답 거르기

② 샌프란시스코에서 스티븐스를 저격한 인물은 장인환,

전명운입니다.

③ 청산리 전투에서 일본군을 크게 무찌른 인물은 김좌진입니다. 청산리 전투의 승리는 독립운동사에 있어 빛나는 승리였습니다.

④ 도쿄에서 일본 국왕을 향해 폭탄을 던진 것은 한인 애국단원이었던 이봉창입니다.

2 나라를 되찾기 위한 노력

학습 활동
활동 북 68~69쪽

01 ③

02 [가로열쇠] 2. 대한 제국 5. 독립 8. 흥선 대원군
9. 경복궁 10. 러·일 전쟁
[세로열쇠] 3. 한국광복군 6. 이양선 7. 별기군
11. 전봉준 12. 수신사

03 (가) 한글 교육: 예 한글 공부하기와 가르치기, 한글 교육 알리는 포스터 그리기
(나) 3·1 운동: 예 태극기 만들기, 큰소리로 대한 독립 만세 외치기, 만세 운동 장소 알리는 포스터 그리기

04 (가) 한인 애국단 (나) 한국광복군 (다) 한글(한국어)

01 중요 인물의 활동 이해

'상하이'의 '이'자로 시작되며, '만주'의 '만'자로 끝나는 인물은 '이승만'이에요. 이승만은 대한민국 임시 정부의 첫 번째 대통령이었어요. ①은 이봉창, ②는 유관순에 대한 설명이에요.

02 역사 용어를 이용한 퍼즐

근대 국가 수립을 위한 우리의 노력과 민족 운동에 관한 학습 내용 중 중요한 용어들을 정리하세요. 그러면 퍼즐을 완성하기 쉬울 거예요.

130 스토리 한국사 **②**권

03 내가 하는 독립운동

우리가 초등학생이라는 것을 생각한다면, 한글 교육을 위해 포스터를 그리거나 한글을 가르칠 수 있겠죠. 또한 3·1 운동에 참여해서 태극기를 흔들며 독립 만세를 외칠 수도 있었을 것 같아요.

04 역사 용어의 뜻 파악

'한'자로 시작하는 역사 용어 중 민족 운동 부분에서 학습한 것을 찾으면, (가)는 한인 애국단, (나)는 한국광복군, (다)는 한글(한국어)이에요.

도전! 한국사능력검정시험
활동 북 70~71쪽

| 1 ① | 2 ④ | 3 ③ | 4 ④ |
| 5 ④ | 6 ① | 7 ② | 8 ② |

1 3·1운동

제시된 장면은 1919년에 전국적으로 일어난 독립 운동에 대해 대화를 나누는 장면입니다. 이 운동은 ① 3·1 운동으로 평화적인 방법인 만세 운동으로 시작되었습니다. 이후 이 운동의 영향으로 중국 상하이에 대한민국 임시 정부가 세워져 독립운동을 이끌었습니다.

오답 거르기

② 국채 보상 운동은 1907년 일본에 진 빚을 갚자며 일어난 운동입니다.
③ 물산 장려 운동은 조만식이 중심이 되어 우리 민족이 만든 물건을 사용하여 일본의 경제적 지배에서 벗어나고자 한 운동입니다.
④ 광주 학생 항일 운동은 1929년 광주에서 시작되어 전국으로 퍼져나간 학생 중심의 독립운동입니다.

2 일제 강점기 경제 침탈

제시된 탐구 주제는 일제 강점기 경제 침탈에 대한 것입니다. 이 탐구 주제의 발표 제목으로 적절하지 않은 것은 ④ (라)입니다.

만민 공동회가 개최된 것은 1898년 국권을 빼앗기기 이전의 일로, 독립 협회가 주도하여 대중들을 모아 토론회를 벌인 것입니다.

3 물산 장려 운동

제시된 수행 평가 보고서는 1920년에 일어난 민족 운동에 대한 것입니다. 평양에서 시작된 (가)에 들어갈 민족 운동은 국산품을 쓰자는 주장을 하며 시작된 ③ 물산 장려 운동입니다. 조만식은 1920년 평양에서 조선 물산 장려회를 조직하고 이 운동을 벌였습니다.

오답 거르기

① 국채 보상 운동은 1907년 일본에 진 빚을 갚자며 일어난 것입니다.
② 문자 보급 운동은 문자를 배우게 해 우리 민족의 실력을 키우려는 운동입니다.
④ 민립 대학 설립 운동은 우리 민족 스스로 대학을 세우고자 벌인 운동입니다.

4 광주 학생 항일 운동

제시된 상황은 1929년에 일어난 민족 운동에 대해 대화를 나누는 것입니다. 오늘날 학생 독립운동 기념일(11월 3일)을 정하는 데 영향을 준 민족 운동은 ④ 광주 학생 항일 운동입니다.

오답 거르기

① 3·1 운동은 1919년 우리 민족의 독립 의지를 보여 준 전 민족이 참여한 독립운동입니다.
② 새마을 운동은 1970년대 농촌을 발전시키기 위해 실시되었습니다.
③ 물산 장려 운동은 조만식이 중심이 되어 우리 민족이 만든 물건을 사용하여 일본의 경제적 지배에서 벗어나고자 한 운동입니다.

5 한인 애국단

제시된 자료는 김구가 조직한 단체를 소개한 책입니다. 이봉창과 윤봉길이 활동한 이 단체는 ④ 한인 애국단입니다. 윤봉길, 이봉창 등이 속한 한인 애국단의 활동은 대한민국 임시 정부 활동에 큰 활력을 불어넣었습니다.

오답 거르기

① 신간회는 민족주의자와 사회주의자가 함께 만든 독립운동 단체입니다.

② 독립 협회는 국민들의 근대 의식을 높이기 위해 만들어진 단체입니다.

③ 한국광복군은 대한민국 임시 정부가 조직한 군대입니다.

6 일본식 성명 강요

제시된 상황은 일제 강점기에 일제가 우리 민족에게 일본식 성명을 사용하도록 강요하는 장면입니다. 이 시기에 일제는 우리에게 황국 신민 서사를 강제로 암송하게 했으며, 공출이라는 명목으로 대부분의 쇠붙이를 빼앗아갔습니다. 또 젊은 여성을 일본군 '위안부'로 끌고 갔습니다.

이 시기에 볼 수 있는 모습이 아닌 것은 ① 대동법 시행에 반대하는 지주의 모습입니다. 대동법은 조선 시대 광해군 때 처음 실시되었습니다.

7 조선어 학회

제시된 자료는 일제 강점기 우리말과 우리글을 지킨 학자들을 소개하는 장면입니다. 이윤재와 최현배가 중심이 된 이 단체는 ② 조선어 학회입니다.

오답 거르기

① 대한 광복회는 무장 투쟁으로 독립운동을 하려고 1915년에 만들어진 단체입니다.

③ 한인 애국단은 김구가 만든 독립운동 단체입니다.

④ 조선 물산 장려회는 물산 장려 운동을 실시하기 위해 만들어진 단체입니다.

8 방정환

제시된 장면은 세계 어린이 운동 발상지를 답사하는 모습입니다. 색동회를 조직하고 어린이날을 만든 인물은 ② 방정환입니다.

오답 거르기

① 김상옥은 의열단원으로 종로 경찰서에 폭탄을 던졌습니다.

③ 윤동주는 일제에 저항하는 시를 썼습니다.

④ 이회영과 그의 형제들은 집안의 전 재산을 바쳐 만주로 건너가 신흥 강습소(훗날 신흥 무관 학교)를 세우는 등 독립운동을 벌였습니다.

VIII

대한민국

활동 북 80~81쪽

1 광복과 대한민국 정부 수립

학습 활동

01 ⓔ 일제의 조선 통치에 협력하던 친일 지식인, 만주에서 독립군을 탄압하던 친일 군인, 일본 경찰의 앞잡이가 되어 독립운동가를 고문하던 친일 경찰, 일제 강점기에 높은 자리에 있었던 사람 등

02 (1)-(나)-ⓛ (2)-(다)-㉠ (3)-(가)-ⓒ

03 (1) 소련
   (2) 미국
   (3) 38도선

04 (1) 대한민국 정부
   (2) 조선 총독부
   (3) 미군정

01 조국의 광복을 두려워한 사람들

8·15 광복이 찾아오자 대다수의 우리 민족은 서로 광복의 기쁨을 나누었어요. 그러나 광복이 기쁘지 않았던 사람들도 있었어요. 이들은 바로 친일 반민족 행위자들이었어요. 우리가 흔히 친일파라고 부르는 사람들이에요. 이들 대부분은 일제에 협력하였고, 일본군에 입대하였으며, 독립군을 체포하는 등 반민족 행위를 일삼았던 사람들이었어요.

02 광복 후 대표적인 정치가 알아보기

광복 후 대표적인 정치가로는 여운형, 이승만, 김구를 들수 있어요. 여운형은 일제 강점기 국내외에서 독립운동을 하였으며 광복 후 조선 건국 준비 위원회를 결성하였어요. 이승만은 미국에서 외교를 통해 독립운동을 이끌었

고, 김구는 대한민국 임시 정부와 한인 애국단을 결성했던 독립운동가예요.

03 민족 분단의 배경

제시된 지도에서 빨간색으로 표시된 부분은 소련, 파란색으로 표시된 부분은 미국과 관련이 깊어요. 결국 미국과 소련의 대립은 광복의 기쁨을 누리던 우리 민족을 둘로 갈라놓았지요. 그 경계가 되는 위도가 바로 38도선이었어요.

04 대한민국 정부 수립 선포식 사진에 담긴 역사

제시된 사진은 대한민국 정부 수립 선포식의 모습이에요. 이 건물은 일제 강점기에는 조선 총독부 건물로 쓰였어요. 이 건물은 광화문과 근정전 사이에 있던 건물로 1926년에 지어졌어요. 광복 후에는 미군정이 사용하였고, 대한민국 정부 수립 이후에는 정부의 중심 건물로 사용되었지요. 1986년부터는 국립중앙박물관으로 개조하여 사용하기도 했어요. 1995년 광복 50주년을 맞이하여 철거되었어요.

도전! 한국사능력검정시험

활동 북 82~83쪽

1 ④	2 ④	3 ④	4 ③
5 ④	6 ①	7 ①	8 ③

1 조선 건국 준비 위원회

제시된 역사 인물 보고서는 여운형에 대한 것입니다. 그는 대한민국 임시 정부 수립에 참여하는 등 다양한 활동을 벌였습니다. (가)에 들어갈 여운형의 주요 활동은 ④ 조선 건국 준비 위원회를 조직한 것입니다. 이 외에도 여운형은 대한민국 임시 정부에 참여하였고, 조선중앙일보 사장을 지냈으며, 광복 이후 새로운 정부를 세우기 위한 노

력을 벌였습니다.

오답 거르기

① 청산리 대첩을 이끈 사람은 김좌진입니다.

② 한인 애국단을 조직한 사람은 김구입니다.

③ 이토 히로부미를 저격한 사람은 안중근입니다.

2 김구의 활동

제시된 장면에서 김구의 활동에 대한 교사의 질문에 적절한 대답을 하지 못한 학생은 4·19 혁명 이후 대통령이 되었다고 대답한 ④ ㈑입니다. 4·19 혁명 이후 대통령이 된 사람은 윤보선입니다.

김구는 대한민국 임시 정부의 주석을 지내며 한인 애국단을 조직했습니다. 또 광복 후에는 우리나라가 분단되는 것을 막기 위해 남북 연석 회의에도 참여하였습니다.

3 모스크바 삼국 외상 회의

제시된 자료는 1945년 12월에 모스크바에서 개최된 회의에 대해 소개하는 것입니다. 조선 임시 민주 정부 수립을 비롯하여 신탁 통치 문제를 협의한 이 회의는 ④ 모스크바 삼국 외상 회의입니다.

오답 거르기

① 포츠담 회담은 미국, 영국, 소련의 지도자가 모여 제2차 세계 대전 후 세계 질서를 논의한 것입니다.

② 카이로 회담은 연합국의 지도자들이 일제가 전쟁에서 패배하면 우리나라를 독립시켜 주겠다고 최초로 약속한 회담입니다.

③ 파리 강화 회의는 제1차 세계 대전 이후 세계 질서를 다시 세우기 위해 개최된 것입니다.

4 신탁 통치

제시된 상황은 모스크바 삼국 외상 회의에서 결정된 신탁 통치 문제를 둘러싸고 우리나라의 정치 세력들이 찬성과 반대의 두 의견으로 나뉘어 대립하는 모습입니다. 이 일

은 1945년 12월 모스크바 삼국 외상 회의 이후인 ③ ㈐ 시기에 일어났습니다.

5 모스크바 삼국 외상 회의

제시된 가상 뉴스는 1945년 12월에 개최된 모스크바 삼국 외상 회의에 대해 알려주는 것입니다. 미국, 영국, 소련의 외무 장관이 참여한 이 회의에서는 ④ 임시 민주 정부 수립과 신탁 통치가 결정되었습니다. 이후 이 소식이 알려지면서 국내에서는 신탁 통치에 대해 찬성하는 의견과 반대하는 의견으로 나뉘어 정치 세력들이 서로 대립하였습니다.

6 미·소 공동 위원회

제시된 자료는 미·소 공동 위원회에 대한 것입니다. 모스크바 삼국 외상 회의에서 합의한 내용을 미국과 소련이 논의하기 위해 모인 미·소 공동 위원회의 개최 시기를 연표에서 고른 것은 ① ㈎ 시기입니다. 제1차 미·소 공동 위원회는 1946년 3월에, 제2차 미·소 공동 위원회는 1947년 5월에 열렸습니다. 이러한 회의들이 열린 이유는 광복 이후 한반도의 문제를 논의하기 위해서였습니다. 하지만 미·소 공동 위원회에서 결론을 내지 못하고, 결국 한반도 문제는 유엔으로 넘어가게 되었습니다.

7 5·10 총선거

제시된 자료는 8·15 광복 이후부터 대한민국 정부 수립까지 있었던 사건에 대한 사진을 시대 순으로 나열한 것입니다. ㈎에 들어갈 사진으로 적절한 것은 ① 5·10 총선거입니다. 5·10 총선거는 우리나라 최초의 헌법을 만들 국회 의원을 선출했던 선거입니다.

오답 거르기

② 새마을 운동은 범국민적인 지역 사회 개발 운동으로 1970년에 시작되었습니다.

③ 6·25 전쟁은 1950년에 일어났으며 1953년까지 지속

되었습니다.

④ 카이로 회담은 1943년에 개최되었습니다. 이 회담에서 일본을 무조건 항복시키고, 한국을 독립시킬 것을 처음으로 의결하였습니다.

8 제헌 헌법

제시된 장면은 1948년 5·10 총선거로 구성된 국회에서 제정하고 공포한 법에 대해 묻고 답하는 장면입니다. (가)에 알맞은 것은 ③ 제헌 헌법입니다. 7월 17일 제헌절은 제헌 헌법이 제정·공포된 날입니다.

오답 거르기

① 단발령은 을미개혁 때 남자들의 상투를 강제로 자르게 한 것입니다.

② 유신 헌법은 박정희가 대통령을 계속하기 위해 국회를 해산하고 만든 헌법입니다.

④ 조선 태형령은 일제가 우리나라 사람들을 잡아서 대나무로 만든 태를 이용해 볼기를 때릴 수 있도록 만든 법입니다.

2 민족의 상처, 6·25 전쟁

학습 활동   활동 북 86~87쪽

01 (라) → (가) → (다) → (나)

02 (1) 38도선 (2) 휴전선

03 풀이 참조

01 6·25 전쟁의 전개 과정

6·25 전쟁은 북한의 남침으로 시작되었어요. 전쟁 초반, 북한군이 계속 승리하면서 우리 국군은 낙동강 전선까지 밀렸어요(라). 이후 유엔군과 함께 인천 상륙 작전에 성공한 우리 국군은 압록강 부근까지 북진하였으나(가), 중국

군의 개입 이후 다시 서울을 빼앗겼어요(다). 얼마 후 서울을 재수복한 국군과 유엔군은 북한군과 중국군을 상대로 38도선 부근에서 치열하게 싸웠어요(나). 이후 1953년 정전 협정이 맺어졌답니다.

02 38도선과 휴전선의 차이

6·25 전쟁 이전에 남과 북의 경계선은 38도선이었어요. 1953년 정전 협정이 맺어진 뒤, 38도선은 휴전선으로 이름이 바뀌게 되었어요. 가장 많이 달라진 점은 개성 지역이 북한 땅이 되었고, 철원 지역이 남한 땅이 된 것이지요. 지금은 38도선이 아니라 휴전선이에요.

03 6·25 전쟁 때 참전한 유엔군 국가 알아보기

미국

- 대륙: 북아메리카
- 종교: 크리스트교
- 수도: 워싱턴 D.C.
- 특징
  - 전쟁 이후에도 한국의 정치, 경제, 사회, 문화 각 부분에 많은 영향을 끼침
  - 그랜드 캐넌, 나이아가라 폭포, 월 스트리트 등

오스트레일리아

- 대륙: 오세아니아
- 종교: 다수가 크리스트교
- 수도: 캔버라
- 특징
  - 남반구에 위치하여 계절이 반대임
  - 오페라하우스, 블루마운틴 등

〈보기〉에서 국가를 선택하여 위 예시처럼 국가 카드를 완성해 보세요.

1 ①	2 ③	3 ③	4 ④
5 ③	6 ②	7 ②	8 ①

1 6·25 전쟁 당시의 모습

제시된 특별 기획전은 6·25 전쟁 당시의 학교 생활 모습을 보여 주는 '그땐 그랬지'라는 주제의 전시회입니다. 이 기획전에서 볼 수 있는 사진으로 적절한 것은 ① 천막 학교에서 공부하는 학생들의 모습입니다.

오답 거르기

② 황국 신민 서사를 암송하는 학생들은 일제 강점기에 볼 수 있었던 모습입니다.
③ 육영공원에서 외국어 수업을 받는 학생들은 개항기에 볼 수 있던 모습입니다.
④ 산업화로 과밀화된 도시 학교의 2부제 수업은 1960년대 이후의 모습입니다.

2 6·25 전쟁의 전개 과정

제시된 사진은 6·25 전쟁의 전개 과정을 보여 줍니다. 북한군의 남침으로 시작된 6·25 전쟁은 ③ (다) – (가) – (나)의 순서로 진행되었습니다. 즉, 전쟁 초기 남한이 일방적으로 밀리다가 '인천 상륙 작전'으로 상황이 역전되었습니다. 그 후 국군과 유엔군은 38선을 넘어 압록강까지 나아가지만 '중국군 참전'으로 다시 후퇴를 하고, 1953년 7월 27일 정전 협정을 맺었습니다.

3 인천 상륙 작전

제시된 사진 자료와 같이 북한군의 침입 → 흥남 철수 → 정전 협정 체결의 순서로 이루어진 (가) 전쟁은 6·25 전쟁입니다. 6·25 전쟁에서 있었던 사실은 ③ 인천 상륙 작전입니다. 인천 상륙 작전의 성공으로 국군과 유엔군은 서울을 되찾을 수 있었습니다.

오답 거르기

① 베트남에 국군을 파병한 것은 1964년 박정희 정부 시기의 일입니다.
② 7·4 남북 공동 성명을 발표한 것은 1972년의 일입니다. 7·4 남북 공동 성명은 분단 이후 남북이 최초로 통일과 관련한 내용을 합의한 성명입니다.
④ 청산리에서 김좌진 부대가 승리한 것은 1920년 일제 강점기 때의 일입니다. 이 전투는 우리 독립운동사에 있어 빛나는 승리로 기억되고 있습니다. 김좌진 부대는 지형을 잘 이용해 다수의 일본군을 무찔렀습니다.

4 6·25 전쟁

제시된 상황은 6·25 전쟁에 대한 교사의 질문에 학생이 대답을 하는 모습입니다. 6·25 전쟁에 대한 학생의 대답으로 옳지 않은 것은 ④ 봉오동 전투에서 홍범도 부대가 승리하였다는 것입니다. 이는 일제 강점기인 1920년에 있었던 일입니다.

6·25 전쟁이 일어났을 때 남한은 초기에 북한군에 밀려 부산을 임시 수도로 정하였다가 인천 상륙 작전으로 서울을 되찾았습니다. 이후 38도선을 경계로 치열한 전투가 계속되었는데 이때 대표적인 전투가 바로 백마고지 전투입니다.

5 6·25 전쟁의 전개 과정

제시된 사진 자료는 6·25 전쟁의 전개 과정에 대한 것입니다. 6·25 전쟁을 일어난 순서대로 나열한 것은 인천 상륙 작전(1950년 9월 15일) → 1·4 후퇴(1951년 1월 4일) → 정전 협정 체결(1953년 7월 27일)로 ③ (다) – (가) – (나)입니다.

인천 상륙 작전으로 북한군에게 빼앗긴 서울을 찾을 수 있었고, 38도선을 넘어 압록강까지 진격해 갔습니다. 하지만 중국군의 참전으로 후퇴를 하고 다시 서울을 빼앗겼는데 그것이 1·4 후퇴입니다.

6 대한민국 정부 수립

제시된 자료는 8·15 광복(1945년)부터 대한민국 정부 수립(1948년) 시기까지 한국 현대사를 보여 주는 연표입니다. 연표의 ㈎ 시기에 볼 수 없는 장면은 1953년 7월 27일 ② 판문점에서 열린 정전 협정 조인식(맺어지는 의식)입니다.

오답 거르기

① 제2차 미·소 공동 위원회가 열린 것은 1947년 5월입니다.

③ 5·10 총선거는 1948년에 치러진 선거로 초대 국회 의원을 선출하기 위한 선거였습니다. 이때 선출된 국회 의원들이 헌법을 만들었습니다.

④ 남북 협상을 위해 김구가 북으로 간 이유는 1948년 4월 19일부터 열린 남북 연석 회의에 참석하기 위해서였습니다. 김구는 남한만의 총선거에 반대하였습니다.

7 6·25 전쟁의 영향

제시된 자료를 통해 알 수 있는 전쟁은 6·25 전쟁입니다. 6·25 전쟁에 대한 설명으로 옳지 않은 것은 ② 38도선 확정의 계기가 되었다는 것입니다.

38도선이 그어진 것은 1945년 8월 15일 광복 이후 일본군이 물러간 뒤 미국과 소련이 한반도에 들어오면서입니다.

8 1·4 후퇴

제시된 자료의 노래는 〈굳세어라 금순아〉로 흥남 부두에서 후퇴하는 모습이 그려진 노래입니다. 흥남 철수가 이루어진 때는 ① 6·25 전쟁 때의 일입니다.

인천 상륙 작전으로 서울을 되찾고 압록강까지 나아갔던 국군이 중국군의 개입으로 1950년 12월 흥남 부두를 통해 철수 작전을 펼치게 되었습니다. 이후 국군과 유엔군이 중국군에 밀려 서울을 다시 내주는 1·4 후퇴(1951년)가 이루어지게 됩니다.

---

3 민주주의의 시련과 발전

학습 활동

01 ㉣ → ㉡ → ㉢ → ㉠

02 ㈎-③ 12·12 사태
   ㈏-⑤ 유신 체제
   ㈐-④ 6월 민주 항쟁
   ㈑-② 부마 민주 항쟁
   ㈒-① 5·18 민주화 운동

03 (1) 5·18 민주화 운동
   (2) 대통령 직선제 개헌

01 주요 사건의 흐름 파악

사진으로 제시된 현대사의 여러 사건을 시간 순서대로 나열하는 문제입니다. 3·15 부정 선거로 인해 일어난 4·19 혁명은 1960년의 일이며, 박정희가 군대를 동원하여 정권을 잡은 5·16 군사 정변은 1961년의 사건입니다. 신군부에 대해 시민들이 저항한 5·18 민주화 운동은 1980년의 사건이며, 대통령의 직선제 개헌과 민주화를 요구하며 시민들이 저항한 6월 민주 항쟁은 1987년의 일입니다.

02 주요 용어와 내용 파악

우리나라 현대사에 등장하는 핵심 사건과 용어를 파악하고 연결하세요.

03 여러 민주화 운동과 그 내용 알아보기

1980년 신군부의 불법적인 쿠데타에 저항한 민주화 운동은 광주에서 일어난 5·18 민주화 운동이에요. 신군부란 박정희의 군부 쿠데타와 구별하기 위해 전두환 중심의 군부를 말해요.

1987년 6월 민주 항쟁은 대통령 직선제 개헌이라는 결과를 가져왔어요. 이때부터 지금까지 국민들이 대통령을 직접 뽑고 있어요.

정답 및 해설 **137**

1 대한민국의 정치 발전과 민주주의

대한민국의 정치 발전과 민주주의라는 주제로 특강을 하는 모습입니다. 3·15 부정 선거와 이승만 독재에 반대하여 1960년에 일어난 (가) 사건은 ① 4·19 혁명입니다.

오답 거르기

② 12·12 사태는 1979년 전두환과 신군부가 권력을 차지하기 위해 일으킨 사건입니다.

③ 5·18 민주화 운동은 1980년 계엄군에 맞서 광주 시민들이 벌인 민주화 운동입니다.

④ 3선 개헌 반대 운동은 1969년 박정희가 대통령을 3번 하려고 헌법을 바꾸자 일어났습니다.

2 4·19 혁명의 결과

제시된 자료는 1960년 3·15 부정 선거가 직접적인 원인이 되어 일어난 4·19 혁명 당시의 모습입니다. 그림은 학생들이 현수막을 들고 거리에 나와 시위를 벌이는 모습입니다. 4·19 혁명의 결과 ② 이승만 대통령이 대통령직에서 물러났습니다.

오답 거르기

① 5·10 총선거는 국회 의원을 선출하는 선거로 1948년에 실시되었습니다.

③ 2·8 독립 선언서는 1919년 3·1 운동이 일어나기 전에 일본 유학생들이 발표하였습니다.

④ 미·소 공동 위원회는 1946~1947년에 2차에 걸쳐 개최되었으나 합의를 보지 못했습니다.

3 5·18 민주화 운동

제시된 자료는 민주화 운동 기록물(진압군과 중앙 정부 자료, 재판 기록, 사진, 필름 등)이 세계 기록 유산으로 등재되었다는 내용과 이 민주화 운동 당시의 사진입니다. 1980년 광주에서 신군부에 저항한 (가) 사건은 ④ 5·18 민주화 운동입니다.

오답 거르기

① 부마 항쟁은 1979년 박정희 독재 정치에 저항해 민주화를 요구하면서 부산과 마산에서 일어났습니다.

② 4·19 혁명은 1960년 이승만의 독재에 반대하여 일어난 민주화 운동입니다.

③ 6월 민주 항쟁은 1987년 대통령 직선제 개헌을 요구하며 일어난 민주화 운동입니다.

4 1960~1980년대 민주화 운동

제시된 자료는 1960~1980년대 민주화 운동을 제시한 것입니다. 민주화 운동을 일어난 순서대로 나열한 것은 4·19 혁명(1960년) → 3선 개헌 반대 운동(1969년) → 6월 민주 항쟁(1987년) 순으로 ④ (다) – (나) – (가)입니다.

4·19 혁명은 3·15 부정 선거가 원인이 되어 일어났으며, 그 결과 이승만 대통령은 하야하였습니다. 3선 개헌 반대 운동은 박정희가 3번까지 대통령을 할 수 있도록 헌법을 바꾸려고 하자 일어난 시위이며, 6월 민주 항쟁에서는 직선제 개헌을 요구하였습니다.

5 5·18 민주화 운동

제시된 장면은 서울의 봄 이후 광주에서 시민군이 결성되어 벌인 민주화 운동의 원인에 대해 묻고 있습니다. 이 민주화 운동은 5·18 민주화 운동으로 ⑤ 신군부가 계엄령을 전국으로 확대한 것에 반대하여 일어났습니다.

오답 거르기

① 4·13 호헌 조치에 저항해 일어난 것은 6월 민주 항쟁으로 대통령 직선제를 요구하였습니다.

② 3·15 부정 선거가 원인이 되어 일어난 것은 4·19 혁명입니다.

③ 박종철과 이한열의 희생으로 확산된 것은 6월 민주 항쟁입니다.

④ 굴욕적인 한일 회담의 중단을 요구한 것은 6 · 3 시위라고 하며, 1964년 6월에 일어났습니다.

6 6월 민주 항쟁의 결과

제시된 자료는 1987년 대통령을 국민이 직접 뽑을 수 있도록 요구하며 일어난 민주화 운동에 대한 설명과 당시 선거 벽보를 보고 있는 국민들의 모습입니다. 이 민주화 운동은 ② 6월 민주 항쟁입니다.

오답 거르기

① 4·19 혁명은 1960년에 일어난 민주화 운동입니다.

③ 10월 유신 선포는 1972년 박정희가 영구 집권을 하기 위해 헌법을 바꾸어 선포한 것입니다.

④ 3선 개헌 반대 운동은 박정희 정부 시기인 1969년에 일어난 민주화 운동입니다.

7 6월 민주 항쟁

제시된 자료는 1987년에 일어난 박종철 군 고문 사망 사건을 소재로 만든 가상 영화의 한 장면입니다. 이 영화의 소재가 된 민주화 운동은 ③ 6월 민주 항쟁입니다.

오답 거르기

① 4·19 혁명은 1960년, ② 부마 항쟁은 1979년, ④ 3선 개헌 반대 운동은 1969년에 일어난 민주화 운동입니다.

8 민주화 운동

제시된 자료는 사진으로 보는 민주화 운동입니다. 민주화 운동이 일어난 순서는 4·19 혁명(1960년) → 5·18 민주화 운동(1980년) → 6월 민주 항쟁(1987년)으로 ③ (나) – (가) – (다)입니다. 이 세 가지 민주화 운동은 한국 현대사의 대표적인 민주화 운동으로 한국 사회의 민주화에 큰 기여를 한 운동이며, 국민의 힘으로 민주화를 이룰 수 있다는 희망을 보여 주기도 했습니다.

4 경제 성장과 사회·문화의 변화

학습 활동
활동 북 98~99쪽

01 (1) (나) (2) (가) (3) (라) (4) (다)

02 (1)-(나) (2)-(다) (3)-(가) (4)-(마) (5)-(라)

03 (가) 시기: 1, 2차 경제 개발 계획, 베트남 파병, 경부 고속 국도 건설

(나) 시기: 88 서울 올림픽 개최, IMF 구제 금융 요청

01 각 시기별 대표적인 경제적 특징 알아보기

1970년 경부 고속 국도가 개통되었고, 1970년대 후반 우리나라는 100억 불($) 수출에 성공하였어요. 1996년에 우리나라는 선진국 진입의 관문이라 일컬어지는 경제 협력 개발 기구(OECD)에 가입하였고, 1990년대 말 IMF 체제 때에는 금 모으기 운동이 펼쳐졌는데 그 결과 외환 위기를 빠르게 극복할 수 있었답니다.

02 경제 관련 단어의 뜻 알아보기

삼백 산업은 제분, 제당, 면방직 공업을 의미해요. 세 가지 공업의 재료가 모두 흰색이기 때문에 붙여진 이름이에요. 1, 2차 경제 개발 계획 때에는 사람들의 일손이 많이 필요한 노동 집약적 공업인 신발, 의류, 가발 등을 수출하였어요. 3, 4차 경제 개발 계획 때에는 철강, 석유 화학, 기계 공업 등이 발전하였지요. 새마을 운동의 3대 정신은 근면, 자조, 협동이고, 경제 협력 개발 기구(OECD) 가입 이후 우리 경제는 전 세계에 시장을 개방하여 무한 경쟁 시대에 들어갔답니다.

03 각 시기별 대표적인 사건 찾기

1960~70년대에는 1, 2차 경제 개발 계획(1962~71), 베트남 파병(1964~73), 경부 고속 국도 건설(1970)이 있었어요. 1980~90년대에는 88 서울 올림픽 개최(1988), IMF 구제 금융 요청(1997)이 있었답니다. 한·일 월드컵은 2002년에 개최되었지요.

1 전태일

제시된 자료는 1970년 '근로 기준법을 준수하라.', '우리는 기계가 아니다.'라고 외치며 분신한 전태일에 대한 설명입니다. 이 시기는 박정희 정부 시기로 경제 개발 5개년 계획이 진행되고 있는 상황이었고, ② 경부 고속 국도가 건설되었습니다.

2 제1차 경제 개발 5개년 계획

제시된 자료는 1962년부터 실시된 제1차 경제 개발 5개년 계획과 관계 있는 우표입니다. 이 우표가 발행된 시기를 연표에서 옳게 고른 것은 ③ (다)입니다.

3 새마을 운동

제시된 자료는 1970년에 시작된 사건에 대한 역사 용어 카드입니다. 근면, 자조, 협동을 바탕으로 농촌의 환경 개선과 소득 증대를 목적으로 펼쳐진 운동인 (가)는 ① 새마을 운동입니다.

오답 거르기

② 물산 장려 운동은 '조선 사람, 조선의 것!', '우리 것으로만 살자!'라는 구호를 외친 경제 자립 운동입니다.

③ 애국 계몽 운동은 을사늑약을 전후한 시기에 우리 민족의 실력을 키워 우리의 국권을 지키고자 한 것입니다.

④ 민립 대학 설립 운동은 일제 강점기에 전개된 민족 운동으로, 우리 스스로 대학을 세우자는 운동이었습니다.

4 대한민국의 경제 발전

제시된 자료는 대한민국 경제 발전 역사관입니다. 이 역사관에 전시된 1970년대의 사진으로 적절한 것은 ③ 수출 100억 달러 달성 사진입니다.

오답 거르기

① 금 모으기 운동은 1998년 IMF 체제 때의 일입니다.

② 경부 고속 철도가 개통된 것은 2004년이었습니다.

④ 한미 자유 무역 협정(FTA)은 2007년에 맺어졌습니다.

⑤ 경제 협력 개발 기구(OECD)에 가입한 것은 1996년의 일입니다.

5 지방 자치 제도

제시된 자료는 사진으로 보는 1990년대의 대한민국에 대한 것입니다. (가)에 들어갈 사진은 ③ 지방 자치 제도가 전면 시행되었다는 것입니다.

오답 거르기

① 호주 제도가 폐지된 것은 2005년입니다.

② 6월 민주 항쟁이 일어난 것은 1987년입니다.

④ 제24회 서울 올림픽이 개최된 것은 1988년입니다.

6 노동자의 해외 파견

제시된 자료는 과거 어느 정부 시기에 추진된 경제 정책과 관련된 전시회 안내 포스터입니다. 이 정부 시기에는 독일로 노동자들이 건너가 외화를 벌어왔습니다. 이는 박정희 정부 시기로 ② 베트남 전쟁 참전에 따라 여러 경제적 이익(경제적 특수)을 누렸습니다.

7 OECD(경제 협력 개발 기구)에 가입

제시된 자료는 우리나라가 29번째 회원국으로 OECD(경제 협력 개발 기구)에 가입한 것에 대한 내용을 전하고 있는 뉴스입니다. 이것은 1996년의 일로 연표에서 ③ (다) 시기에 해당하는 일입니다.

8 국제 통화 기금의 구제 금융

제시된 상황은 지방 자치 제도가 전면 시행된 1990년대에 일어난 역사적 사건에 대해 묻고 답하는 것입니다. 금융 실명제 이외에 1990년대에 있었던 사건은 ④ 국제 통화 기금에 구제 금융을 요청했다는 것입니다.

오답 거르기

① 농지 개혁법이 제정된 것은 1949년입니다.

② 경부 고속 국도가 개통된 것은 1970년입니다.

③ 한·일 월드컵 축구 대회가 개최된 것은 2002년의 일입니다.

5 대한민국의 미래와 평화 통일

학습 활동
활동 북 104~105쪽

01 (다)-(나)-(가)-(라)

02 • 국가 이름: 조선 민주주의 인민 공화국
- 국화: 목란
- 특징: ⓔ 개인보다 집단이 중요한 나라이다. 개인의 인권이 억압된 나라이다. 우리와 같은 민족이다. 등

03 (1) 대한봉 (2) 우산봉 (3) 서도 (4) 동도

04 (1) 독도는 크게 동도와 서도 2개의 섬으로 이루어져 있다.
(2) 일본
(3) 풀이 참조

01 남북 교류와 협력의 순서 알아보기

최초의 이산가족 고향 방문은 1985년에 이루어졌고, 남북 탁구 단일팀은 1991년 지바 세계 탁구 선수권 대회에 참여하였어요. 제1차 남북 정상 회담은 2000년에 이루어졌고, 개성 공단은 남북 교류 협력의 하나로 진행되었답니다.

02 북한 알아보기

사진과 관계 깊은 나라는 북한이에요. 공식 명칭은 조선 민주주의 인민 공화국이고, 국화는 목란이에요. 북한은 개인보다 집단이 중요한 나라이며, 개인의 인권이 억압된 나라예요. 우리와 같은 민족으로 언젠가 통일을 이루어 함께할 나라이기도 하지요.

03 독도의 구성과 지명

사진은 독도의 모습이에요. 독도는 크게 서도와 동도 두 개의 섬으로 이루어져 있으며 왼편의 섬을 서도, 오른편의 섬을 동도라고 해요. 서도의 꼭대기를 대한봉, 동도의 꼭대기를 우산봉이라고 부른답니다.

04 독도 관련 노래 가사에 담긴 의미 제대로 알아보기

일본에서 공부하고 있는 친구에게

독도는 신라 때부터 계속 우리 영토로 관리해 왔고, 우리 역사 곳곳에 기록되어 있어. 잠시 너희 일본이 우리를 식민 지배했을 때 강탈해 갔지만, 우리가 광복을 맞이한 뒤로는 우리 땅으로 계속 관리되어 왔지. 또, 너희 나라가 억지 주장을 펴고 있지만 일본의 수많은 기록과 지도도 독도가 우리 땅임을 말해 주고 있으며 양심적인 일본 학자들도 독도는 한국 땅이라고 이야기하고 있어. 쓸데없는 논쟁으로 서로에게 상처 주는 대신에 앞으로는 서로 함께 발전해 나가자꾸나.

한국에서 이현이가

독도는 크게 서도와 동도 두 개의 섬으로 이루어져 있어요. 우리가 삼국 시대부터 소유했던 독도는 수많은 자료를 통해 우리의 땅임을 알 수 있어요. 그러나 일본이 1905년 러·일 전쟁 당시 불법적으로 독도를 빼앗아간 뒤부터 지금까지 독도를 자신의 땅이라 우기고 있는 실정이랍니다. 편지는 일본의 친구에게 사이좋게 미래를 함께하자는 내용과 진심을 담아 쓰도록 합니다. 역사적 근거를 담아 쓸 수 있으면 더욱 좋을 듯해요.

1 평화 통일을 위한 노력

제시된 자료는 '평화 통일을 위한 노력'을 정리한 것입니다. 일어난 순서대로 나열하면 7·4 남북 공동 성명 발표(1972년) → 남북 기본 합의서 채택(1991년) → 6·15 남북 공동 선언 발표(2000년)로 ① (가) - (나) - (다)입니다.

7·4 남북 공동 성명은 남북한 간의 최초의 합의 문서로 자주, 평화, 민족 대단결이라는 통일의 3원칙에 합의했습니다. 남북 기본 합의서는 1990년 9월부터 5차례 개최된 남북 고위급 회담을 통해 1991년 12월에 채택한 합의서입니다.

6·15 남북 공동 선언은 2000년 김대중 대통령과 김정일 국방 위원장이 발표한 공동 선언입니다.

2 남북 기본 합의서

제시된 자료는 1991년 12월에 채택된 남북 기본 합의서에 대해 묻고 답하는 것입니다. 남북 기본 합의서의 주요 내용은 ③ 남북 사이의 화해와 교류·협력을 합의했다는 것입니다. 남북 기본 합의서는 1990년 9월부터 5차례 개최된 남북 고위급 회담을 통해 채택한 합의서입니다.

오답 거르기
① 6·25 전쟁을 멈추기로 합의한 것은 1953년 맺어진 정전 협정입니다.

②, ④의 신탁 통치와 미·소 공동 위원회를 설치하기로 합의한 것은 1945년 12월에 열린 모스크바 삼국 외상 회의입니다.

3 서울 올림픽 개최

제시된 자료는 1988년에 개최된 스포츠 대회 때의 마스코트였던 호돌이와 오륜기 휘장을 설명하는 장면입니다.

이와 관련된 대회는 ① 서울 올림픽 대회입니다.

오답 거르기
② 인천 아시아 경기 대회는 2014년에 열린 대회입니다.

③ 한·일 월드컵 축구 대회는 2002년에 열린 대회로 한국과 일본이 공동 개최하였습니다.

④ 대구 세계 육상 선수권 대회는 2011년에 열린 스포츠 대회입니다.

4 대한민국의 발전

자료는 사진으로 보는 1980년대 대한민국의 모습입니다. (가)에 들어갈 사진으로 알맞은 것은 ① 서울 올림픽 개최입니다. 서울 올림픽이 열린 것은 1988년의 일입니다.

오답 거르기
② 금강산 관광이 처음 시작된 것은 1998년 일입니다. 현대 정주영 회장이 소 떼를 몰고 북한에 방문한 것을 계기로 이루어졌습니다.

③ 경부 고속 국도가 개통된 것은 1970년의 일로 전국이 하루 안에 왔다갔다 할 수 있는 일일 생활권이 되었습니다.

④ 한·일 월드컵 축구 대회는 2002년에 열렸습니다.

5 김대중 대통령 시기의 통일 노력

제시된 자료는 김대중 대통령 시기의 통일 노력을 정리한 것입니다. 이 시기에 이루어진 것은 ① 개성 공단 조성 합의입니다.

오답 거르기 ② 남북 기본 합의서를 채택한 것은 1991년입니다.

③ 남북 조절 위원회를 설치하자고 합의한 것은 7·4 남북 공동 성명이 발표된 1972년의 일입니다.

④ 남북한 유엔 동시 가입이 이루어진 것은 1991년의 일입니다.

6 남북한의 화해와 협력

제시된 사진은 시간 순으로 보는 남북한의 화해와 협력에 대한 자료입니다. 남북 기본 합의서는 1991년 12월 서울에서 개최된 제5차 남북 고위급 회담에서 채택되었습니다. 그리고 제2차 남북 정상 회담은 2007년에 개최되었습니다. (가)에 들어갈 사건은 ④ 시드니 올림픽 대회 남북한 선수단 동시 입장(2000년)입니다.

오답 거르기 ① 경부 고속 국도는 1970년에 개통되었습니다.

② 6월 민주 항쟁은 1987년에 일어났습니다.

③ 7·4 남북 공동 성명은 1972년에 발표되었습니다.

7 한·일 월드컵 축구 대회 개최

제시된 자료는 사진으로 보는 2000년대 대한민국에 대한 것입니다. 이 시기 남북한 정상의 만남(2000년), 시드니 올림픽 남북한 선수단 동시 입장(2000년)과 함께 이루어진 것은 2002년에 실시된 ② 한·일 월드컵 축구 대회 개최입니다.

오답 거르기

① 경부 고속 국도가 개통된 것은 1970년의 일입니다. 이로 인해 전국이 일일 생활권이 되었습니다.

③ 남북 기본 합의서가 채택된 것은 1991년입니다.

④ 국제 통화 기금(IMF)의 지원 협정은 1997년에 체결되었습니다. 이 당시 우리 국민은 금 모으기 운동 등을 벌이며 IMF 관리 체제에서 벗어나기 위해 노력했습니다.

8 우리 영토, 독도

제시된 자료는 독도의 날 기념 행사를 안내하는 포스터입니다. 독도에 관한 역사 내용으로 옳지 않은 것은 ② 이종무가 왜구를 소탕하기 위해 정벌한 곳이라는 것입니다. 조선 세종 때 이종무가 왜구를 소탕하기 위해 정벌한 곳은 쓰시마 섬입니다. 대한 제국 칙령 제41호(1900년)에서는 독도가 우리 땅임을 확실히 하였습니다.